JN085164

モビリティ・イノベーションの社会的受容

Social Acceptance of
Mobility Innovation

技術から人へ、人から技術へ

Hiroko KAMIDE
上出寛子 編著

谷口綾子・笠木雅史
小山　虎・佐藤仁美
姜　美蘭・牧村和彦

北大路書房

はじめに

　技術の進歩は，人々を幸せにするのだろうか。あるいは世界の環境問題を解決するのだろうか。筆者のような技術の専門家ではない一般人は，そのような技術が開発され，普及のための仕組みが整い，自分がその恩恵を受けるタイミングをひたすら待っていればいいのだろうか。

　このような懸念に関しては，大袈裟な心配は無用と考えることが無難であろう。開発者側が責任をもって取り組んでいることを疑いはしない。事実，これまでイノベーションとして理解されてきた先進的な技術により，人々の生活は刷新され，より豊かで便利な生活を送るようになってきた。携帯電話が普及し始めた頃は，今のようにスマートフォンでさまざまな作業が可能になるとは想像もしていなかったほどである。

　イノベーションとは何かについては本文で議論があるが，通常，新しい技術が社会全体に普及し，人々の生活がバージョンアップすることまでを含めてイノベーションと呼ぶことが多い。スマートフォンなどのように，便利で有効な技術であれば，人々は喜んで対価を支払い，自らの生活で利活用することに勤しむだろう。この意味で技術が人々に影響を与えるという流れは当然である。一方で，人々のほうがそれらの技術をどのように認識し，受け入れるのかについても，より詳細な議論があってよいのではないだろうか。イノベーションが実現する際には，技術が単体で優れているだけではなく，それらを消費する立場の人々や，運用する組織としての受け止めを理解することもやはり重要であろう。すなわち，イノベーションにおいて，技術が普及していく際の，人や社会の次元で生じている現象に視点を移して検討する必要がある。

　以上のような技術に対する人・社会の受け止めは，社会的受容というテー

マで検討が進んできている。特に近年では，社会を大きく変化させる先進的な技術として，自動運転に関する議論が盛んである。新型コロナウイルスによるパンデミックでは，自動運転の車が荷物を運搬するというニュースがあった。それより以前からも，たとえば中山間地域に住む高齢者のラストワンマイル（一番近いバス停から自宅までの道のりで，坂道など荷物を持っての歩行が困難な道路が多い）を，自動運転で支援するという動きもあった。自動運転に関する技術についての社会的受容は，現実的にも学術的にも重要なテーマとなっている。

　本書では，人々の移動を支援する技術をモビリティ技術としたうえで，社会的受容という視点から議論を行なう。社会的受容というとやはり，技術が人・社会に一方的にリリースされ，それらを受け入れるかどうかという流れになるが，本書が強調したい点は，技術も社会も，双方向に構築し合っているという視点である。人・社会のほうがラディカルに技術開発の方向性を変えることはないかもしれないが，長期的にはその可能性も十分あるだろう。また，技術を開発する立場やそれを運用する仕組みをつくる大きな組織は，同時に，一般の消費者でもある。技術と人・社会をはっきりと分けること自体が難しいとも考えられる。さらに，その周囲を取り巻く地球の環境問題も，今後の技術の方向性を考えるうえで非常に重要な視点となってくる。社会的受容とは，優れた技術，豊かな生活といった人間だけの幸福で完結するのではなく，より長期的で広大な視点で，循環する影響を捉える必要がある。本書がこの複雑な問題を考えるうえで，少しでも参考になれば幸いである。

編者　上出 寛子

目　次

第**1**章

イノベーションに関する研究動向
1

自動運転システムの社会的受容
32

第3章

社会的受容に対する心理学的な検討
72

第4章

変容的経験としての自動車運転：
自動運転によって何が失われるのか
104

第 **5** 章

モビリティと情報通信技術
138

第**6**章

日本社会における MaaS の未来
167

［凡例］

・外国人名の表記について：文献のあるものは欧文表記とし，それ以外はカタカナ表記を基本とし，適宜欧文表記を付した。
・出典の表記について：著者が7名以下の場合は，章内初出ですべてを表記し，以降は「et al.」または「ら」とした。著者が8名以上の場合は，初出から「et al.」または「ら」とした。

第1章

イノベーションに関する研究動向

　モビリティとは，屋外や家の外への移動を意味し，それには何らかの手段を使用することが必要であることが指摘されている（Myers, Cyarto, & Blanchard, 2005）。また，Stalvey, Owsley, Sloane と Ball（1999）は，モビリティとは，環境内での自分の移動の範囲を意味しており，日常的な仕事や社会的側面における家の中とその周辺，また家の外への移動を含む，と定義した。本書では，人間のこのような移動を支援する技術全般をモビリティ技術と定義し，これが社会に円滑に浸透し，普及するプロセスを理解するため，社会的受容*¹という概念に注目して関連の知見を整理する。モビリティ技術が人々の生活に何らかのかたちで変化を与えることを，モビリティ技術によるイノベーションと考える。モビリティ技術には，近年，技術的な進歩が顕著である自動運転技術や，MaaS（Mobility as a Service；マース），人間の歩行を支援するロボットなどがあり，これからも新たな技術が世に出てくる可能性は高い。人間は移動する生物であるために，移動に関する技術的な進歩は，人々の生活に大きく影響を与える。その点で，モビリティ技術が単に技術的に優れて

＊1　「受容性(Acceptability)」と「受容(Acceptance)」という2つの概念がよく使われるが，これらは必ずしも区別されていない（Pigeon, Alauzet, & Paire-Ficout, 2021）。将来導入される技術に対するユーザの前向きな判断を「受容性」と呼び（Schade & Schlag, 2003），潜在的なユーザが製品を試した後の製品に対する反応を「受容」と呼ぶことがある（Schade & Schlag, 2003; Schuitema, Steg, & Forward, 2010）ものの，本書では基本的に「受容」を用い，引用する出典で「受容性」とされている場合はそのように記載する。

1

いるかどうかだけではなく，どのように社会に受容されたり，人々に採用され
たり，広く日常生活の一部として定着するのかを考えることは重要である。

　「はじめに」で述べたとおり，モビリティ技術に含まれるさまざまな技術
についての社会的受容に関する議論は，次章以降で詳細が議論される。本章
では特に，イノベーションに関する概説を行なうことを目的として，これま
での歴史や，代表的なイノベーションの理論について説明する。これまでイ
ノベーションがどのように捉えられてきたのか，あるいは，過去のイノベー
ションはどのように生じたのかについて大まかに見ておくことで，現代に起
こりつつあるモビリティ技術のイノベーションや，その社会的受容を考える
うえでの示唆を得ることを目的とする。最後に，イノベーションの概説を踏
まえ，本書に含まれる各章の位置づけを確認する。

1-1

イノベーションの歴史

　イノベーションは，複数の分野にまたがる研究テーマである。それぞれの
分野でイノベーションの扱われる方法や文脈が完全に一致しているとは言え
ないであろうが，学術だけでなく産業や政策など社会全体で関心が集まって
いる。この節ではイノベーションの歴史を振り返る。イノベーションの議論
が活発となった 1970 年から 1990 年頃までの理論を精査した Godin（2008）
の議論に基づき，以下に概説する。

　イノベーションを技術的な革新と捉えることが現在では主流となっている
が，語源的にも，歴史的にも，イノベーションの概念はさらに広いとされて
いる。イノベーションは「創造性」として理解されることも多いが，この次
元がイノベーションとして認識され始めたのは 20 世紀に入ってからで，元
来は創造性とは無縁のものとされていた。Godin は，現在広く受け入れられ
ている創造性としてのイノベーションの歴史の系譜を，「模倣」→「発明」

→「イノベーション」の3つの概念により説明している。模倣と発明は対立関係にあるが，20世紀のイノベーションに対する考え方では，イノベーションをプロセスと捉えることにより，この対立を解消する。これらの3つの概念について次に説明する。

　模倣とは，ギリシャ語に由来する概念であり，プラトンにとって物理的なものは，神や真理としての自然に比べると，模倣されたものであった。18世紀になると，模倣には肯定的な意味が付与されるようになり，ルネッサンス期の芸術家にとっては，自然を利用する模倣とはいえ，それは機械的な模倣ではなく，選択的な借用と創造的なコピーと認識されていた。その点で，著作権という意識もほとんどなかったと考えられている。貿易や商業でも模倣は積極的に評価され，18世紀のイギリスでは，模倣品が輸入商品の代用品として役立ったという記録がある（Clifford, 1999）。模倣は，現実的に役に立ち，経済的利益をもたらした。模倣はさらに，文学や芸術，工芸の分野で，組み合わせという文脈から，発明としても理解されるようになる。模倣が発明であるというのは，自然界の要素を組み合わせる際に，最良の選択を行なったうえで組み合わせるからであり，そうすることで自然をよりよくするからである。また，特許（およびその前身である書簡など）に関しては，16世紀から17世紀では，今日のように発明者に与えられるものではなく，既存の発明品の輸入者に付与されていた（Popplow, 1998）。これは，地域経済を発展させるのに役立った。20世紀になると，模倣から「拡散」という考え方が普及する。現代のイノベーションの理論では，そのプロセスに拡散が含まれており，この拡散というのはまさに模倣である。

　発明は，古典的な修辞学の5つの部門のうちの最初のものであり，キケロ（紀元前106-43年）は，『*De Inventione*（構想論）』の中で，自分の大義名分を確かなものにするために，有効な，あるいは有効に思われる論拠を発見することを発明と定義した。修辞学以外では，14世紀半ばになって，発明はfindingやdiscoveryといった，知識と関連した使われ方がされるようになり，16世紀以降には，新しくつくられたもの（artifacts）に適用されるようになった。中世末期のヨーロッパでは，発明という考え方が，さまざま

な言葉で各地に広まり，16世紀から17世紀にかけては，新しさという概念がいたるところで見られるようになり，非常に肯定的な文化的価値をもつようになる。この点で，科学は特に注目される。科学ほど新しさを追究するものはない。科学における発明は，発見という言葉も意味するようになり，発見もまた発明を意味するようになった。文学や芸術にも，新しさを求める考えが浸透する。19世紀までは，オリジナリティという言葉は，風変わりな人といった否定的な意味もあった。しかし，オリジナリティは作者や起源という意味とともに，作品の特徴的な新しさの質という意味も持ち合わせるため，ルネッサンス期やロマン派の作家にとって，天才という重要な概念とも関連していた。別の文脈では，ルネッサンスの初期に，発明という言葉が機械や人工物などの独創的なものに適用されており（Long, 2001），14世紀後半から15世紀以降では，特許法などによって技術的な発明が制度化されるようになったことがきっかけで，発明は技術的発明と一致するようになる（Cooper, 1991; Popplow, 1998）。時が経つにつれて，技術的な発明は物質的なモノの文化と関連しながら，人々に新しい消費財を与えるようになる。中世にあった目新しい贅沢品や，17世紀に登場した経済思想，産業革命における技術の利用は，モノの文化を発展させた。そして19世紀から20世紀初頭にかけて，イノベーションという革命が起こり，大企業が産業の発展を加速させるために研究所を設立するようになった。

　イノベーションという言葉に含まれている novation という言葉は，13世紀に初めて法律に登場し，新しい債務者のために契約を変更すること，すなわち，債務を更新することを意味していた。Godin によると，『*The prince*（君主論）』を記した Machiavelli（1532/1961）や，『*Of Innovations*（革新について）』（1625年）のベーコン（F. Bacon）は，初期の段階でイノベーションにページを割いた数少ない人物で，イノベーションに対する人々の抵抗を表現している。Godin の議論で特別に記述されているわけではないが，イノベーションの拡散について論じた Rogers（1962）も，『*Diffusion of Innovations*（イノベーションの普及）』の冒頭でマキャベリの *The prince* における次の文章を引用している。

新しい秩序の創造ほど，計画するのが難しく，成功するかどうかが疑わしく，管理することが危険であるものはない……敵が革新者(innovator)を攻撃する機会があればいつでも，彼らはパルチザンのような情熱をもってそれを行ない，他の人たちはノロノロとしか革新者を守らないため，革新者もその党も共に弱体化する。　　（Rogers, 1962, p.1 ／上出訳）

　18世紀までは，novator は不信感を抱かれる存在であり，その理由には，政治的・宗教的な問題があった。伝統に対する変化は，正統に対する異端と認識されたためである。19世紀末になって，人類学の分野でイノベーションにおける新しさを説明するための理論が登場した。

　ただし，人類学においてイノベーションという言葉そのものは，ほとんど使われていない。18世紀末から19世紀初頭の人類学者たちは，文化の変化に着目し，文化的特徴の変化や，農業や貿易といった政治的組織（法律や宗教など），また，技術の発明も含めた革新について議論した。Barnett は，イノベーションの包括的な理論を構築して，「既存の形態とは質的に異なるという点で，新しい思考，行動，または物事」として定義した（Barnett, 1953, p.7）。ただし Barnett はイノベーションがどのように生じるのかについて徹底した分析は行なっておらず，イノベーションに関する研究が体系的に展開されたのは，社会学と経済学においてであった。

　フランスの社会学者である Tarde は，イノベーションに関する最初の理論を19世紀後半に提唱した（Tarde, 1890）。ここでは社会的なイノベーションに関心が寄せられており，文法や言語，宗教，法律，憲法，経済体制，産業，芸術などの変化が扱われた。Tarde は新しさという意味でイノベーションという言葉を広く使ったが，明確な定義は特になく，発明，創意工夫，新規性，創造，独創性，などの用語をあわせて用いた。Tarde の理論では，発明→対立→模倣という3つの要素が用いられており，発明（＝模倣）が成功にいたるかどうかは，他の発明や発明同士の対立などに左右される。ここで発明とは，先行する発明や初歩的な発明の組み合わせ（＝模倣）である。一方，社会学におけるイノベーションに関する広範な理論は，Rogers によって構

築された。Rogers の理論については後で詳述するが，社会学では社会運動や，発展途上国における開発といった変化だけでなく，技術という視点での変化にも注目が集まっていた。1920 年代以降，発明は，プロセスとして理解されるようになり，模倣と発明との対比が解消されるにいたる。Godin によれば，このような理論は社会学者によって最初に提唱され，アメリカ人の Ogburn とギルフィラン（S. Gilfillan）が先駆者とされている。Ogburn にとって，物質的なものを使うということは，あらゆる人々の文化にとって非常に重要であり（Ogburn, 1922），彼は 1930 年代から 1960 年代にかけてアメリカの社会学者ハート（H. Hart）が定量的に記録した物質文化の成長と加速を観察した。Ogburn はこのプロセスを理解するために，カルチュラル・ラグ（cultural lag）という概念を提案している。これは，物質的な文化である技術と，それ以外の文化の間には，惰性や社会的適応の不足によって，ラグ（遅滞）が徐々に生じていくことになり，そのために制御と調整や，予測と計画が必要になるということを説明するものである。社会学においては，技術的な発明は，個人に完結するものではなく，社会的なプロセスとして捉えられている。また，社会学におけるイノベーターは，発明した人ではなく，初めて発明を採用した人とされていることも特徴としてあげられる。一方で，社会学におけるイノベーションの定義に関しては，Godin は理論的な進展の一方で，明確な定義はされていないと指摘しつつ，次の 3 つを記している。

Hart の定義：「物質文化と社会心理学的文化の間で新たな作業調整（組み合わせ）を行なうこと」
Ogburn の定義：「環境を大きく変化させる段階を果たした発明品」
Rogers の定義：「採用者によって新しいと認識されたアイデア，手続き，対象物」

経済学の分野では，Schumpeter をはじめとする進化論的経済学が，イノベーションについて論じている。Schumpeter は，資本主義とは，創造的破壊であり，既存の構造を乱して絶え間ない新しさと変化をもたらすとしてい

る（Schumpeter, 1928, 1947）。ここでは従来の議論に基づき，イノベーションは次の5つに分類された。①新しい商品の導入，②新しい生産方法の導入，③新しい市場の開拓，④原材料または半製品の新しい供給源の支配，⑤新しい組織形態の実施，である。

　Schumpeter は，経済学において技術的なイノベーションについて理論を構築した最初の研究者とされているが，Godin はこれに注意を喚起している。Schumpeter は技術的なイノベーションを，製品（出力）を生産するための生産要素（入力）の変化であるとし，また，イノベーションの責任は起業家（そして次の段階では大企業）にあるとしているが，これがどのように可能であるのかについて疑問があるからである。経済学で扱われるような商業化されたイノベーションの他には，1920年代から，学校や政府機関などの公的機関における制度的，あるいは政治的イノベーションが研究されたり，また，経営学やビジネススクールでは，組織のイノベーションが注目されるようになる。次第にイノベーションは，効率性，すなわち，研究開発への投資から得られる成果（バリュー・フォー・マネー）として理解されるようになっていく。研究者は，科学技術の生産性に最も適した組織環境や条件，創造性を促進するために必要なインセンティブに関心を寄せ，1960年代には，心理学に由来する概念である創造性が流行語にもなった。

　20世紀の間，イノベーションは政策主導の概念であり，心理学，社会学，経営学，ビジネススクール，経済学の研究者が政府のコンサルタントとして活動し，それぞれの理論に基づいた社会工学や生産性，経済成長のための提言を行なうことに関心が集まった。イノベーションは政治的な概念でもあり，1960年代に始まった科学政策は，技術的なイノベーションを期待して，科学研究に資金を提供することを目的とした。このような背景において，イノベーションを，統計などを用いて測定しようとする動きも出てくる。特許数なども目安にされることがあったが，これは商業化されたイノベーションに直結しない。アメリカ国立科学財団が開始した調査では，研究開発に充当された支出が対象となった。1967年にアメリカ商務省は，政府による初めての技術的イノベーションに関する調査を行ない，チャーピーレポート

(Charpie Report) を発表している。このレポートは，イノベーションの定義を「技術の革新と，商業化されたイノベーションにいたるプロセス」とすることに貢献した。それから 20 年以上が経過し，OECD はオスロ・マニュアル (Oslo Manual) と呼ばれるイノベーションの測定のための方法論マニュアルの初版を発行し，各国の統計担当者が企業とそのイノベーション活動を標準的な方法で調査することに役立っている。

　これまでのイノベーションの歴史を振り返ると，実に多様な分野での検討がされてきたことがわかる。現状では，革新的な利便性と経済性を導く商業になる技術が，イノベーションと同義に扱われることが多々ある。一方で，新規な発明と模倣の対立が，社会の中で時空間的に融合されていくプロセスとしても，イノベーションは理解されてきたようである。

　さて，ここまではイノベーションを軸とした歴史の流れを追うことを主眼としたが，以下ではより詳細に，イノベーションを理解するための理論に焦点を当てる。すべての理論を網羅することはできないが，頻繁に参照されている Rogers の拡散に関する理論や，Christensen の破壊的イノベーションに関する理論について概説する。

1-2

イノベーションに関する理論

　1-1 で述べたとおり，Rogers (1962) の『*Diffusion of Innovations*』はイノベーションを理解する包括的な取り組みとして頻繁に参照されている。これを含め，イノベーションに関するこれまでの理論について以下に概説する。

1-2-1　イノベーションの拡散

　Rogers は，イノベーションの拡散に焦点を当てており，この理由として，

新しいアイデアがいかに優れていても，それを人々が採用するにいたること
が非常に難しいことをあげている。その最初の例が，ペルーの村で失敗に終
わった健康習慣に関する普及活動である。水を煮沸消毒して使うことは，ペ
ルーの貧困層にとって感染症を予防する点で重要であり，現地の保険員であ
るネリダは，ロスモリノスの主婦たちにこれを実践するよう説得して回った。
しかしながら，2年間に及ぶ度重なる訪問と説得にもかかわらず，21の家庭
のうち，定期的に煮沸するようになったのは11にとどまった。ロスモノリ
スでの普及活動がうまくいかなかった理由は，村人の文化的な信念を考慮し
ていなかったためとされている。この村では煮沸されたお湯を飲むのは，病
人だけであるという信念があった。結果的に，煮沸消毒を実践した人々とは，
この地域のネットワークに溶け込んでいない人であり，彼らだけがこの地域
の規範に逆らうリスクを負うことができたのである。したがって，イノベー
ションの採用率に影響を与える要因は，社会システムの価値観，信念，過去
の経験との適合性であり，またこれは一例であってペルーに限ったことでは
ない，とRogersは述べている。煮沸消毒の件だけではなく，イギリス海軍
の壊血病対策の失敗や，Dvorakキーボードの拡散の失敗なども事例として
あげられており，技術革新は必ずしも急速に普及するとは限らないこと，そ
して，たとえその技術が明らかに優れたものであっても，拡散することが約
束されているわけではないことが議論されている。

　特にネリダの失敗においては，イノベーションの採用・不採用における対
人ネットワークの重要性が指摘されている。ネリダの説得に簡単に応じるの
は，ネリダのようなアウトサイダーに協力するリスクを負っても問題のない
人々であり，彼ら自身も村の中ではアウトサイダーであった。むしろネリダ
が積極的に働きかけるべきであったのは，村のオピニオンリーダーであった
のだが，ネリダは生活を革新しようとする志向が強すぎて，顧客のニーズに
沿おうとする志向が不十分であったと解説されている。Rogersは，イノベー
ションの拡散とは，ある社会システムの構成員の間で特定のチャネルを介
し，イノベーションが時間をかけて伝達されるプロセスであると述べており，
2人以上の個人が情報を交換することで，ある出来事に付与する意味を調整

しながら，収束あるいは拡散していく点に注目している。双方向のコミュニケーションのメッセージに含まれているアイデアの新しさが，拡散に特徴を与えており，その新しさとは，ある程度の不確実性をともなう。不確実性とは，ある出来事の発生に対して，いくつかの選択肢が認識され，それらの相対的な確率がどの程度かということであり，予測可能性・情報などの欠如を意味する。イノベーションは，情報を具現化した結果，問題を解決する因果関係についての不確実性を低減するものである。たとえば，太陽電池パネルを用いることで，将来の石油価格の上昇に対する不確実性を低減するようなことである。このように，イノベーションの普及と採用を，情報と不確実性に基づいた枠組みで概念化することが有効であり，イノベーションの拡散とは，コミュニケーションのプロセスとして理解することを Rogers は提案した。この点において，拡散を，社会変化の一種であり，社会システムの構造と機能に変化が生じるプロセスとも定義している。

　以上の定義に基づき，イノベーションの拡散に必要な4つの要素である，「イノベーション」「特定のコミュニケーションチャネル」「時間」，そして「社会システム」についてそれぞれの特徴が議論されている。たとえば，1つ目の要素である，「イノベーション」とは，個人やその他の採用単位によって新しいと認識されたアイデア，実践，またはオブジェクトのことであり，客観的に新しいかどうかはほとんど問題ではないとしている。すなわち，当の本人にとって新しいと認識されているのであれば，それはイノベーションであるということである。なお，あらゆるイノベーションの普及や採用が，必ずしも望ましいと考えるべきではない，という注意も述べている。たとえば，機械式のトマト収穫機は，カリフォルニアの大規模な農家で急速に拡散したが，小規模な生産者にとってはその収穫機は高価であったため，多くの人々が生産から撤退した。すなわち，ある状況下における採用者にとって望ましいイノベーションが存在しても，別の状況の採用候補者にとってはそうとは限らないのである。

　2つ目の「特定のコミュニケーションチャネル」とは，ある個人から別の個人へメッセージを伝達するための手段としており，マスメディア・チャネルが最も迅速かつ効率的である一方，対人チャネルは，個人を説得して新し

いアイデアを採用させるのに効果があるとしている。より効果的なコミュニケーションは、2人の個人が同種の人間である場合に生じる。すなわち、交流し合うペア同士が、信念、教育、社会的地位などの特定の属性において類似している度合いが重要であると述べている。一方で、イノベーションの技術的理解度が同じであるペアの場合は、新しい情報を交換する必要がないため、この点においてはある程度の異種性が重要であるともしている。理想的には、イノベーションに関する異種性が存在する一方で、他の変数（教育、社会的地位など）については同種であることが望ましい。

　3つ目の要素である「時間」に関しては、「意思決定のプロセス」と、「採用者のカテゴリー」について議論されている。「意思決定のプロセス」とは、ある個人、または他の意思決定単位が、イノベーションを初めて知ってから、そのイノベーションに対する態度を形成し、採用、または拒否の決定をしたうえで、新しいアイデアを実行し、その決定を確認するまでのプロセスを意味している。これらのプロセスにはいくつかのステップがあるとされており、時間を追って概ね順番に従って発生する。ただし、イノベーションの採用や拒否といった決定は後から覆される場合もある。「採用者のカテゴリー」においては、採用する人の共通点について議論されている。ある個人やその他の採用単位は、システムの他のメンバーよりも相対的に早く新しいアイデアを採用することがあり、一方で、社会システムの平均的なメンバーよりも遅くアイデアを採用する人たちもいる。これを特にレイト・マジョリティー（図

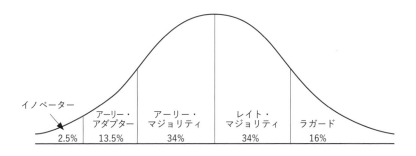

図1-1　採用者のカテゴリーの5種類とその分布（Rogers,1962を改変）

1-1）と呼んでいるが，このカテゴリーに属する人々は，社会的地位が低く，マスメディアをほとんど利用せず，新しいアイデアのほとんどを個人的なチャネルを通じて仲間から得ていると考えられている。図1-1にRogersの採用者のカテゴリーの分類を示す。

　イノベーターとされている上位2.5%は，新しいアイデアについて積極的に情報を求め，マスメディアをよく利用し，対人関係のネットワークが広く，他のカテゴリーの採用者たちよりも，イノベーションに関する高いレベルの不確実性に対処できる。イノベーターに顕著な価値が「冒険心」である一方，アーリー・アダプターは，ほとんどの社会システムにおいて最も高度なオピニオン・リーダーシップをもっており，イノベーションについての情報を確認すべき人，として周囲から認知されている。アーリー・マジョリティは社会システムの平均的なメンバーよりも早く新しいアイデアを採用し，仲間と頻繁に交流するが，リーダーシップを取ることはほとんどない。アーリー・マジョリティは，採用が早い人と比較的遅い人との間に位置する独自性をもっていて，普及のプロセスにおける重要なリンクとしての役割がある。すでに述べたとおり，レイト・マジョリティは，イノベーションに対しては懐疑的かつ慎重な態度で接する傾向がある。彼らがイノベーションの採用に納得するには，新しいアイデアに対し不安が取り除かれるための説得や，仲間による圧力が必要である。社会システムの中で最後にイノベーションを採用するのがラガードであり，彼らはオピニオン・リーダーシップをほとんどもたない。彼らは，最も局所的な見通ししか持っておらず，社会ネットワークの中で孤立していることが多い。将来というよりは，過去の世代で行なわれてきたことを基準にして意思決定を行なうことが多く，比較的伝統的な価値観をもつ人たちとの交流が主流とされている。

　4つの目の要素である「社会システム」とは，共通の目標を達成するために共同で問題解決に取り組む，互いに関連し合うユニットの集合体と定義されている。社会システムのメンバーまたはユニットは，個人，非公式グループ，組織，および／またはサブシステムのことであり，イノベーションの拡散は，社会システムの中で生じるという点が重要である。システムの社会構

造は，イノベーションの拡散に影響を与えるからである。社会システムは，イノベーションが拡散するための境界を構成しており，社会構造が拡散に与える影響や，規範による影響などが議論されている。

1-2-2　破壊的イノベーションとジョブ理論

　拡散に関する議論は，イノベーションが社会で生じる現象の構造や要因同士の関連性を理解するうえで有用である。一方で，どのようにイノベーションを起こすのかについても議論があり，特に，業界の変化を予測するプロセスを説明するためのイノベーションの理論が，Christenson を中心とした研究者たちにより提案されている。ここでは，破壊的イノベーションという言葉が使われており，既存のパラダイムを一新する現象の仕組みに関する議論（Bower & Christensen, 1995; Christensen, Anthony, & Roth, 2004）や，人々がイノベーションを採用するプロセスに注目したジョブ理論（Christensen, Hall, Dillon, & Duncan, 2016）について以下で概説する。

　破壊的な技術やイノベーションという考え方が提案されたのは，1995 年に発表された論文であり，タイトルは「Disruptive Technologies: Catching the Wave」（Bower & Christensen, 1995）であった。副題にあるとおり，イノベーションを，波を捕らえることに例えており，Rogers の拡散理論と同様，時間的な予測が重要な視点となっている。破壊的イノベーションについては，著書も複数出版されており（Christensen, 1997; Christensen & Raynor, 2003; Christensen et al., 2004），イノベーションを生じさせることの困難さの理由や，事業を立ち上げるうえで予想した結果を得るための方法などが議論されている。ここでは原点となるこの論文に基づき概説する。

　この論文ではコンピュータ業界におけるイノベーションが事例として多く用いられている。たとえば，アップルコンピュータは，パーソナルコンピュータの市場をリードしていたが，ポータブルコンピュータの市場投入では 5 年遅れをとったように，技術や市場が変化したとき，既存の一流企業がその業界のトップを維持できないというパターンがよく見られる。その背景につい

て，経営における一種のパラドックスがあることを指摘しており，それは，一流企業が，最も一般的で価値のある経営ドグマの一つである，顧客に密に寄り添うということに固執してしまうことである。顧客のニーズに配慮し，それに合った製品を生み出すことは，経営上，もちろん重要な点である。たとえば，IBMはこの考えに従い，主要な顧客である大規模な商業，政府，産業界の人や組織の求めるメインフレームの製品性能を提供することに専念した。しかしながら，これは同時に，そのような顧客がメインフレームよりも遥かに単純なミニコンピュータは使用しない，という判断にもつながり，結果的にはこの判断が企業にとって打撃となってしまう。すなわち，経営者は，メインストリームの顧客のニーズを当初の時点では満たすわけではない新しい技術を無視してしまうことに注意しなければならないのである。ただしこれは簡単なことではない。経営がうまくいっている企業であれば，顧客のニーズの把握，技術動向の予測，収益性の評価，競合する投資案への資源配分，新製品の市場投入などを，あらゆる正当な理由によって，現在の顧客と市場に焦点を当てて行なっており，これにより，顧客のニーズに対応していない技術の提案は排除されてしまうからである。すなわち既存の一流企業にとっては，経営にとって合理的な判断をしたために，新興市場の重要な新しい技術が不可視となり，結果的に大きなダメージを受けることになってしまう。

　老舗の企業にダメージを与える技術的な変化は，それほど技術的に新規ではなく，複雑でないとしても，2つの特徴がある。1つは，その技術の性能が既存の顧客が最初の段階では高く評価しないような属性であるということである。次に，技術の向上と市場への参入のタイミングがある。既存の顧客が求める性能は，既存の一流企業によって急速に進歩するため，新しい技術は後になってからその市場に参入することが可能である。そしてこの時点で初めて，主流の顧客が新しい技術の価値に気づくことになるが，既存のサプライヤーにとってはすでに手遅れの状態であり，新技術のパイオニアが市場をすでに支配している，ということが多い。したがって，企業の上級管理職は，この新技術を見極める力が必要であり，さらに，この新技術を排除したり無視するのではなく，商品化につなげるために守る必要がある。そのためには，

本流のビジネスから完全に独立した組織をつくらなければならない。

　また，あるイノベーションが特定の産業にどのような影響を与えるのかを理解するうえで，製品の性能が時間とともに向上した割合や，その向上の予測を示す性能軌跡という考え方が有用である。たとえばコピー機であれば，1分あたりにコピーできる枚数が，重要な性能軌跡を示す指標となる。既存の企業による持続的な技術の開発は，主流な顧客がすでに注目している特定の属性を改善するという向上率を維持する傾向がある。一方で，破壊的な技術の場合は，主流の顧客にとって重要な1つまたは2つの性能が大幅に低下することが多い。一般的に主流の顧客は自分の知っているアプリケーションで破壊的な製品を望むことはない。そのため，破壊的な技術は新しい市場やアプリケーションだけで使用されることになるが，この新しい市場の出現を可能にするという点が重要である。事例としては，ソニーの初期のトランジスタラジオがあげられており，これは音の再現性を犠牲にする一方で，小型で軽量で携帯できるという，これまでとは異なる新しい携帯ラジオという市場を出現させて成功した。

　企業の収益構造とコスト構造も，イノベーションの理解において重要である。既存の企業は，新しい破壊的技術に対して財務的な魅力は感じておらず，既存の持続的な技術に対応するための高いコスト構造を導入している。経営者にとって破壊的技術を追求するかどうかには2つの選択肢があり，その低い利益率である破壊的技術の新興市場を受け入れるか，あるいは，やはり持続的な技術で市場を拡大し，魅力的な利益率の市場に参入するかであるが，確立された市場にサービスを提供している企業にとって，合理的な資源配分プロセスとは，持続的な技術の市場の拡大である。一方，新興市場で破壊的技術を扱っている企業の経営者は，このような観点には立たない。彼らは高いコスト構造をもっていないため，新興市場が魅力的である。そこでの足場をある程度確保し，技術のパフォーマンスを向上させていくと，結果として，高コストのサプライヤーが提供する既存市場が近づいてくるため，その魅力が高くなってくる。そのときにこの新たな参入企業が攻撃を仕掛けると，既存の企業はより上の市場ばかりを気にして，下からの脅威を軽視していたた

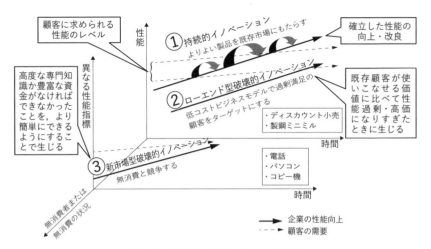

図 1-2　破壊的イノベーションの構造
(Christensen et al., 2004 ／櫻井 , 2014, イノベーションの最終解を改変)

　め，まったく準備が整っていないという状況が露呈することになる。
　Christensen ら（2004）では以上のことが簡潔に図示されている（図
1-2）。直線の矢印は，企業による製品，サービスの性能の向上を意味しており，
点線の矢印は，顧客がそれらを使いこなせる需要の移り変わりを示してい
る。この図には，これまでに述べてきた，既存の一流企業の性能改良による
持続的イノベーションと，その市場に後から参入して変化を起こす破壊的イ
ノベーション，そして，新市場型破壊的イノベーションという 3 つのイノベー
ションが示されている。破壊的イノベーションのうち，図の②で示されたロー
エンド型の破壊的イノベーションとは，これまでに述べてきた，既存の市場
を大きく変えるものである。既存の顧客が使いこなせる価値に比べて，持続
的イノベーションの製品やサービスが性能過剰になり，高価になりすぎたと
きに生じる。ローエンド型の破壊的イノベーションは，最初の時点ではやは
り性能は低く，後になってから持続的イノベーションの性能に追いついてい
ることがわかる。同時に，持続的イノベーションは顧客に寄り添うあまり，
顧客の需要を超えた性能や価格を投入し続けている。ただ一定時間が経過す

ると，性能も価格も低いが，顧客の需要に見合う新技術に一気に顧客が移っていくこととなり，これがローエンド型破壊的イノベーションとなる。新市場型の破壊的イノベーションとは，すでに事例として出てきたソニーのトランジスタラジオのようなものである。すなわち，既存の製品の特徴のために，潜在的な顧客の数が制限されていたり，提供されている選択肢でしか消費が行なわれていない場合に，それを解決することで生まれるイノベーションである。ソニーのトランジスタラジオは，軽量で携帯できるというそれまでに消費されていなかった市場を新たに創造したイノベーションであり，新市場型破壊的イノベーションとなる。

　以上の破壊的イノベーションの理論は，既存の大企業が小さな企業からの脅威に直面したときに，どう動くのかを理解するのに有用であるが，どのような行動をとれば企業が成功するのかといった因果関係を説明するロードマップではない。拡散の理論も，破壊的イノベーションの理論も，技術そのものの優位性が，イノベーションの成功，すなわち社会への浸透や普及に直結するわけではないことを説明している。社会への浸透や普及といった点では，次に概説するジョブ理論が示唆的である。これも同様に Christensen の研究グループによる理論である（Christensen et al., 2016）。

　この理論は最初に，ミルクシェイクの事例から始まる。どうすれば，もっとミルクシェイクが売れるのかという課題に対して，既存の顧客に改善点を尋ね，それを解決すべく対策を打ったものの，何も成果が得られなかったという話である。残念ながら，単純に顧客の意見を収集するだけではこのような問題は解決できない。これを解決するためには，それぞれの顧客の個別の生活における物語を理解する必要性がある。すなわち，顧客は単にミルクシェイクを消費するために，これを買っているのではなく，日常生活に生じている，ある用事や仕事（ジョブ）をこなすために，ミルクシェイクという手段や製品を購入（雇用）している，と考えるのである。ジョブ理論の特徴の一つは，このように，ある製品やサービスを購入するという現象の次元で考えるのではなく，それらの購入は，日常における「ジョブ」を片付けるためにそれらを「雇用」する，という形式で捉える点にある。ミルクシェイクの例に戻ると，ミル

クシェイクは頻繁にドライブスルーで注文されている。時間は朝で，仕事先に向かうドライバーが購入することが多いようである。そこで，この背景にあるジョブを理解すると，以下のようになる。ある人は，「通勤の間のドライブの暇つぶしになる何かが欲しい」というジョブをもっていたり，またある人は，「栄養が取れるうえに昼食まで空腹にならない食品，ただしバナナのようにすぐに食べ終えてしまわず，ドーナツのように手が汚れない何かを摂取したい」というジョブをもっていたり，他にも「同僚に見られたら恥ずかしいので，このタイミングにミルクシェイクを飲みたい」などのジョブの存在が見えてくる。近年成し遂げられたイノベーションにおいては，暗黙的か明示的かは別にして，このような片付けるべきジョブの特定が必ず行なわれてきたはずであり，ジョブを理解したうえで，これをうまく遂行できる製品やサービスを提供することがイノベーションにとって重要である。

　ジョブ理論の観点では，顧客がある製品やサービスを購入する，すなわち雇用するのは，生活の中にある特定の状況をより便利に，あるいは質のよい状況へと，進歩させるためであると考える。その点で，ジョブとは，ある特定の状況で人が成し遂げようとする進歩を引き起こすプロセスであって，一時的なイベントとは異なる。その状況が生じる文脈の幅は，特定のライフステージから財政状況まで多種多様であるが，ジョブとは日々の生活の中で継続的に，かつ，反復的に発生するものとしている。また重要な点として，ジョブはニーズと異なる。ニーズはあらゆる点で漠然としており，他のものではなくその商品を選ぶという理由を正確には捉えるものではない。他のどれでもなく，ミルクシェイクを雇用する理由とは，そのときの特定の状況で作用するニーズ（暇である，空腹であるといった機能的・実用的ニーズや，人に飲んでいるのを見られたら恥ずかしいといった社会的・感情的ニーズなど）が集合したものである。どのジョブにも，機能的な側面，感情的な側面，社会的な側面が存在しており，それぞれの重要性は文脈に依存する。ジョブを見極めるには，やはり顧客を単に観察して得た知見を分析しても困難であり，そういった数字ではなく顧客の日常という物語を理解する必要がある。そのポイントには5つあり，

　①その人が成し遂げようとしている進歩は何か

②苦心している状況は何か

③進歩を成し遂げるのを拒む障害物は何か

④不完全な解決策で我慢し埋め合わせの行動をしていないか

⑤その人にとってよりよい解決策をもたらす品質の定義は何か，またその解決策のために引き換えにしてもよいものは何か

を押さえる必要がある。

　この事例では，エアビーアンドビーがあげられている。共同創業者であるブライアン・チェスキーは，大学を卒業したばかりの頃，家賃の支払いもままならず，地元で開催されるデザインカンファレンスに参加したくても参加費すら支払えなかった。そのとき，自分と同じ悩み抱えているデザイナーたちがいることに気がつき，参加費を工面するために，自分のエアマットレスを貸す，というアイデアが浮かんだ。カンファレンス会場周辺のホテルはすべて満室であるが，エアビーアンドビーを雇用する人の状況は，ホテルを雇用する人の状況とは大きく異なる。もし自分がよその街でのカンファレンスに参加する状況になったら，高価なホテルに滞在するという選択肢はなく，むしろ，エアマットレスを安く借りることを選ぶに違いないのである。経済的に余裕があれば，ホテルに滞在するであろうが，すでに満室である。宿も予算もないという理由で，カンファレンスに参加しないということは一時凌ぎにすぎず，このままでは次のカンファレンスにも参加できないことになるであろう。そこで，上記の5つのポイントに当てはめて，他の街からカンファレンスに参加しようとする若者の例を考えると，

①その人が成し遂げようとしている進歩は何か：デザインカンファレンスに参加したい

②苦心している状況は何か：予算がない

③進歩を成し遂げるのを拒む障害物は何か：予算がないうえにホテルは満室である

④不完全な解決策で我慢し埋め合わせの行動をしていないか：参加せず，後日情報を収集するという選択肢は存在する

⑤その人にとってよりよい解決策をもたらす品質の定義は何か，またその

解決策のために引き換えにしてもよいものは何か：安価であるなら他の
サービスは不要で，寝るスペースだけあればよい

と解釈することができる。

　他にも，埋もれているジョブを見つけた事例として，非典型的な学生（軍に
従事した経験のある人や，子どものいる人など）に対して，彼らが高等教育
に求める利便性，サポート体制，資格取得，短期終了を実現したオンライン
の学習プログラムを実施したサザンニューハンプシャー大学があげられて
おり，これは，消費がされていない新規の市場を開拓したイノベーションと
されている。また，ほぼ1世紀の間，アメリカ中のキッチンでパンを焼くの
に使われていたチャーチ＆ドワイト社のベーキング・ソーダ（重曹）は，60
年代後半，生産者が意図しない多様な用途で消費者に使用されていることが
注目され，これが収益につながったという例もある。消費者はこれを洗剤に
加えたり，歯磨き粉に混ぜたり，カーペットに巻いたり，冷蔵庫の中に置い
たりして，清掃や消臭に使っていたのである。そこで，リン酸が含まれてい
ない洗濯用洗剤を初めて市場化し，さまざまな商品を次々に成功させたので
あるが，ジョブというのはそもそも初めから存在していたのであり，これを
発見することがイノベーションにつながるという点が重要である。

　消費者は自分の望みを常に明確に説明できるわけでなく，顧客が言わない
ことを聞き取ることが，ジョブの発見に必要となる。また，データを重視す
るにも注意が必要である。企業は「大きな雇用（プロダクトを初めて買う瞬
間）」のみのデータを収集・分析する傾向が強いが，重要な点は，実際にそ
のプロダクトを消費する「小さな雇用」の物語である。たとえ新しい製品を
買ったとしても，それを使うまでは消費していることにはならないし，新し
い解決策を雇用してもらうには，他の次善策を解雇する必要もある。たとえ
ば，スマホを雇用し，それを繰り返し日々使うことにより，既存の腕時計が
解雇されることもあるであろう。ジョブを商品が本当に解決したのかは，「小
さな雇用」が一貫して繰り返されることによって確認できる。「大きな雇用」
だけではなく「小さな雇用」における消費者の体験が優れていれば，製品や
サービスを選ぶことにつながるのである。イノベーションをどのように生じ

させるのか，という経営的な戦略とともに，消費者の視点での質的な側面を
理解することもイノベーションの成功にとって欠かせない要素となっている。

1-2-3　技術の変遷に対するマルチレベルの視点

　これまでのイノベーションの理論では，その対象を特に先進的な技術に限定
しているわけではなかった。そこで，モビリティ技術に関連するケーススタディ
として，1780 年から1900 年にかけての帆船から蒸気船への技術的な変遷に注
目し，イノベーションを理解する枠組みを提案している Geels の議論（Geels,
2002；2022 年 2 月時点で 3000 回以上引用されている）を以下に概説する。
　ここでもイノベーションは技術の変化だけで実現するのではなく，社会の
中の複雑な構造が関連し合いながら生じることを説明している。ここで技術
的変遷とは，交通，通信，住宅，食事などの社会的な機能を満たす手段が，
技術的に大きく変化することと定義されており，議論の中心は，これがどのよ
うに生じるのかというメカニズムに対する考察である。特に進化経済学の文
脈で議論が行なわれている。ここでは技術の進化の過程として 2 つの見解が
示されている。1 つ目は，進化は，変化，選択，保持，のプロセスであるとい
うことであり，2 つ目は，Godin の議論でも触れた Schumpeter に言及したう
えで，進化は展開のプロセスであり，新しい組み合わせを生み出し，その結果，
技術的な軌跡が生じるとするものである。進化経済学で選択とはある程度当
然のことと想定されているが，根本的に新しい技術の場合，確立された市場
などは存在せず，ユーザの好みなどを含めて共進化するのであり，また，選
択が行なわれるのはユーザや市場のみではなく，より広い政策や制度，イン
フラなども射程に入ることが指摘されている。関連する理論としては Latour
（1991）のアクターネットワーク理論 があげられている。アクターネットワー
ク理論において社会技術の変化は，関連性のある集合体の移動と置換，要素
の再構成のプロセスとして理解されている。このプロセスの経験的な説明は
通常ミクロに焦点が当てられているが，Geels の論文では，技術研究における
長期的かつ大規模な技術開発に注目している。具体的には，マルチレベルの

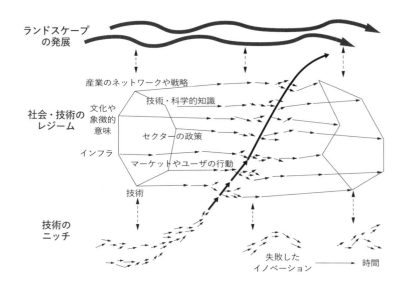

図1-3 ダイナミックな技術的変遷に対するマルチレベルの視点(Geels, 2002 を改変)

視点で技術的変遷を説明しており，図1-3はその視点が図示されたものである。

　図1-3で示されたとおり，技術的変遷は，上層のランドスケープ，中層のレジーム，下層のニッチというマルチレベルで統合されている。技術的な軌跡は社会技術的なランドスケープに位置しているが，ここでランドスケープという比喩が選ばれている理由とは，相対的な硬さという文字どおりの意味合いとあわせて，都市や工場，高速道路や電力インフラといった物質的・空間的な配置である社会の背景があるからである。すなわち，ランドスケープとは，アクター同士の相互作用のための外部構造，または文脈を意味している。中層にあるレジームとは，工学の実践や生産プロセス技術，製品の特性，スキルや手順，関連するアーティファクト定義の仕方などの，複合体に組み込まれたルールセットのことを意味している（Rip & Kemp, 1998）。レジームがコミュニティにおける活動を可能にしたり制約したりするルールを意味するのに対して，ランドスケープはより広い技術的な外部要素である。ランドスケープの文脈はレジームのそれよりも変更は困難であり，変化するもの

の，レジームよりもゆっくり変化する。急進的なイノベーションは，下層の
ニッチにおいて生じる。このようなニッチは，市場選択から保護され，隔離
されているが（Schot, 1998），これは，技術的な性能はまだ低く，高価なも
のが多いからである。たとえば，陸軍は，初期の段階で多くの急進的なイノ
ベーション，たとえば，デジタルコンピュータやレーダーなどを保護した。
ニッチはサプライチェーンやユーザと生産者の関係といった，イノベーショ
ンを支援する社会的ネットワークを構築する。これらがマルチレベルである
ということは，マクロレベルのランドスケープはゆっくりと変化する外的要
素で構成されており，軌跡のためのグラデーションを提供する一方で，ミク
ロレベルのニッチはイノベーションの発生と展開を説明し，レジームがラン
ドスケープの中に組み込まれ，また，レジームの中にニッチがあるという構
造になっていることを意味する。ニッチは変化のための種を提供するものの，
新技術がさらに成功するかどうかは，ニッチでのプロセスだけではなく，既存
のレジームやランドスケープでの発展にも左右されているのであり，社会全
体での複雑な構造がイノベーションの背景にあることが示されている。

　図1-3の内容であるが，レジームにおける社会技術体制には7つの次元が
あることが示されており，それらは，技術，マーケットやユーザの行動，（技
術に関する）文化や象徴的意味，インフラ，産業のネットワークや戦略，セ
クターの政策，技術・科学的知識と設定されている。これらは相互にリンク
し，共に進化するが，これらの連携が弱まる時期の前には，より短い分岐の
矢印で示される緊張状態がある。レジームが問題に直面し，緊張が生じると，
コンフィギュレーションのリンクが緩み，急進的なイノベーションがニッチ
から脱出してここに組み込まれる機会が生じるのである。ゆっくりと進行す
るランドスケープの変化は，太く長い矢印で示され，これはレジームに圧力
をかける。ランドスケープでの変化が新たな機会を生み出すのであれば，そ
れがさらなる変化の引き金になることもある。ニッチでは不安定なネットワー
クのアクターがイノベーションに取り組んでおり，努力はあらゆる方向へ向
かい，多様であり，これらは小さな矢印として示されている。急進的なイノベー
ションは，時間の経過とともに安定していくこともあり，ここでは矢印が長く，

太くなるように表現されている。

　ニッチからレジームへのステップは一度に起こるわけではない。冒頭で述べたとおりここでは蒸気船に関する技術的変遷が例としてあげられているが，初期の蒸気船の実験は，18世紀末から19世紀初頭にかけて，イギリス，フランス，アメリカなどで「運河ブーム」と呼ばれる景観形成の中で始まった。1807年にアメリカのハドソン川で初めて市場が生まれ，この蒸気船は平均速度が流れに逆らって時速5マイルであり，当初は旅客サービスに使われた。その後蒸気船にとって最初の主要な市場ニッチとなったのは，大西洋を横断する旅客輸送とされている。ヨーロッパからの移民（特に富裕層）は，蒸気船が提供するスピード，定期性，快適性に追加料金を払うことを厭わなかった。1850年代半ばには，蒸気船は急速に移民市場を獲得していく。ニッチからレジームへのステップは，急進的なイノベーションが後続の応用領域や市場領域に利用されることにより，徐々に起こっていくのである。ある技術を新たなニッチへ移行させるのは簡単なことではない。蒸気船の定期船会社は鉄道と連携した大規模な企業へ変貌していくが（Ville, 1990），船の管理や財務計算，コスト管理，詳細な予算編成など，管理方法の大きな変化を伴った。また，急進的なイノベーションのブレークスルーには，技術のアドオンとハイブリッド化というメカニズムがあり，古い技術と新しい技術は競争するのではなく，共生する。最初の洋上蒸気船は，帆船に蒸気機関をアドオンしたものであり，1840年代の蒸気船は，帆と蒸気という両方の推進力をもつハイブリッド型であった。さらに，新しい技術は新しい市場の成長にともない，ニッチを脱するのであり，たとえば，蒸気船が発展した時期は，大西洋の旅客輸送が大きく伸びた時期と関連していた。同様にレジームから次のレジームへのシフトも突然生じるのではなく，段階的な再構成のプロセスを経る。レジームのある要素の変化が，他の要素の変化を誘発し，それがさらなる変化を生み出すのであり，これはカスケード・ダイナミクスと呼ばれる。このような再構成のプロセスは，先に示した社会技術体制の7つのあらゆる次元で行なわれる。技術の変遷とは，要素のモザイク状の変化として生じるのであり，変化は互いに積み重なり，プロセスは徐々に結合していく。

1-2-4 組織におけるイノベーション

　これまでの理論の中で，イノベーションは単に技術の新規性や優位性で決定されないことを確認した。一方で，やはりイノベーションとなりうるアイデアをどのように生み出し，育てるのかということもイノベーションにとって重要である。ここでは，野中郁次郎がこれまで行なってきた知識経営の理論を概説する。

　野中は『イノベーションの知恵』（野中・勝野, 2004, 2007, 2010）や『イノベーションを起こす組織』（野中・西原, 2017）など，イノベーションを実現するための理論と実証例を多く紹介しており，ここでは後者の著書を中心に議論を確認する。イノベーションとは，知識を新たにつくり出すプロセスとして定義されており，特に，組織における知識の創造のプロセスに焦点を当てている。具体的には SECI モデルと呼ばれるモデルが議論の中心となっており，そこでの重要なコンセプトが知識である。このモデルでは知識を形式知と暗黙知に分類している。形式知というのは，客観的で言語化された理性的な知のことであり，マニュアルやデータベース，百科事典などがその代表として存在する。暗黙知とは主観的で身体的な経験から得られる知であり，熟練の技や勘，ノウハウなどの行動スキルや考え方がこれに当てはまる。氷山のメタファーが使われているが，水面より上に出ている部分の氷山の部分は顕在的な形式知であり，水面下にある部分が言葉になっていない潜在的な暗黙知とされる。両者は同一の氷山であって，もちろん水面下に沈んでいる暗黙知のほうが大きい。誰であっても，まだ意識に上がってきていない（形式知となっていない），膨大な暗黙知をすでにもっているとの前提で，その暗黙知を経験を通して言語化・意識化していくことで，新たな知が創出できると考える。暗黙知という考え方は，Polanyi によって説明されている。佐藤（2010）によると，Polanyi は物理科学者として知られるが哲学者として『*Personal knowledge*（個人的知識）』（Polanyi, 1958）を執筆しており，この著作によって知的衝撃を受けた，心理学者のエリクソン（E. Erikson），マズロー（A. Maslow），ロジャース（C. Rogers），言語学者のチョムスキー（N. Chomsky），科学哲学者のクー

ン（T. Kuhn）などとの交流を背景として『*The tacit dimension*（暗黙知の次元）』(Polanyi, 1966)という小冊子も残している。人間の知識や認識の構造には，言語化されたものだけではなく，言語によって分節化され得ない暗黙の部分が存在しており，双方はダイナミックに関連し合う。人間は時に分節化され得ない直観による「ひらめき」を生み出すが，これはまったくの無から生まれるものではなく，分節化された予備的な知識との相互の補強によって実現される発見なのである。野中の議論では，暗黙的な知り方として，見ることのアート（細かな部分まで見るが，医者の診断や美術品の鑑定など，部分を暗黙的に統合して行なうこと），することのアート（自転車に乗ったり，ピアノを弾いたり，身体の細かな動きは意識していないが，全体を流れとして意識すること），イメージすることのアート（シャーロック・ホームズのように，細かな点を観察して，鍵となる事実から仮説をつくり，本質に迫ること）の3つを定義している。暗黙知と形式知の相互の変換をモデル化し，組織的な知識創造のプロセスを示したものが SECI モデルである。

　図 1-4 に SECI モデルの概要を示す。SECI とは，「共同化（Socialization）」「表出化（Externalization）」「連結化（Combination）」「内面化（Internalization）」の4つの頭文字である。共同化では，知識はまだ暗黙知である。身体経験を通じたイメージの獲得がこの段階であり，個人が環境と触れ合うことがスタートとなっている。次に，この暗黙知を形式化するステップが表出化である。自分の中の暗黙知を，グループの中で言語化し，表出していく。ここで形式知となった知識は，次の連結化のステップでさらなるグループ間の情報交換により組み合わされ，体系化される。ここで洗練された形式知であるが，次の内面化においては，実験や検証によって実践され，体得されることで暗黙知となる。このモデルでは，これを一周すれば終了ではなく，何度も，かつ，高速に回転させることで，創造性と効率性を両立できる，としている。

　このようなスパイラルを実現する「場」も重要視されている。場とは，物理的な空間ではなく，人間同士がコンテクストを共有し，相互に他者を無批判に受容し合う関係ができているところとされており，以下の6つの条件が存在する。①参加メンバーのコミット，②目的をもった自発性，③メンバー

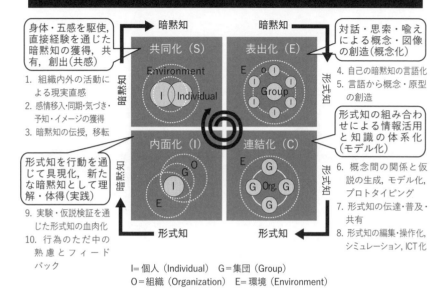

図 1-4　SECI モデルの概要（グロービス知見録より作成）[*2]

間で感情・感覚が共有されていること，④メンバー間での安心感や信頼感，⑤多様な知が存在していること，⑥場の境界が開閉自在，である。このような場で，SECI モデルを実質的に回していく役割をもつリーダーの特質を，知創リーダーシップと呼んでいる。これは，共通善などの価値基準をもって，個別の文脈に即した最善の判断ができる適時絶妙な知性とされており，このリーダーの能力にも，①善い目的をつくる能力（何が善かを見極め，理想の実現に向かう卓越した目的をつくる能力），②直観する能力（先入観を排除して，五感を駆使し現場・現物・現実をありのままに観る能力），③場をつくる能力（適材適所の人材をタイムリーに見いだして配置し，共感・共振・

＊2　グロービス知見録　https://globis.jp/article/2389

共鳴の場をつくること），④本質を物語る能力（起承転結や英雄物語の流れに沿って，他者の記憶に残り行動を変容させる物語を語る能力），⑤影響力を使い分ける能力（状況や文脈に合わせて，他者への影響力を使い分け，他者を動かす能力），⑥組織する能力（以上の能力を伝承し，人材を育成する能力。あらゆる人がこれらの能力をもつようにして，すべてのレベルに自律分散しているフラクタル型の組織をつくること）が定義されている。

　イノベーションを起こすには，現場のリーダーの目的を起点として共創の場づくりという横のつながりと，目的を実現する中長期的な実践力としての縦のつながりが必要となっている。横の関係とは，従来のオープン・イノベーションが，開発効率の向上・知財が目的で，企業と研究機関といった一対一のトップダウン型であったことに対して，社会的価値の創造を目的とし，多様な相互関係性（コト）が中心となり，産官学に市民を加えた多層的な共創の関係を有することが重要となる。縦の関係としては，スピードと持続性が重要であり，知創リーダーシップによって，SECI スパイラルを高速に回転させることにより，これらを創造性や生産性と両立させることが必要である。実例としては，JR 九州に見るイノベーションである日本初のクルーズトレイン「ななつ星 in 九州」において，地域や現場での体験から得られた直観と，徹底的な対話によって本質をコンセプト化した唐池恒二社長とデザイナー水戸岡鋭治の横の関係が紹介されている。あわせてここでの縦の関係としては，地域の伝統素材や技を活用するため，職人との協力により組織を運営した点があげられている。

1-3

モビリティ技術におけるイノベーション

　本章で概説した議論はイノベーションに関する代表的なものの一部に限られており，すべてを網羅しているわけではない。たとえば他にも，イノ

ベーションに対するシステムアプローチを体系づける議論や（Granstrand & Holgersson, 2020）や，イノベーションのプロセスにおける評価指標を整理したもの（Dziallasa & Blinda, 2019）など，多様な視点から議論が行なわれている。また，イノベーションに対する理解の仕方は今後も変わっていく可能性は高い。ここで確認した議論は限られたものであるものの，イノベーションに関する大まかな理論的枠組みを参照にしながら，モビリティ技術のイノベーションにおける社会的受容について考察し，本書の各章の位置づけについて確認する。

　理論が紹介された順序は前後するが，それぞれの理論の特徴を概観すると，SECI モデルは組織内でイノベーションをどのように生むのかに焦点があり，技術的変遷の議論では，そのように出てきたイノベーションの種が社会における他の層との関連の中で再構築されていくプロセスが示された。破壊的イノベーション理論では，主に異なる属性の技術を扱う企業同士の関係を考慮した経営の方針として，イノベーションの現象の仕方を述べた。ジョブ理論ではイノベーションとなる製品やサービスは，単に消費されるのではなく，人々の日々の生活での進歩として活かされることでイノベーションとなっていることが説明された。イノベーションの拡散においては，社会でイノベーションが浸透していく際に，人々のコミュニケーションが大きな役割を果たしていることを指摘している点で，重要な示唆があったと言える。これらの理論は共通して，イノベーションは優れた製品やサービス単体で成立するものではなく，社会の中の複雑な構造で時間をかけて実現されていくものとして考えている。拡散の理論では，その提案が客観的に優れているというだけで人々が必ず採用するわけではないことが示されており，破壊的イノベーションの理論においても，持続的イノベーションの開発する性能がいかに素晴らしくても，それが顧客の需要を超えたタイミングで性能の低い安価なものが市場を支配するようになることを確認した。

　モビリティ技術という文脈でこれらの理論を捉えた場合，自動運転技術やそれを利用するためのサービス，あるいは物理的なインフラが整っているというだけで，これらの技術が社会に浸透すると考えるのは難しそうである。

モビリティ技術が用いられる地域の人間関係や，そこでの人々の生活における
ジョブを理解し，また，ユーザ同士，あるいはユーザとサービスを提供する組織とのコミュニケーションなどを丁寧に検討する必要がある。さらには，モビリティ技術により移動を支援するということが，ユーザにとってどのような意義や意味をもちえるのかという視点も重要になってくるであろう。先進的な技術開発といった工学的な視点からイノベーションを理解することは，その先進性の意義を精緻化するうえで極めて妥当であるが，一方で，それらの技術を用いる人々の心理や地域に特徴的な社会的背景について注目することも重要である。これは，技術と社会が一体化するプロセスという，イノベーションの社会科学的な側面を検討する助けになると思われる。新規な技術が社会に浸透し，人々の生活を一変させるまでがイノベーションであることは当然であるが，そのようなイノベーションを技術的にどのように起こすのかだけではなく，技術と社会が相互に関わり合う共生の展開に注視して理解することも必要であろう。技術開発が急激に進歩するなか，社会的受容に焦点を当てて学際的に議論することで，社会にとってよりよい技術のあり方や，どのような先進技術社会を目指すべきなのかについて，暗中模索ではあるが，何らかの手がかりを得ることにつながるかもしれない。

　モビリティ技術の内容に焦点を当てると，モノである移動体やインフラとしての通信環境や道路環境の整備だけではなく，社会の中で運用するためのサービスや保険や法律などのルールなど，多様な技術や社会システムが存在する。これらは独立するのではなく，相互に関連し合っている点にも注意する必要があるが，本書ではまずそれぞれの技術やサービスに注目し，それぞれの分野で社会的受容がどのように検討されてきているのかを議論する。ここで対象となる技術やサービスは，世界的にもまだまだ新しく，社会的受容の観点から検討が進んでいるとはいえ，考え方や評価のされ方は，個別のケースに応じた検証が行なわれつつあるのが現状であろう。これらの最新の知見を検討しながら，モビリティ技術によるイノベーションにおける社会的受容について考察を深め，整理していく。具体的には，各章を以下の図1-5に示す位置づけで展開し，議論する。

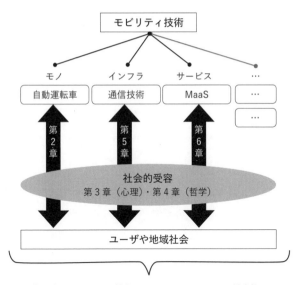

第7章　モビリティ技術によるイノベーションの社会的
受容と関連するその他の議論

図1-5　モビリティ技術によるイノベーションの社会的受容と各章の構成

　第2章から第6章で，モビリティ技術における特に自動運転車に注目し，
社会的受容との関連から知見を述べる。自動運転の実証実験や国際的な調査
についての最新の知見（第2章）や，社会的受容に関する社会学・心理学的
な研究（第3章），また，自動運転技術と社会的受容に関する哲学的な議論（第
4章）を各章で展開する。

　さらにモビリティ技術における通信技術（第5章）と，MaaS（第6章）
の取り組みに注目し，社会的受容との関連で行なわれている研究成果や実証
例に関する最新の情報を具体的に述べる。最後に，これらの各論に基づき，
モビリティ技術のイノベーションにおける社会的受容についての考察をまと
め，第7章で総論として議論する。

第**2**章

自動運転システムの社会的受容

自動運転システム（Autonomous Vehicle system：AVs）は，ヒューマン・エラーに起因する交通事故の低減のみならず，効率的に制御された運転の実現により，環境負荷の低減やこれまで自動車を運転できず移動制約のあった交通弱者の支援等，さまざまな社会的メリットが期待されている。一方，課題としては，①安全かつ利便性の高い自動運転の技術開発は言わずもがな，②自動運転システムによる交通事故の補償や刑事罰に関する国内外の法整備，③一般市民の生活や企業の社会経済活動にどのような影響を及ぼし，どのように社会が自動運転システムを受け入れるかといった社会的受容等があげられよう。本章では，このうち③の社会的受容について，筆者が行なってきた研究を中心に以下の6つのテーマについて論じることとしたい。1つ目は社会的受容とは何か，どう定義するか，2つ目に人々は自動運転システムのリスクをどう捉えているか（他のハザードとの相対的な位置関係から探る），3つ目に公道での自動運転システム実証実験における人々の態度変容とNIMBY問題，4つ目に自動運転システムの事故報道が人々の意識に与える影響，5つ目に自動運転システムは新聞でどのように報道されてきたか，最後に新聞報道等で言及された自動運転システム開発をめぐる論調への賛否，である。なお，このうち，**2-3-1**の自動運転システム実証実験のみ，自動運転によるバスに対する社会的受容であり，それ以外は，その自動運転システムがマイカーなのか，カーシェア，ライドシェアなのか，バスなのかについては明示的に記述せず「マイカー」を想定した記述となっていることに留意いただきたい。

2-1

社会的受容とは何か？

　社会的受容とは，「企業・施設・新技術などが地域社会や国民の理解・賛同を得て受け入れられること」（デジタル大辞泉）とされるが，抽象概念であり，単一指標での把握は困難であると考えられる。

2-1-1　自動運転システムが実現した社会への賛否意識とその規定因

　筆者らは自動運転システムの社会的受容を考える手始めとして，2016 年 5 月から 9 月にかけてさまざまな年代，職業の方々計 35 名にインタビュー調査を行なった（谷口，2019）。なお，この調査は，一般市民の現段階での意識をありのままに捉えることが目的であったため，自動運転システムのレベルには言及していない。その結果，女性に多かったのが「運転に自信がないため，自動運転に任せたい」という回答であった。他にも，高齢者や運転する機会が少ない人など，運転に自信がないと思われる人は自動運転システムに好意的である傾向が示された。一方，不安や懸念として「信用できない」「事故時の責任の所在」に言及する回答が多く見られた。また，「自分は運転が好きなので今は必要ないが，高齢者や運転のできない人には有用である」等の個人的な態度・必要性と社会的な必要性を分けて評価する意見も存在した。この質的な差異を整理するため，さまざまな意見のうち同趣旨の回答が複数あったものをまとめたものを賛成－反対軸，好き－嫌い軸にプロットして整理した（図 2-1）。これによると，多くのインタビュイーが自動運転システムに対し賛成意見を表明していたことがわかる。ただし，個人的にはそれほど好きではないものの，利便性や社会的効用を考慮し，自動運転システムが実現した社会には「賛成する」とした意見も存在した。一方，自動運転システムを好きだけれども（何らかの理由で）反対するという第四象限に分類される意見は見られなかった。

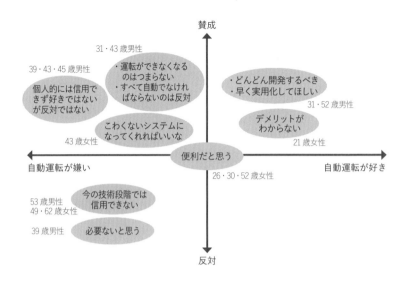

図2-1　自動運転システムについてのインタビュー調査（2016年）の結果

　このように，自動運転システムを個人的には「好きではなく，必要がない」
と認識していても「高齢者など必要な人が存在することは理解できるし，社
会的には有用」と捉える人もいたことから，筆者らは自動運転システムの社
会的受容を，購入意図（買いたい）や利用意図（使いたい）ではなく，「自
動運転システムが実現した社会への賛否意識」という枠組みで捉えることと
した。そして「社会的受容」を図2-2に示す概念で定義することとした。す
なわち，自動運転システムの社会的受容は人々の「環境・経済面の費用対効果」
「人々の自動運転システムが実現した社会への賛否意識」「期待や不安」など
さまざまな要素から浮かび上がる，時々刻々と変化しうる集団意識，抽象概
念であり，たとえば内閣支持率のように数値としての実態を計測することは
難しい潜在変数のようなものと捉えることとした。内閣支持率は現内閣への
評価を端的に表現する指標として使われているが，これは外交，防衛，教育，
社会福祉等々，その内閣のさまざまな政策に対する包括的な賛否意識と言え
よう。同様に，自動運転の社会的受容という抽象概念を最も端的に表わす指

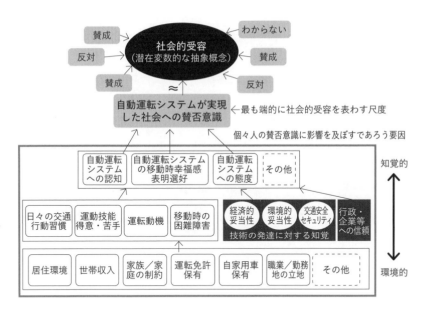

図 2-2　自動運転システムの社会的受容とその規定因の概念図

標は「自動運転システムが実現した社会への賛否意識」であろうと考えたのである。

　この賛否意識の規定因として，リスク認知や自動運転システム利用（を想像したとき）の満足度，自動運転システムが必要・好き等を示す「態度」等の心理要因を設定した。それらの知覚的な心理要因には，日々の交通行動習慣や運転技能，運転動機，移動困難性だけでなく，自動運転システム技術の発展に対する知覚も影響すると考えられる。また，居住地や収入，家族構成と制約，運転免許や自家用車の保有，職業などさまざまな環境的要因も影響するであろう。

2-1-2　「新技術の社会的受容」の包括的な定義

　Fleischer らは，自動運転システムに限らず新技術の社会的受容をめぐ

受容の主体	←→ 関係性の種類	受容の対象
個人 ・分離した個 ・（複数の）社会的文脈の中における ・職業上の役割の中における **複数の関係主体としての組織** ・規制当局，立法者 ・企業，公益事業 ・保険会社 ・NGO/CSO **複数の関係主体が絡む関係者ネットワーク** ・コミュニティ，地域，国家など	**態度指向（受動的）：** ・無知 ・無関心 ・許容 ・承認 ・（支持？）（信用？） **選好指向（仮定的）：** ・選ぶ意欲（使う，買う，支払う…） ・適応する意欲 **行動指向（能動的，観察可能）：** ・抗議する‐参加する ・採用する‐採用しない ・変更する‐維持する ・許可する‐拒否する ・（正当化する‐不当化する）	・具体的な特徴：たとえば「（高速道路上で）自動運転によって運転されている」 ・製品・サービス：自動運転車，ロボシャトル，レベル3自家用車など ・システミック・チェンジの影響：交通量の減少または増加，交通の安全性の向上，郊外化など ・社会技術的構成（モビリティの未来） ・さまざまな目的地や活動へのアクセス，参加：コスト，障害者のためのモビリティ ・プライバシー，サイバーセキュリティ：データ提供，一元管理

図 2-3　社会的受容の主体，対象と関係性（Fleischer et al., 2020 より作成）

る議論を，受容の主体，受容の対象，そして主体と対象の関係性の観点から図 2-3 のように整理している（Fleischer, Schippl, Yamasaki, Taniguchi, Nakao, & Tanaka, 2020）。そのうえで，より包括的な「新技術の社会的受容」について，以下のように定義している。すなわち，社会的受容とは，【特定の関係者グループや関係者ネットワーク（国家，地域，地域コミュニティ，組織など）による好意的または肯定的な反応（態度，表明された好みや行動など）】であり，①その新興技術，その技術で実現される社会技術体制，その技術で修正される社会技術システム，②その制度化プロセスに明示的または暗黙の承認を見いだす合理的な期待に関連する。

　Fleischer らの定義や図 2-3 によると，筆者らの自動運転システムの社会的受容の定義は，主体は個人，対象は製品・サービス／システミック・チェ

ンジの影響／社会技術的構成，関係性は態度指向であると言えよう。新技術
として，たとえばスマートフォンなど一つの商品の社会的受容は，それが売
れているか否か，保有率などで計ることができるし，その妥当性と信頼性も
一定程度は担保される。そして4Gや5Gなど，その商品を支えるインフラ
整備も社会的に許容されることとなる。スマートフォンを持たない不便を受
け入れるという前提で，スマートフォンを持たない，使わないという自由も
もちろん許容される。一方で，移動は「動物」である我々の生の基本的な営
みであり，その営みの大きな変革をともなうであろう自動運転システムは，
個々人の利用／購入意図，賛否意識にかかわらず，歩行者や自転車として交
通社会に参画する人も含め，ほぼすべての人を巻き込む可能性が高い。単に
自動運転車両の販売台数，自動運転バスの乗降客数のみで社会的受容の程度
を計れるとは思えない。何をもって自動運転システムが社会に受け入れられ
ていると評価するかは，今後も議論を続ける必要がある。いずれにせよ，「思
考停止」せずに考え続けること，議論を続ける仕組みをつくることが大事な
のではと考える。

2-2

人々は自動運転システムをどのように捉えているか？：リスク認知マップ

　人々の自動化レベルごとの賛否意識を計測すると，自動化レベルが高くな
るほど人々の懐疑的な評価が高まるという関係が見られる（たとえば，谷口・
冨尾・川嶋・Enoch・Ieromonachou・森川，2017；Wang・谷口・Enoch・
Ieromonachou・森川，2019）。レベル5の完全自動運転よりも，レベル3の
運転支援のほうを人々は受け入れるのである。自動運転システムの広報活動
の際には，自動化レベルが高いほど安全性は高まると考える専門家と，一般
の方々の間にはギャップが存在することに留意が必要であろう。また，男性

で高学歴であるほど自動運転システムにポジティブな傾向は、ほほどの研究でも示される頑健な傾向である。

さて、自動運転システムの社会的受容に大きな影響を及ぼすであろう心理要因に、人々が自動運転システムに抱くリスク・イメージがあげられる。こわい、得体が知れない、リスクが大きい、など未だ実現していない自動運転システムに対し、人々が漠然と抱くイメージとはどのようなものであろうか。

リスク心理学者の Slovic は、人々が抱くリスク・イメージと実際のリスクの間にはズレがあると述べている（Slovic, 1987）。我々人間はすべてのリスクを正しく認知して判断しているのではなく、その事象に対する何らかのリスク・イメージを形成し、判断しているというのである。Slovic はさまざまなハザードを対象とした質問紙調査により、リスク・イメージの構成要素として恐ろしさ（Dread）、未知性（Unknown）、災害規模（Number of people involved）の3因子を抽出した。そして、これら3つの因子が、色覚知覚の3原色のように組み合わさって個々のハザードに対するリスク・イメージが形成されていると考えた。たとえばプロジェクターの中には、RGB すなわち Red, Green, Blue の3色のライトが内蔵されており、この3色の組み合わせで白、黒、紫、橙などの色をつくり出している。インクジェットプリンタは、CMYK すなわち、Cyan, Magenta, Yellow, Black の4色を混ぜてさまざまな色をつくり出す。これと同様に、恐ろしさ、未知性、災害規模の3因子の組み合わせでリスク・イメージが決まるというのである。そして最初の2因子、恐ろしさを横軸、未知性を縦軸としてさまざまなハザードの因子得点の平均値をプロットしたグラフをリスク認知マップとして提案した。

このリスク認知マップを参考に、2017年時点での自動運転システムを含む日本人のリスク認知マップを図 2-4 に示す[*1]。また 2017 年 1 月当時、日

---

*1　なお、Slovic の研究では恐ろしさ因子を 10 項目、未知性因子を 5 項目の問い（×ハザード数なので質問項目が多大となる）で集計分析しているが、回答者の負担軽減のため、ここでは簡略化して「恐ろしいと思いますか？（恐ろしさ）」「よく知っていると思いますか？（未知性、逆転項目）」の 2 つの問いで集計している。

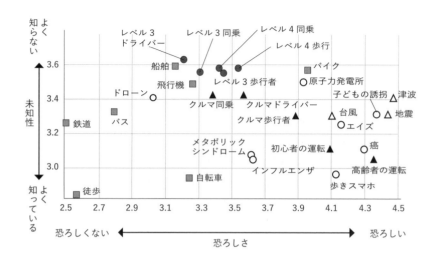

図 2-4　2017 年 1 月時点での日本人のリスク認知マップ（谷口，2019）

本の自動運転システムの段階（レベル）はレベル 0 〜 4 と分類されており，このうちレベル 3 とレベル 4 について，歩行者目線，同乗者目線，ドライバー目線（レベル 3 のみ）でリスク認知の回答を要請した。これにより，自動運転システムは他のハザードと比較して，当然ながら未知性が高く，恐ろしさは通常の自動車（クルマ）と同程度であることがわかる。また，ドライバーや同乗者としてよりも，自分が歩行者であるときに，自動運転システムを恐ろしいと思う傾向が示された。当時は高齢ドライバーの事故について数多く報道されており，高齢者の運転が癌や誘拐と同レベルで恐ろしいと評価されているなど，他のハザードとの相対的な位置関係が理解できよう。

　リスク認知マップは，計測時点や性別，年代，国や地域によって異なる。たとえば新型コロナウイルス感染症の蔓延初期の 2020 年 5 月に実施した日本，イギリス，ドイツ市民対象のリスク認知マップは図 2-5 のようになっている（谷口，2020）。日英独の歩行者目線での自動運転レベル 3 とレベル 5

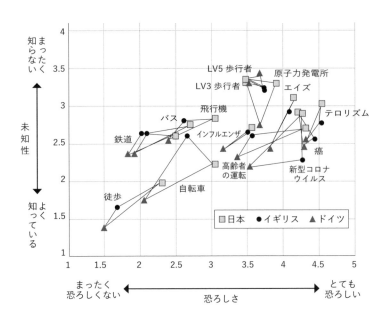

図2-5　2020年5月時点での日本・イギリス・ドイツ人のリスク認知マップ
（谷口，2019）

　のリスク認知に大きな差異はない一方，日本人はほぼすべてのハザードで右
上の位置，つまり「恐ろしくて」「よく知らない」と回答し，ドイツ人は左
下方向，つまり「恐ろしくない」「よく知っている」と回答している傾向が
わかる。同じ調査から，日本人はイギリス人，ドイツ人に比して不安になり
がちであるとの結果も得られている。今後も，自動運転システムの社会的受
容の変遷をたどる一助として，リスク認知マップは活用できると考えられる。

2-3

実証実験の効果

2-3-1 実証実験の前後で賛否意識は変わるか？

2017 年，日本でも自動運転システムの公道実証実験が開始された。筆者は国土交通省の「中山間地域における道の駅等を拠点とした自動運転サービス実証実験」の乗車モニター，近隣住民対象の社会的受容アンケート調査を支援する機会を得た（川嶋・谷口・井坪・玉田・澤井，2018；井坪・玉田・澤井・谷口，2018）。地域指定型，公募型の実験地域のうち，データを実験前後で取得できた 9 地域 1346 名の集計結果を図 2-6 に示す（川嶋ら，2018）。計測した指標は自動運転システム賛否意識（自動運転車両を用いた公共交通を地域に導入することに賛成か），自動運転システム利用意図（自動運転システムを用いた公共交通を今後も利用したいと思うか），自動運転システム技術信頼（自動運転の技術は信頼できると思うか，自動運転システム行政信頼（自動運転に関する「社会的な仕組み」をつくる行政・企業は信

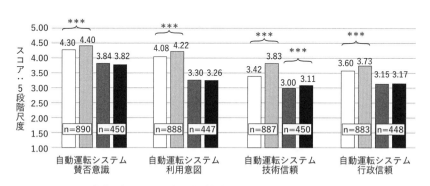

図 2-6　自動運転システム実証実験前後のモニター，地域住民の態度変容
（川嶋ら，2018 より作成）

頼できると思うか）の4つである。図2-6より，自動運転システム実験に参加したモニターは，実験前後で4指標すべてがポジティブに変化し，実験に参加していない地域住民は自動運転システム技術信頼のみがポジティブに変化したことがわかる。また，モニターは実験不参加の地域住民よりも概して自動運転システムにポジティブであることが示された。実証実験は自動運転システム公共交通が実現した社会に賛成する方向に作用したと言えよう。

また，これら4つの心理指標の関係をパス解析により分析した結果を図2-7に示す（川嶋ら，2018）。これより，自動運転システム技術への信頼のみならず，自動運転システムの社会的仕組みをつくる行政・企業への信頼も，自動運転システムの利用意図に影響していること，利用意図が賛否意識に影響していることが示された。自動運転システムの技術開発はもちろん重要であるが，法制度や保険などの社会的仕組みを整えること，それを周知して行政機関への信頼を高めることの重要性が示されたと言える。

ただし，この2017年当時の実証実験は1〜2週間の短期間であり，その後2018年から2019年に1〜2か月の長期で実施された実証実験では，実験前後の態度変容効果は得られていない（南手・谷口・井坪・川嶋，2020）。これは，そもそも実験参加者の自動運転システムに対する態度が5点満点で4.2〜4.3と高いことに起因していると考えられる。この長期実験では，路上駐

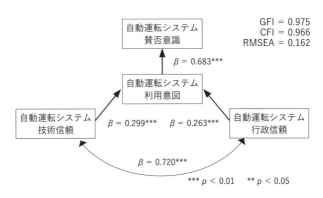

図 2-7　賛否意識・利用意図・信頼の関係（川嶋ら，2018）

車の回避，雑草・植栽の検知，後続車への道譲りなどで停止，あるいはドライバーが手動介入した回数をインシデントとしてカウントしており，インシデント回数が多いほどヒヤリ体験が多く，それが技術信頼や行政信頼にネガティブな影響を与えていたことも示されている。

　以上より，実証実験で広く自動運転システムを体験する機会を提供することは，自動運転システムにポジティブな態度変容をもたらすが，インシデント等で技術の限界を露呈させることで信頼が損なわれる可能性もあり，入念な準備とインシデントを減らす努力が不可欠となることが示された。

2-3-2　実証実験の NIMBY 問題

　読者諸氏は，自動運転バスの社会的実装や，それに向けた実証実験に賛成だろうか？　賛成だとして，ご自宅前の道での実証実験を許容されるだろうか？　あるいは，お子さんなど大切なご家族を一人で自動運転バスに乗せることに躊躇せず同意されるだろうか？　「自動運転，大賛成！　どんどん進めるべき！」という方でも，「うちの前の道で実験されるのはちょっと…」と思われるかもしれない。これは NIMBY（Not In My Back Yard）と呼ばれ，1980 年のアメリカ原子力学会でウォルター・ロジャース（W. Rogers）が「原子力発電の恩恵を享受しつつ原子力発電所の立地には反対する人々」に放った言葉とされている(Burningham, Barnett, & Thrush, 2006)。日本語では「総論賛成，各論反対」とも訳される。自動運転システム実証実験に NIMBY 問題は存在するのであろうか？というリサーチ・クエスチョンのもと，2020 年5 月に日本とドイツの一般市民 500 名ずつ，計 1000 名を対象として実施したWeb アンケート調査結果を以下に紹介する（田中・中尾・谷口・神崎・久木田・宮谷台・南手，2020；Fleischer et al, 2020）。

　図 2-8 は，日本とドイツの自動運転システムの社会的実装に対する賛否意識と，自分の家の前での実証実験について，NIMBY 度を計測したグラフである。たとえば自動運転システム社会実装に賛成ということで 4 点あるいは5 点をつけたにもかかわらず，自宅前の自動運転システム実証実験に反対，

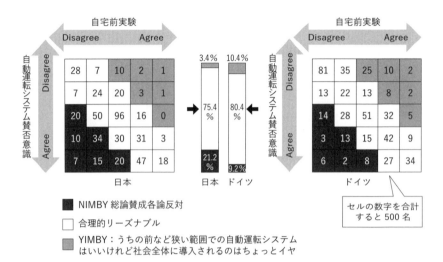

■自動運転システム賛否：私は自動運転システムが実現した社会をつくることに賛成します。
■自宅前実験：あなたはご自宅の前の道路での自動運転システム実証実験に同意しますか？（5件法）

■ NIMBY 総論賛成各論反対
□ 合理的リーズナブル
■ YIMBY：うちの前など狭い範囲での自動運転システム
はいいけれど社会全体に導入されるのはちょっとイヤ

図 2-8　自動運転システム実証実験における NIMBY 度の日独比較（田中ら，2020）

すなわち 2 点あるいは 1 点をつけた人を NIMBY として黒に塗った。逆に自動運転システム社会実装に反対としているが自宅前の実験には賛成している人を YIMBY（Yes In My Back Yard：うちの裏庭でなら OK）としてグレーにしている。YIMBY をどう解釈するかは議論の余地があろうが，ドイツ人共同研究者との議論などより，「自宅前など狭い範囲での自動運転システム導入は許容するが，社会全体への導入に反対する」ということかもしれない。さらに，左上から右下の対角線上は，社会実装に賛成なら自宅前実験にも賛成，反対なら反対，のように合理的，リーズナブルな評価とした。そのうえで，NIMBY，YIMBY と合理的な人の割合を日独で比較したのが中央部の縦棒グラフである。このグラフより，日本人はドイツ人よりも NIMBY の割合が 2 倍以上となっており，本音と建て前が異なる，あるいは「総論賛成，各論反対」の傾向が強いことが示された。ドイツ人は合理的な人が多いもの

の，YIMBY も 1 割程度存在している。NIMBY の割合が高い日本では，公道における実証実験の計画が具体化するにつれて反対する人が増える可能性もあり，留意が必要である。

　次に，自宅前の実証実験を「自身の子どもを一人で自動運転システムに乗車させる」という尺度に変更して，同様の分析を行なった結果を図 2-9 に示す（田中ら，2020）。NIMBY の割合は図 2-8 と比べ，日本人で約 1.6 倍，ドイツ人は 2.5 倍に増えている。そして YIMBY の割合は日独ともに 1% 台に減少した。この結果より，子どものことを聞かれて初めて，回答者は自動運転システムを自分事として考えている可能性があり，質問紙調査による賛否意識や利用意図，購入意図はあくまで仮想的な状況下における表明選考，す

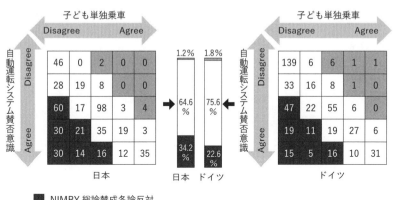

■自動運転システム賛否：私は自動運転システムが実現した社会をつくることに賛成します。
■子ども単独乗車：あなたはあなたの子どもを一人で自動運転システムに乗車させることに同意しますか？　（5 件法）

NIMBY 総論賛成各論反対

合理的リーズナブル

YIMBY：うちの前など狭い範囲での自動運転システムはいいけれど社会全体に導入されるのはちょっとイヤ

図 2-9　自動運転システムへの子どもの単独乗車における NIMBY 度の日独比較
（田中ら，2020）

なわち Stated Preference（SP）で，実際に自動運転システムが実装されたときの「行動」とは乖離する可能性に留意すべきであることが示された。自動運転システムは未だ広く実装されてはいない社会的装置であり，その社会的受容の計測は SP に頼らざるを得ないものの，限界もあるということである。

　さて，田中ら（2020）の研究では，NIMBY 傾向の人の特徴を明らかにすべく，図 2-9 のレベル 5 の自動運転システムへの賛否意識と，子どもの単独乗車の許容度の差を NIMBY 度（従属変数）として，性別や年齢，12 歳以下の子どもの有無，自動車保有や交通行動，信頼，自動運転へのリスク認知（恐ろしさ，未知性）などが NIMBY 度に与える影響を分析した（重回帰分析）。そして，NIMBY 度の高い人は自動運転システムの知識が不足しており（リスク認知の未知性が高い），自動運転システムを恐ろしい（リスク認知の恐ろしさが高い）と考えていると報告している。自動運転システムの仕組みや限界を知ってもらうこと，自動運転システムはこわくないと思ってもらうことが，NIMBY 傾向を低減するために重要となるようである。

2-4

自動運転システムの事故報道で人々の意識は変わるか？

2-4-1　アメリカ Uber 歩行者死亡事故報道がイギリス人に与えた影響

　2018 年 3 月 18 日（日）現地時間 22 時頃，アメリカアリゾナ州テンピで Uber 社の自動運転車両が，自転車を押し歩きしていた歩行者を死亡させた。これは自動運転システムによる世界初の歩行者死亡事故であり，世界中で大きく報道された。これに重なる 2018 年 3 月 16 日～ 22 日，筆者は自動運転システムの社会的受容把握の一環としてイギリスロンドン都市圏とウェス

トミッドランドを対象とした Web アンケート調査を偶然実施していた。本節では，アメリカで起きた自動運転システムによる歩行者死亡事故の報道が，イギリス人に与えた影響を，事故前後の回答者の意識の差に着目して分析した結果を紹介する（Taniguchi, Enoch, Ieromonachou, Zilin, Paschek, & Morikawa, 2019；谷口・Enoch・Ieromonachou・王・Paschek・森川，2018）。

　この事故の詳細については，アメリカ NTSB（National Transportation Safety Board）のレポート[*2]等を参照いただくとして，筆者らはイギリスの一般市民 1000 名を対象とした Web アンケート調査の回答者を，その回答日により事故前（349 名）と事故後（651 名）に分けることとした。Uber 歩行者死亡事故はアメリカ時間の 3 月 18 日（日）22 時頃に起きたが，最初の報道は，Uber 社の twitter にて 3 月 19 日午前 9 時 51 分（GMT-7）（イギリス時間 3 月 19 日 16 時 51 分）に流れたメッセージであった。当然ながらこの調査は事故が起きることを想定したものではなく，回答者がこの事故の報道を目にしたか否かは不明であるが，少なくとも日本ではさまざまなメディアで報道されていたことから，イギリス人がこの報道に触れる機会は多々あったと仮定して事故前後の比較を行なうこととした。念のため性別，年代，運転免許の有無などを事故前（349 名）と事故後（651 名）で比較したところ，事故前は 50 代，事故後は 20 代の回答が多いものの，その他の項目で大きな差異は見られなかった。

　図 2-10 は，自動運転に関する情報に触れた経験，実証実験に参加した経験の有無を事故前と事故後で比較し，平均値の差の t 検定を行なった結果である。自動運転システムの情報や実験に触れたことがない人は，事故後に統計的に有意に少なくなっている。これは，事故後に Uber 歩行者死亡事故の報道に触れた人が一定程度いた可能性を示唆している。また，家族や友人，

＊2　US NTSB（National Transportation Safety Board）'Inadequate Safety Culture' Contributed to Uber Automated Test Vehicle Crash - NTSB Calls for Federal Review Process for Automated Vehicle Testing on Public Roads, 11/19/2019. https://www.ntsb.gov/news/press-releases/Pages/NR20191119c.aspx ［最終閲覧日：2022 年 2 月 14 日］

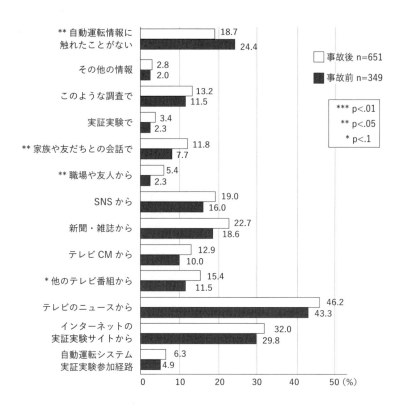

図 2-10　事故前後別，自動運転情報に触れた経験，実証実験参加経験の有無（複数回答）

職場や学校で自動運転システムに関する会話をした人の割合が事故後に有意に高く，Uber 歩行者事故の報道が話題になった可能性がある。

　さらに，自分自身の自動運転システム賛成度（私は自動運転システムを導入した社会に賛成する：I agree with the adoption of autonomous vehicles.）と，他者の自動運転システム賛成度認知（私は自動運転システムが社会に受け入れられると思う：I think autonomous vehicles will be accepted by society.），自動運転システムのリスク認知（恐ろしさ・未知性），自動運転システム技術への信頼，自動運転システムの制度や仕組みをつくる行政企業への信頼について，5 段階評価した平均値を事故前後で比較した（谷口ら，

2018)。

　その結果，他者の自動運転システム賛成度認知は事故後に統計的有意に低下していたが，自分自身の自動運転システム賛成度に変化は見られなかった。また，事故後に自動運転システムのリスク認知の「恐ろしさ」が高く，自動運転システム技術への信頼が低いことが統計的に有意に示され，Uber 歩行者死亡事故の報道によってイギリス人が「自動運転システムは恐ろしい」「自動運転システムの技術は信頼できない」と認識した可能性が示された。

　この調査は事故前後で同じ人に回答を要請したわけではないため，態度変容の有無は不明で推測の域を出ないが，Uber 歩行者事故の報道後，「自分自身の意見は変わらないものの，他の人の意見はネガティブになるだろう」と人々が認識した可能性が示された。この結果は，多少なりとも事故を想定せざるを得ない自動運転システムの社会的受容を考えるうえで大きな示唆を与えているように思われる。すなわち，自動運転システムによる歩行者死亡事故などが起きたとき，「自分自身の自動運転システムに対する意見は変わらないけれど世間の目は厳しくなるだろう」と考えた人が，自動運転システム導入に賛同の声をあげにくくなり沈黙した場合，自動運転システム導入に懐疑的な世論が相対的に強くなり，沈黙の螺旋理論（Noelle-Neumann, 1984/池田・安野訳，2013）が示す「懐疑派がより雄弁に，賛成派がますます沈黙する」という螺旋状のプロセスにより，賛成派が少数派になっていく可能性も考えられる。この沈黙の螺旋を逆回しするに足る「自動運転システムの社会実装の社会的意義」を，いかに一般市民やマスメディアと共有できるかが鍵となりそうである。

　2021 年 8 月 26 日，東京パラリンピック大会の選手村でトヨタ自動車の自動運転バス e-Pallete と視覚障害の選手が接触するという事故が発生した。本稿執筆時点で捜査中とのことで詳細は不明であるが，トヨタの事故公表が遅れたとの報道も一部にあった。事前の安全対策のみならず，事故後の対応の不備による信頼の失墜を回避するリスク・コミュニケーションのあり方を皆で考えるよい機会と捉えたい。

2-4-2 アメリカ Uber 歩行者死亡事故報道で態度変容したドイツ 人はどんな人？

さて，前節のイギリスの事例では，調査中に偶発的に起きた事故前後の市民意識を比較しており，Uber 歩行者死亡事故報道への接触有無は不明であった。そこで 2018 年 11 月末〜 12 月初旬，ドイツのベルリン都市圏とルール工業地帯の計 1000 名を対象として実施した Web アンケート調査に，自動運転システムへの社会的受容とアメリカの Uber 歩行者死亡事故の認知や態度変容の項目を追加することとした（谷口・王・Paschek, 2019）。集計の結果，Uber 歩行者死亡事故を知っていたドイツ人は 54.7% であり，6 割がテレビニュースで，4 割がネットニュースでこの事故情報に触れたと回答している。また，この事故を知っていた人は，男性，高齢，自動車を保有，年収が高い，などの特徴を有していた（谷口ら, 2019）。この事故報道がドイツ人の「自分自身の自動運転システム賛否意識」「他者（社会）の自動運転システム賛否意識認知」に与えた影響を把握すべく，「Uber 死亡事故があなたの自動運転システムに対する賛否意識に影響を与えたと思いますか」「Uber 死亡事故が社会の自動運転システムに対する賛否意識に影響を与えたと思いますか」という 2 項目を 5 件法で問うた結果を図 2-11 に示す。ここから，自分自身

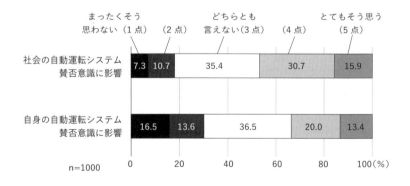

図 2-11　Uber 歩行者死亡事故が自分自身と社会の賛否意識に与えた影響の評価

の自動運転システム賛否意識に事故の影響があった人もなかった人も一定程度いる一方で，社会の自動運転システム賛否意識に影響したと考える人は統計的に有意に多いことが示された。この結果は，イギリス人対象の結果と同様と解釈できよう。

さらに，「自分の賛否意識」が変わった人は，女性，自家用車保有，低年収，歩行者として自動運転システムを恐ろしいと思っている，自動運転システム技術への信頼が低い，という特徴を有していた。一般に自己が確立している人，自信 (Self confidence) のある人は態度変容しづらいことが知られており，Uber 歩行者死亡事故報道の影響においても同様の傾向が示されたと言える。

2-5

自動運転システムは新聞でどのように報道されてきたか？

わが国では，2017 年に始まった公道実証実験，運転支援技術の実装などにともない，自動運転システムが一般の人々にも身近なものになりつつあり，自動運転システムに関する議論や課題も多様化している。このようなフェーズで自動運転システムの社会的受容を検討するにあたり，人々が自動運転システムの論点や課題をどう認識してきたのか，認識しているのかを把握することも重要となろう。一般にマスメディアは，人々の態度変容を促す効果は薄いものの，何について議論すべきか，という議題設定機能を有していると言われている。自動運転システムに関するメディア報道内容の変遷をたどることで「人々が自動運転システムの何を議題とすべきと考えているか」が把握できると考え，本節では，メディア報道に着目した調査研究（宮谷台・田中・中尾・谷口，2020）を紹介する。

この研究では，数あるメディアのうち新聞を対象とした。近年，新聞の読者は減少しているが，テレビや SNS ニュースは新聞を情報源としていることも多く，新聞を直接読まずとも，人々は間接的に新聞記事に触れていると

言える。加えて，新聞は古くは明治時代から今日まで，記事がテキストデータでアーカイブされており，長期的な分析が可能というメリットを有している。以下に，新聞報道が社会に提供した自動運転システム開発・導入に関する議題の変遷について述べる。

2-5-1　調査概要

　まず，2019年時点で最も発行部数の多い読売新聞のアーカイブス「ヨミダス歴史館」より自動運転システムに関する新聞記事を収集した。記事抽出は，ヨミダス歴史館の検索エンジンに「自動運転 and 車」，除外ワードとして鉄道などを設定した。これにより抽出された1989年10月31日〜2019年12月31日の計1026件の記事を分析対象とした。

　分析は，対象の記事を熟読し，記事になった出来事，開発および導入の目的と課題，主張や意見について分類するとともに，変遷をたどり，時代背景を踏まえて考察するという方法で実施した。分類は，記事に含まれる議題を切り取り，自動運転システムの開発目的に関するもの，自動運転システムの課題に関するものという2つの大枠の中でそれぞれ整理した。なお，記事は宮谷台ら（2020）の筆頭著者が読了し，その後，分類と考察については共著者が複数人で議論を重ねた。

2-5-2　記事件数と議題の変遷

(1) 記事件数の推移

　自動運転システムに関する記事件数の推移を図2-12に示す。1989年に"自動運転"が言及された記事が初めて登場し，1995年〜2005年までは高度道路交通システム（Intelligent Transport Systems：ITS）の一環として紹介されていた。2005年，愛知県で開催された愛・地球博の会場までの交通手段として自動運転バスが採用されたため，前後の年より記事件数が増加している（システムエラーにより万博終了前に運行を中止）。その後，2006年〜

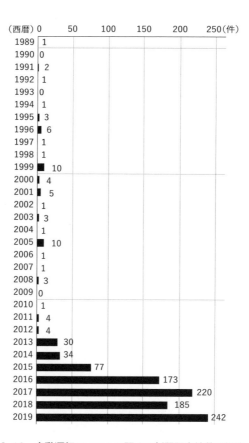

図 2-12　自動運転システムに関する新聞記事件数の推移

2012 年の自動運転に関連する記事は年間 0 ～ 4 件と少なくなる。1993 年以来，16 年ぶりに 0 件であった 2009 年は，リーマンショックに関するニュースが優先された可能性が考えられる。2013 年 8 月，日産自動車が「2020 年に自動運転車を発売」と発表したことを機に，記事件数が急増する。さらに 2016 年頃より公道での実証実験が活発化し，記事件数が増加した。

(2) 自動運転システム開発目的の変遷

　記事分析により得られた自動運転システムの開発目的とその分類を表2-1に示す。表2-1の開発目的に言及のある記事件数を年別，大分類ごとにカウントした結果が表2-2である。表2-3は「各年の自動運転システム記事の総件数」に対する「ある自動運転システムの開発目的（大分類）に言及した記事件数（表2-2）」の割合，表2-4は「ある自動運転システムの開発目的（大分類）が31年間に言及された総数」に対する「その開発目的（大分類）が1年間に言及した件数の割合」を示している。ただし，1つの記事に複数の開発目的が記載されていたり，開発目的が含まれていない記事もあるため，表2-3下端の総計（%）の数字は合計しても100%にはならないことに留意が必要である。

　自動運転システム開発の目的が初出した年に着目すると，1990年代と2010年代の2つに大別される。1990年代に登場したものは，「夢・ロマン」「安全」「経済」「渋滞」「（国際）競争」などである。「自然環境保護」および「ドライバー問題」は，初登場から2回目まで20年以上の月日が経過しており

表 2-1　自動運転システム開発目的の分類

大分類	小分類（件数）
競争	国際競争（135），自動車業界の競争（131），他の業界との競争（76）
安全	交通事故（106），安全（61），交通の課題（1）
経済	経済効果（68）
渋滞	渋滞緩和（30）
外出支援	外出支援（50）
ドライバー問題	運転手不足解消（37），運転者の負担（10），過疎地の交通（9），公共交通の運転費削減（5），送迎（2）
夢・ロマン	夢・ロマン（21），ライフスタイル（5）
移動時間有効活用	移動時間有効活用（5）
その他のサービス	いろいろなサービス（4），配車（3），ATM（1），自動販売機（1），地域ごとのサービス（1），ライドシェア（2）
自然環境保護	自然環境保護（7）
その他	その他（25），地域アピール（1）

表 2-2　自動運転システム開発目的の大分類別記事件数

	競争	安全	経済	渋滞	外出支援	ドライバー問題	夢・ロマン	移動時間有効活用	その他のサービス	自然環境保護	その他	年間総記事件数	
1989							1					1	1989
1990												0	1990
1991		2	1				1					3	1991
1992	1	1	1	1						1		1	1992
1993												0	1993
1994		1										1	1994
1995	1	3		1						1		3	1995
1996	1	3	1	3		2	1					6	1996
1997												1	1997
1998	1											1	1998
1999	1	2	3				2					10	1999
2000	1	3	1	1			1					4	2000
2001	1											5	2001
2002												1	2002
2003		2					1					3	2003
2004												1	2004
2005	2	2		1								10	2005
2006		1										1	2006
2007	1											1	2007
2008												3	2008
2009												0	2009
2010												1	2010
2011	2		1									4	2011
2012		2					1					4	2012
2013	1	14	1	4	2		1			4		30	2013
2014	15	17	6	3	3		4				1	34	2014
2015	28	24	8	2	4	4	2	2			2	77	2015
2016	63	35	16	7	13	11	3		1	1	5	173	2016
2017	71	26	16	4	14	14	3	2			5	220	2017
2018	54	18	8	3	5	2	2	1	5		7	185	2018
2019	89	11	5		9	12	3			6	6	242	2019
総計	333	167	68	30	50	45	26	5	12	7	26	1026	総計

表 2-3 年間記事件数に対する自動運転システム開発目的の大分類別記事の割合

	競争	安全	経済	渋滞	外出支援	ドライバー問題	夢・ロマン	移動時間有効活用	その他のサービス	自然環境保護	その他	年間総記事件数	
1989							100					1	1989
1990												0	1990
1991		66.7	33.3				33.3					3	1991
1992	100	100	100	100						100		1	1992
1993												0	1993
1994		100										1	1994
1995	33.3	100		33.3						33.3		3	1995
1996	16.7	50.0	16.7	50.0		33.3	16.7					6	1996
1997												1	1997
1998	100											1	1998
1999	10.0	20.0	30.0				20.0					10	1999
2000	25.0	75.0	25.0	25.0			25.0					4	2000
2001	20.0											5	2001
2002												1	2002
2003		66.7					33.3					3	2003
2004												1	2004
2005	20.0	20.0		10.0								10	2005
2006		100										1	2006
2007	100											1	2007
2008												3	2008
2009												0	2009
2010												1	2010
2011	50.0		25.0									4	2011
2012		50.0					25.0					4	2012
2013	3.3	46.7	3.3	13.3	6.7		3.3			13.3		30	2013
2014	44.1	50.0	17.6	8.8	8.8		11.8				2.9	34	2014
2015	36.4	31.2	10.4	2.6	5.2	5.2	2.6	2.6			2.6	77	2015
2016	36.4	20.2	9.2	4.0	7.5	6.4	1.7		0.6	0.6	2.9	173	2016
2017	32.3	11.8	7.3	1.8	6.4	6.4	1.4		0.9		2.3	220	2017
2018	29.2	9.7	4.3	1.6	2.7	1.1	1.1		0.5	2.7	3.8	185	2018
2019	36.8	4.5	2.1		3.7	5.0	1.2			2.5	2.5	242	2019
総計(%)	32.5	16.3	6.6	2.9	4.9	4.4	2.5	0.5	1.2	0.7	2.5	1026	総計

表 2-4　全期間における開発目的の大分類記事件数に対する各年の大分
　　　　類件数の割合

	競争	安全	経済	渋滞	外出支援	ドライバー問題	夢・ロマン	移動時間有効活用	その他のサービス	自然環境保護	その他	年間総記事件数	
1989							3.8					1	1989
1990												0	1990
1991		1.2	1.5				3.8					3	1991
1992	0.3	0.6	1.5	3.3						14.3		1	1992
1993												0	1993
1994		0.6										1	1994
1995	0.3	1.8		3.3						14.3		3	1995
1996	0.3	1.8	1.5	10.0		3.2	3.8					6	1996
1997												1	1997
1998	0.3											1	1998
1999	0.3	1.2	4.4				7.7					10	1999
2000	0.3	1.8	1.5	3.3			3.8					4	2000
2001	0.3											5	2001
2002												1	2002
2003		1.2					3.8					3	2003
2004												1	2004
2005	0.6	1.2		3.3								10	2005
2006		0.6										1	2006
2007	0.3											1	2007
2008												3	2008
2009												0	2009
2010												1	2010
2011	0.6		1.5									4	2011
2012		1.2					3.8					4	2012
2013	0.3	8.3	1.5	13.3	4.0		3.8			57.1		30	2013
2014	4.4	10.1	8.8	10.0	6.0		15.4				3.8	34	2014
2015	8.2	14.3	11.8	6.7	8.0	6.3	7.7	40.0			7.7	77	2015
2016	18.4	20.8	23.5	23.3	26.0	17.5	11.5		8.3	14.3	19.2	173	2016
2017	20.8	15.5	23.5	13.3	28.0	22.2	11.5	40.0			19.2	220	2017
2018	15.8	10.7	11.8	10.0	10.0	3.2	7.7	20.0	41.7		26.9	185	2018
2019	26.0	6.5	7.4		18.0	19.0	11.5		50.0		23.1	242	2019
総計	333	167	68	30	50	45	26	5	12	7	26	1026	総計

主要な開発目的として認識されていなかったことがわかる。2010 年代には，「外出支援」「移動時間有効活用」などが新たな開発目的として言及された。2015 年以降，自動運転システム開発目的として「（国際）競争」に言及する記事が急増しており，2013 年以前，最も多かった「（交通）安全」を上回った。少なくとも新聞記事分析からは，自動運転システムの主要な開発目的は，「（交通）安全」から「（国際）競争に勝つこと」に変容したと言える。

　また，2016 年以降は，自動運転システムを用いた配送や物販などの新サービスが話題になり，「新サービス提供のための自動運転システム開発」という表現が見られるようになった。これらの目的が登場する経緯等に関しては，**2-5-3**「「自動運転」の初出・転機となる記事とその考察」で詳述する。

(3) 自動運転システムの課題の変遷

　自動運転システムが抱える課題について，開発目的同様に整理・分類した（表 2-5）。表 2-6 は各課題に言及のあった記事件数を年別，大分類ごとに集

表 2-5　自動運転システムの課題の分類

大分類	小分類（件数）
機械代替の違和感	運転の楽しみ（11），機械による代替運転（9）
資金	研究開発資金（90），財政（2）
開発組織のあり方	国内の統率がとれない（8），意思決定の迅速化（1）
国際規格づくり	国際規格づくり（25）
社会的受容	社会的受容（33）
法律・保険	法令（70），責任の所在（51），保険（17）
価格	価格（6），維持費（1）
技術	技術（68）
インフラ整備	インフラ（18）
利用者の知識	教育（3），説明（2），免許（2），整備（1）
倫理的課題	倫理（5），人間の存在意味（1），便利さと安全のバランス（1）
人材不足	人材不足（5），研究者不足（3）
新技術のあり方	移動手段のあり方（2），新しい事故（1）
副作用	過信（8），副作用（5），人と自動運転システムの切り替え（1）
その他	その他（20），導入時期（1），時間（1）情報流出（1），軍事利用（1）

表 2-6　自動運転システムにおける課題の大分類別記事件数

	機械代替の違和感	資金	開発組織のあり方	国際規格づくり	社会的受容	法律・保険	価格	技術	インフラ整備	利用者の知識	倫理的課題	人材不足	新技術のあり方	副作用	その他	年間総記事件数	
1989																1	1989
1990																0	1990
1991	1															3	1991
1992																1	1992
1993																0	1993
1994		1														1	1994
1995		1	1	1	1	1	1	1								3	1995
1996	1	1	3	1												6	1996
1997																1	1997
1998																1	1998
1999		1	1		1			1								10	1999
2000					1											4	2000
2001		1						1								5	2001
2002																1	2002
2003		1			1											3	2003
2004																1	2004
2005		1		1				1	1							10	2005
2006								1								1	2006
2007																1	2007
2008																3	2008
2009																0	2009
2010																1	2010
2011																4	2011
2012					1			2								4	2012
2013	2	1			2	5		4		1						30	2013
2014	1	6	1		1			1			1				1	34	2014
2015	4	2	1		5	22		9	7	2	2	1	1			77	2015
2016	4	8		10	9	25		18	1		1	3	1	5	7	173	2016
2017	2	11	2	2	6	35	4	13	3	1		2		3	4	220	2017
2018	3	21		3	4	31	1	10	4	2			1	2	7	185	2018
2019	2	36		7	4	16		8	2	2	3	2		4	5	242	2019
総計	20	92	9	25	33	138	7	68	18	8	7	8	3	14	24	1026	総計

表2-7 年間総記事件数に対する自動運転システムにおける課題の大分類別記事の割合

	機械代替の違和感	資金	開発組織のあり方	国際規格づくり	社会的受容	法律・保険	価格	技術	インフラ整備	利用者の知識	倫理的課題	人材不足	新技術のあり方	副作用	その他	年間総記事件数	
1989																1	1989
1990																0	1990
1991	33.3															3	1991
1992																1	1992
1993																0	1993
1994		100														1	1994
1995		33.3	33.3	33.3	33.3	33.3	33.3									3	1995
1996	16.7	16.7	50.0	16.7												6	1996
1997																1	1997
1998																1	1998
1999		10.0	10.0		10.0			10.0								10	1999
2000					25.0											4	2000
2001		20.0						20.0								5	2001
2002																1	2002
2003		33.3			33.3											3	2003
2004																1	2004
2005		10.0		10.0				10.0	10.0							10	2005
2006						100										1	2006
2007																1	2007
2008																3	2008
2009																0	2009
2010																1	2010
2011																4	2011
2012					25.0			50.0								4	2012
2013	6.7	3.3			6.7	16.7		13.3		3.3						30	2013
2014	2.9	17.6	2.9		2.9			2.9			2.9				2.9	34	2014
2015	5.2	2.6	1.3		6.5	28.6		11.7	9.1	2.6	2.6	1.3	1.3			77	2015
2016	2.3	4.6		5.8	5.2	14.5		10.4	0.6		0.6	1.7	0.6	2.9	4.0	173	2016
2017	0.9	5.0	0.9	0.9	2.7	15.9	1.8	5.9	1.4	0.5		0.9		1.4	1.8	220	2017
2018	1.6	11.4		1.6	2.2	16.8	0.5	5.4	2.2	1.1			0.5	1.1	3.8	185	2018
2019	0.8	14.9		2.9	1.7	6.6		3.3	0.8	0.8	1.2	0.8		1.7	2.1	242	2019
総計(%)	1.9	9.0	0.9	2.4	3.2	13.5	0.7	6.6	1.8	0.8	0.7	0.3	0.8	1.4	2.3	1026	総計

表 2-8　全期間における課題の大分類記事件数に対する各年の大分類件数の割合

年	機械代替の違和感	資金	開発組織のあり方	国際規格づくり	社会的受容	法律・保険	価格	技術	インフラ整備	利用者の知識	倫理的課題	人材不足	新技術のあり方	副作用	その他	年間総記事件数	年
1989																1	1989
1990																0	1990
1991	5.0															3	1991
1992																1	1992
1993																0	1993
1994		1.1														1	1994
1995		1.1	11.1	4.0	3.0	0.7	14.3									3	1995
1996	5.0	1.1	33.3	4.0												6	1996
1997																1	1997
1998																1	1998
1999		1.1	11.1		3.0			1.5								10	1999
2000					0.7											4	2000
2001		1.1						1.5								5	2001
2002																1	2002
2003		1.1			0.7											3	2003
2004																1	2004
2005		1.1		4.0				1.5	5.6							10	2005
2006							14.3									1	2006
2007																1	2007
2008																3	2008
2009																0	2009
2010																1	2010
2011																4	2011
2012					0.7			2.9								4	2012
2013	10.0	1.1			6.1	3.6		5.9		12.5						30	2013
2014	5.0	6.5	11.1		3.0			1.5			14.3				4.2	34	2014
2015	20.0	2.2	11.1		15.2	15.9		13.2	38.9	25.0	28.6	12.5	33.3			77	2015
2016	20.0	8.7		40.0	27.3	18.1		26.5	5.6		14.3	37.5	33.3	35.7	29.2	173	2016
2017	10.0	12.0	22.2	8.0	18.2	25.4	57.1	19.1	16.7	12.5			25.0	21.4	16.7	220	2017
2018	15.0	22.8		12.0	12.1	22.5	14.3	14.7	22.2	25.0			33.3	14.3	29.2	185	2018
2019	10.0	39.1		28.0	12.1	11.6		11.8	11.1	25.0	42.9	25.0		28.6	20.8	242	2019
総計	20	92	9	25	33	138	7	68	18	8	7	8	3	14	24	1026	総計

計したもの，表2-7は「各年に自動運転システムに言及した記事の総件数」に対する「ある自動運転システムの課題（大分類）に言及した記事件数（表2-6）」の割合であり，表2-8は「ある自動運転システムの課題（大分類）が31年間で言及された総数」に対する「その自動運転システムの課題（大分類）が1年間に言及された件数」の割合である。

　全期間を俯瞰すると，「開発資金」を課題とする記事が最も多く，「法整備（法令）」に関しては「責任の所在」と合わせて議論されることが多かった。「国際規格づくり」に関する議論は2016年に最も活発化しており，この頃「技術的課題」が解決されつつあると見なされた可能性が考えられる。さらに，「自動運転システムを過信してはならない」「人とシステムのスムーズな切り替え」等，副作用に関する議論は2016年に初出しているが，これは同時期に公道での実証実験が増加し始めたことに起因する可能性がある。自動運転システム単体の技術的課題のみならず，自動運転システムと利用者のコンフリクトについても具体的な議論が広がっている。2015年以降，記事件数の増加とともに課題が多様化していることは，自動運転システム開発の目的の変遷との共通点と言えよう。

2-5-3　「自動運転」の初出・転機となる記事とその考察

　以下，自動運転システムに関する特徴的な記事について定性的な考察を行なった。

(1) 自動運転システム初出記事

　1989年，読売新聞の記事で「自動運転車」が初めて登場する。この記事では，自動運転システムを究極のクルマと称し，東京モーターショーに出展されたクルマが自動運転システムという夢に一歩近づくものだと紹介している。究極のクルマ，夢という言葉からもわかるように，当時は自動運転システムの実用化には程遠い状況だったことがうかがえる。

(2) シンボルとしての自動運転

　自動運転は，1995年11月から2003年6月頃まで，ITS技術の一例として記事中で多用されていた。今日，ITS技術の例としてVICS，ETCが認知されているが，当時はそれらを一言で説明することが難しかった。一方，「自動運転」は人々がイメージしやすい端的な言葉だったことから，ITS技術の例にされたと考えられる。2015年以降，IoT，AI，ディープラーニング，5Gなど先進技術の活用例として自動運転が紹介されるようになった。ITS技術のうちVICSやETCは実用化され普及した。一方，自動運転は未だ開発途上にあり，自動車技術のみならずさまざまな分野（通信，IT，測量／地図，宇宙／衛生等）の技術の応用事例とされた結果，技術開発全体において「自動運転」がシンボル的存在になったと考察できる。

(3) 開発目的：交通事故防止

　自動運転システムに交通事故防止を期待した最初の記事は，1991年7月22日の編集手帳（読売新聞）であった。この記事は，1769年に世界初の自動車が起こした世界初の交通事故を紹介し，依然として交通事故に悩まされる現代（1991年）を嘆いている。そのうえで，自動運転システムの機能を紹介し，自動運転システムに交通事故減少を期待している。一方で，人に代わって先端機器がすべてを担うことに疑問を投げかけ，道路の安全には人・車・施設の調和が必要であると主張している。

(4) 開発目的：経済活性化

　1996年〜1999年頃，ITSに言及した記事において，「ITSの経済効果は，20年で50兆円」という建設省の見立てが複数回にわたり紹介された。当時は，1991年のバブル崩壊，1995年には阪神淡路大震災と地下鉄サリン事件が発生するなど，不穏な空気が漂っていたこともあり，ITSによる景気回復への期待が高まった可能性が考えられる。加えて，12件の記事で「自動運転車などのITS」との言及があり，ITSを介して自動運転に経済効果を期待する風潮が出てきたと推測される。

(5) トヨタ自動車の方向転換：クルマ製造メーカーから移動サービスの会社へ

　2014 年 9 月時点で，トヨタ自動車は「完全自動運転は目指さず，安全運転の支援技術を開発する」方針を示していたが，2017 年以降は CASE（Connected, Autonomous, Shared & Services, Electric）という潮流に乗って，移動サービスにも事業を拡大し，e-Palette（イーパレット）などの完全自動運転の開発を進めている。トヨタ自動車という日本を代表する自動車メーカーが自らモビリティカンパニーを標榜し，CASE の推進に舵を切ったことは，IT 業界との競争激化を意味するとともに，自動運転システムによるサービスの多様化に関する議論が広がる一因となったと考えられる。

(6) 開発目的：国際競争　ガラケー失敗のトラウマ

　国際競争のためという開発目的は，1990 年代から言及されていたが，より深い議論が始まったのは 2014 年頃であることが記事分析から読み取れる。当時，自動運転の基準策定作業が活発化しており，どの国が国際基準策定をリードするか各国の駆け引きが行なわれていた。日本も国際基準策定をリードするべく動いており，その背景は 2014 年 6 月 24 日の「「日本車優位」へ布石　自動運転　基準提案へ　「ガラケー」の失敗回避」というタイトルの記事に示されている。また，同年 9 月 27 日「IoT 国際規格　ガラパゴス化教訓生かす（解説）」という記事では「規格争いには多くの時間と費用がかかり，敗れた時には努力が水泡に帰す」とそのリスクが紹介されている。

　これらの記事にあるように，独自路線で開発を進めた日本の携帯電話メーカーは，海外のスマートフォンに後れをとり，市場から相次いで撤退した。ガラパゴス携帯電話が国際規格基準とならず国際競争に負けた教訓を例に，同じ轍を踏まないよう国際競争に勝つために自動運転システム開発を推進すべきという議題を新聞が提供したと考えられる。一方で何のために国際競争に勝たねばならないのかという説明が割愛されたり，国際競争が激しいという状況説明にとどまる記事も多く，手段と目的の混同，手段の目的化を招いている可能性も示された。

(7) 開発目的：高齢者，交通弱者への支援

　2015年頃から自動運転システムを高齢者の移動支援に活用するという記事が登場する。この頃，高齢ドライバーの事故や高齢者の交通事故死者数の増加が話題となっていた。また，高齢者の外出支援が障がい者支援と並列に語られる例もあり，身体能力に依存しない自由な外出手段として自動運転システムへの期待がうかがえる。

(8) 課題：過信による事故

　2017年4月「「ブレーキ我慢」信じたら… 自動運転 止まらず追突」という記事が掲載された。2016年11月，試乗車で同乗した販売員にブレーキ支援技術の利用を勧められたところ，システムが作動せず追突，人身事故となった事例と，それに対応した2017年4月の警察の通達を紹介している。実用化されている自動運転機能は天候や周囲の状況によって適切に作動しないことがあり，販売員やドライバーが機能の限界を理解しないまま利用したためこのような事態が起きた。このような事例は年々増加しており「運転者は自動運転を過信してはならない」と警鐘を鳴らす記事は全8件ある。自動運転機能を搭載した車両が普及する中で，運転者の自動運転システムに対する過信をどう防いでいくか今後の課題と言える。

(9) 課題：事故の責任の所在と法整備

　自動運転システムが起こした事故の責任の所在に関する議論が新聞記事で初めて言及されたのは，2000年11月であった）。この記事では，解決すべき課題の一つとして紹介されており，具体的な議論は行なわれていない。次に登場する2003年の記事では，自動運転システムが作動中に発生した事故では，メーカーが責任を問われかねないため，各社が開発に消極的になっていると指摘している。事故責任の所在に関する記事51件のうち，20件は「責任の所在」という課題の存在を提示するにとどまっている一方，7件ではメーカーに責任が及ぶ可能性を示唆している。一方，運転者の責任に触れている記事は1件，責任を負う人が誰もいない可能性に触れた記事も1件だった。

事故の責任の所在に関する議論では，法整備の必要性が指摘されている（7件）。また，責任の所在が不明確であることに起因する不安の存在や，ルールづくりには世論が反映されるべきだと指摘した記事もあった。

(10) 課題：開発資金

　1994年から2005年までは，ITSの一環として自動運転システム開発支援の予算を国が確保するという記事が散見されるが，2014年以降は企業の開発費が増大していることを指摘する記事が中心になる。さらに，2016年からはグループ企業の再編や資本提携が行なわれ，これに関連してかさむ自動運転システム開発費を共同研究で抑える旨が紹介されている。

　企業は30年にもわたる研究開発費を利益で回収せねばならないこと，自動運転システムは情報産業，航空測量業界など多様な産業に関わる技術開発のシンボルであること，国際競争が激化していること等から，自動運転システム開発から国も企業も手を引けない状況にあることが記事分析よりうかがえる。2021年現在，自動運転システムの本格実装の時期は未だ不明である。ガラケーの教訓も重要であるが，第二次世界大戦末期，制空権が完全にアメリカにあったなか，時代遅れの巨大戦艦を出航させた愚を繰り返さない勇気も必要かもしれない。

(11) 課題の多様化

　自動運転システムの開発目的と同様，近年，指摘される自動運転システムの課題は多様化している。これは，自動運転システム開発に参入する業界・要素技術が増えたことも一因であろう。また，公道における実証実験が盛んに行なわれ体験する機会が増えたこと，茨城県境町では実験ではなく本格運行が開始したこと，安全支援技術が市販車に搭載されたりしたことで，人々にとって自動運転システムが身近なものとなり，議論が広がるきっかけになったことも課題の多様化につながったと考えられる。

　新聞記事分析を通して，自動運転システムの開発目的や課題の変遷をたどることで，自動運転システムがさまざまな技術の集大成としてシンボルとなっ

た経緯や，開発目的の変容やブレ，手段が目的化する懸念，課題の多様化などが明らかとなった。今後，現段階では想定できなかった事態が課題となる可能性は高く，不測の事態，想定外があることを「想定」し，それらに真摯に対応する覚悟が自動運転システムの社会実装に不可欠であると考える。

2-6

自動運転システムをめぐる論調への賛否意識の国際比較：日本人のパワーワード「規制緩和」

　新聞記事分析では，自動運転システムをめぐる論点が多様化していることが明らかになった。これらの論点について，一般の人々はどのように認識し

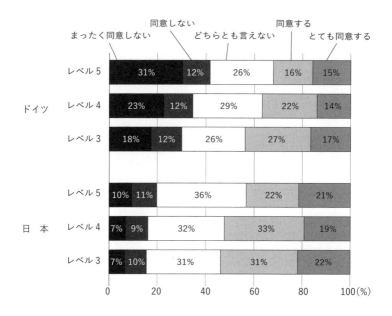

図2-13　日本とドイツの一般市民のレベル別　自動運転システム賛成度

表 2-9　自動運転をめぐる 14 の論調と日本とドイツの一般市民のレベル別自動運転システム賛成度（%）

【質問】自動運転システムの社会的実装（自動運転システムを社会に出すこと）をめぐって，以下の議論があります。あなたはそれぞれの論調に同意しますか。[1]

論　調	1 まったく同意しない	2 どちらかと言えば同意しない	3 どちらとも言えない	4 どちらかと言えば同意する	5 とても同意する	平均値 [2]	標準偏差	
1: 自動車同士の交通事故を減少させるため，自動運転システムによって自動車の安全性を向上すべきである。	15	8	25	33	18	3.32	1.29	ドイツ
	4	5	30	37	24	3.72	1.01	日　本
2: 歩行者が被害者となる交通事故を減少させるため，自動運転システムによって自動車の安全性を向上すべきである。	15	8	25	28	24	3.38	1.33	ドイツ
	4	6	31	33	26	3.71	1.05	日　本
3: 交通渋滞の緩和のため，自動運転システムを導入すべきである。	15	7	27	33	19	3.35	1.27	ドイツ
	4	8	35	34	20	3.59	1.00	日　本
4: 高齢者の外出支援のため，自動運転システムを導入すべきである。	16	9	30	30	16	3.21	1.27	ドイツ
	4	8	32	31	24	3.64	1.06	日　本
5: 交通システム全体の効率化により二酸化炭素排出量を削減するために，自動運転システムを導入すべきである。	14	8	25	33	20	3.38	1.28	ドイツ
	4	8	42	30	17	3.47	1.00	日　本
6: 過疎地の交通弱者の外出支援のため，自動運転システムを導入すべきである。	16	6	33	26	18	3.22	1.28	ドイツ
	4	6	32	35	22	3.65	1.02	日　本
7: 移動時間の有効活用のため，自動運転システムを導入すべきである。	18	9	31	28	14	3.09	1.28	ドイツ
	5	10	44	25	15	3.36	1.03	日　本
8: バスやタクシー，トラックなどの運転費削減のため，自動運転システムを導入すべきである。	19	12	31	26	12	2.99	1.27	ドイツ
	6	9	47	24	14	3.31	1.02	日　本
9: バスやタクシー，トラックなどの運転手不足解消のため，自動運転システムを導入すべきである。	22	15	32	21	10	2.82	1.27	ドイツ
	5	8	43	28	16	3.43	1.00	日　本
10: わが国の経済活性化のため，自動運転技術の社会的実装を進めるべきである。	22	13	35	22	8	2.80	1.23	ドイツ
	5	8	42	33	12	3.40	0.97	日　本
11: 自国の自動車産業が国際競争に負けないように，自動運転技術の社会的実装を進めるべきである。	19	10	31	29	11	3.03	1.26	ドイツ
	5	9	45	27	14	3.35	1.00	日　本

12: 自動運転技術の社会的実装を支援するため，わが国の政府は国費を投入すべきである。	23	16	30	21	9	2.78	1.28	ドイツ
	7	13	45	23	12	3.19	1.04	日　本
13: 自動運転技術の社会的実装のため，わが国は道路交通に関する規制を緩和（安全基準を緩める）すべきである。	41	18	24	13	4	2.21	1.22	ドイツ
	11	17	43	20	9	2.99	1.08	日　本
14: 自動運転技術を開発するため，わが国は公道での自動運転システムの走行実験をできるだけ早く行なうべきである。	22	14	30	25	10	2.87	1.28	ドイツ
	6	13	44	25	12	3.24	1.01	日　本

＊1　5件法で回答を要請
＊2　平均値が高いほど，賛成度が高い

ているのであろうか。本節では，自動運転システムをめぐる論調と賛否意識の関係を，日本とドイツの一般市民を対象とした Web アンケート調査（**2-3-2** と同じ 2020 年 5 月調査）より分析した事例を紹介する（中尾・田中・谷口・神崎・久木田・宮谷台・南手，2020；Fleischer et al, 2020）。

　図 2-13 は，日本人とドイツ人のレベル別自動運転システムの社会実装への賛否意識である。日本・ドイツとも，自動化レベルがあがるほど賛成度合いは下がるが，特にドイツでその傾向が顕著である。この傾向は 2018 年にドイツで実施した調査とも同様であった。先に述べたように専門家は自動化レベルが高いほど安全だと認識しがちであるが，一般市民の受容は逆となっている。また，日本人はドイツ人よりも統計的有意に自動運転システムにポジティブであり，これも 2017・2018 年に実施した調査と同様であった。

　自動運転システムをめぐる論調としては，新聞分析結果などを参考に，表 2-9 の 14 項目を選定した。また，各項目への同意度を日本とドイツでそれぞれ集計した結果を示す。

　全体として日本人は 3 つ目「どちらとも言えない」という中庸を選択する傾向があり，ドイツ人は 1 つ目の「まったく同意しない」を選択する傾向が示された。また，図 2-12 と同様，日本人はドイツ人よりもすべての論調に同意する傾向があった。

　個別の論調の評価や，その規定因については中尾ら（2020）をご参照いた

だくとして，特に特徴的であった論調5と論調13について考察する。ドイツ人が同意するのは論調2「歩行者が被害者となる交通事故減少のため」と論調5「二酸化炭素排出量削減のため」の2つであった。一方で，日本の論調5の平均値はそれほど高くなく，「5. とても同意する」「4. どちらかと言えば同意する」の回答は日本人よりもドイツ人が高くなっている。ドイツ人共同研究者との議論の中でも，ドイツ人は幼少時からの教育もあり環境意識が高く，Stop Climate Change（気候変動の緩和）が人々の心を動かすパワーワードとなっている可能性が示唆された。

　論調13「自動運転技術の社会的実装のため，わが国は道路交通に関する規制を緩和（安全基準を緩める）すべきである。」については，ドイツ人の4割強が「1. まったく同意しない」と強く反対している。一方で，日本人は14の論調の中では賛成度の平均値が最も低いものの，「3. どちらとも言えない」が4割強を占めている。設問中に「安全基準を緩める」と記載しているにもかかわらず，「自動運転システム社会実装のために規制緩和すべきかどうかは微妙である…」と日本人は考えがちだという結果に筆者は驚愕した。これについては，ここ数十年「規制緩和は何でも善だ」というわが国の風潮，空気に起因するように思われる。郵政改革，聖域なき構造改革等がもたらした混乱には目をつぶり，新自由主義経済派が目指す「小さな政府」は正しいと妄信する傾向のある日本では，「規制緩和」が思考停止につながるパワーワードになっているように思われてならない。

　その他にも，ドイツと比較して，日本では，「経済活性化，国際競争のために自動運転システムが必要である」という意識が，自動運転システムへの賛意に大きく影響を与えている可能性が示された。また，いずれの国，都市においても，自動運転技術への信頼が高い人ほど，自動運転システムへの賛意が高いことが明らかとなった。これは，自動運転の社会的受容醸成には自動運転「技術」への信頼が極めて重要であること，裏を返せば，自動運転システム技術への信頼が揺らげば，自動運転システムへの賛意が低下する可能性があることを示唆している（中尾ら，2020）。

2-7

本章のまとめ

　本章では，6つのテーマに沿って筆者が行なったいくつかの研究事例を紹介した。自動運転システムの社会的受容をめぐっては，他にも多くの切り口が考えられる。たとえば，筆者らが，社会技術研究開発センター（RISTEX）の「科学技術の倫理的・法制度的・社会的課題（ELSI：Ethical, Legal and Social Implications/Issues）への包括的実践研究開発プログラム」の一環として2021年7月に実施した「哲学対話」（梶谷，2018）なるイベントでは，参加者から以下のような問いが示された。

- 公共交通が貧弱で困っている地域ほど予算がなく，自動運転システムがそれほど必要とは思えない都心には予算が投入されている。誰が，何に困っているのか？　そのソリューションとして自動車の無人化が唯一解なのか？
- 自動運転システムは交通システム，社会基盤のシステム全体を変えてしまう。望むと望まざるとほぼすべての人が巻き込まれる話であるが，国民を巻き込んだ議論となっているか？
- 自動運転システム開発は，ビジネスとして成立するのか？／日本経済は自動運転システム開発で復活できるのか？
- 国際競争に勝つため，国際標準を勝ち取るための自動運転システム開発と，地方部の交通弱者の課題とのギャップは埋まるのか？

　これらの問いにどう答えるかを皆が考え続けること，対話を重ねること，決して思考停止しないことが，自動運転の社会的受容を考えるうえで不可欠と思われる。

第章

社会的受容に対する心理学的な検討

本章では，社会的受容に対する主に心理学的な評価に焦点を当てる。ただし，社会的受容は，主に風力発電などエネルギー技術に関して盛んに研究がされてきており，社会全体で新規な技術をどのように受け入れていくのかに関して，示唆に富む議論が多く行なわれてきている。それらの議論は，自動運転技術や MaaS（Mobility as a Service）に対する心理学的な検討に対しても有用な知見を提供する可能性が高い。そこで本章では前半に，社会的受容がどのように検討されてきたのかを関連する複数の分野を含めて概説し，後半に，特にモビリティ技術との関連から行なわれている社会的受容の心理学的な評価に関する研究を紹介する。

3-1

社会的受容に対する考え方

3-1-1　社会的受容を構成する次元やレベル

社会を大きく変える可能性のある技術やシステムについては，社会的受容が大きく注目される。たとえば，自動運転技術の社会への導入は，モビリティの領域全体に変化をもたらすだけでなく，社会のさまざまなレベルに影響を与える可能性があるため，個人と社会という2つの視点から，受容を検討し

なくてはいけないという指摘がある（Fraedrich & Lenz, 2016）。Fraedrich
と Lenz らの議論では，主にドイツにおける自動運転技術と個人と社会の受
容に関する研究動向をまとめている。受容は一般的には，「同意する，受け
入れる，承認する，認める，誰かや何かに賛成する」という意味であるが，
彼らは特に，「何かに賛成する」ということの能動的な要素に注目している。
すなわち受容とは，単に承諾することや，特に抵抗がないこと，あるいは，
寛容さといった反応とも異なるものであり，たとえば，「わざわざ事を荒立
てて特別に反対はしない」という程度の反応は，能動的な受容と同一に扱わ
れるべきではない。また，このような「受容する」という反応は，社会や技
術の構成プロセスの中で時間をかけて行なわれるものであることが特徴とさ
れている。特に交通の分野では，元来は物資輸送のために発明された鉄道な
ど，技術が時間の経過とともに本来の目的を変化させて，最終的に安定した
り，制度化されることもあり，技術の開発・導入・採用の各段階で，さまざ
まな利害関係者やグループが受容に関わってくる。技術に関する受容は，複
数の学術分野，たとえば，心理学，社会学，経済学などが関連し，相互に結
びついていることもあわせて指摘されており，Fraedrich らによると，この
テーマが最初に注目されたのは1970年代の原子力発電に対するドイツ国民
の広範な反対運動のときとされている。原子力発電や，風力発電における社
会的受容の議論については後述するとして，Fraedrich らの受容に関する議
論を以下で概説する。

　彼らは受容の研究の目的を2つあげている。1つ目は特定の受容の現象に
ついて社会科学や経験的な視点で理解することであり，2つ目は受容の対象
となる特定の技術などを，受容されるように開発・設計できるようにするた
めの規範的・倫理的アプローチである。技術は社会的・経済的，そして使用
する多様な文脈から切り離して考えられることができないということは，双
方にとっての共通の前提である。Luckeによると，受容とは，受容する主体と，
受容される客体と，相互の間にある文脈という3つの要素の相互作用の中で
行なわれる（Lucke, 1995; Fraedrich & Lenz, 2016による）。主体は，対象
に対してある態度をもっており，その態度を発展させるなどして，必要に応

じて行動に結びつける。主体は個人だけでなく，グループや組織なども含み，自動運転技術に関していうと，自動車の運転手，自転車の運転手，歩行者，現在の道路システムを利用しているすべての人が当てはまる。一方，客体とは，提供されている利用可能なもの，提案されているものを意味し，必ずしも物理的な物体を意味するとは限らない。工学として開発されたものや技術そのものが意味をもつというよりも，社会的な機能や人間の行為，社会構造への組み込みによって初めて意味をもつようになると考えられている。主体と客体を接続している文脈とは，相互が存在している環境のことであり，両者の関係性の中でしか検討することができない。自動運転技術における文脈の場合は，人はなぜ車を使うのか，どのような態度や価値観や期待などが，（自動運転）車の利用に影響を与えるのかなど，自動車の利用における個人的・社会的な意義によって決定される。

　受容に関する研究では，受容を構成する次元やレベルとして，「態度」「行動」「価値観」などに焦点が当てられている。「態度」の次元とは，受容に対する考え方や判断が含まれており，これらも個人レベルと社会レベルの双方で調査が可能とされている。態度は，具体的な行動の意思や意図として解釈される点で重要である（Lucke, 1995; Fraedrich & Lenz, 2016による）。ただし，態度に関する意見の調査は可能であるものの，これは技術という刺激に対する集団や個人の一時的な反応を捉えているにすぎない。近年では，態度に対して文脈を取り入れた分析が始まっており，より多角的な評価が始まっているとされている。「行動」の次元とは，観察可能な行動のことであり，何かをするということや，逆に，何をしない，ということも含む。ここでは，自動運転技術の議論であるものの，再生可能性エネルギーの受容に関する社会科学的なプロジェクト（Schweizer-Ries, Rau, Zoellner, Nolting, Rupp, & Keppler, 2010）に基づき，受容が整理されている。このプロジェクトの報告書でSchweizer-Riesらは，受容の条件には，事業者側の視点である「抵抗がなければ受容されたことになる」というものから，市民活動の視点として議論される「住民が明確に承認し，積極的に支援して初めて受容されたことになる」というものまで多様であり，受容を「評価（ポジティブなものか

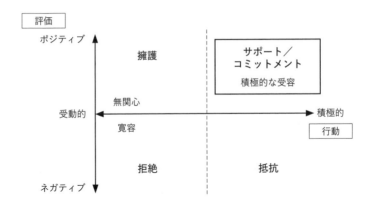

図 3-1　受容に関する模式的な分布（Schweizer-Ries et al., 2010 を改変）

らネガティブなものまで）」と「行動（積極的なものから受動的なものまで）」の2つのレベルで表現した（図3-1）。

　図3-1に示された評価と行動による受容の議論においても，主体と客体と文脈の関係が重視されており，ある客体が受容されるということは，個人や組織といった主体による時間的な評価プロセスの肯定的な結果であり，これらはある枠組みの条件である文脈要因と結びついている。ここでの受容は，上の2つの象限である「擁護」と，「サポート／コミットメント」として定義されており，決定的な基準はポジティブな評価であって，必ずしも行動がともなう必要はない。ただこのように区別することで，評価だけの受容であり行動の可能性を含む段階なのか，積極的な行動が行なわれているのかなど，ある程度の構造的な理解をすることができる。

　「価値観」の次元は，独立したものとして扱われるよりも，態度の次元と組み合わせて議論されることが多い。価値観は態度の基礎でもあり，分離して扱うことが困難なためである。ただし，価値観の次元は，行動レベルの受容との関連において議論の意義がある。たとえば，エコロジー志向という価値観をもっていながら自動車を所有し使用する人がいるように，行動は主観的な価値観と一致しない場合があるからである。さらに，エコロジー志向の

人が自動車を使う一方で，たとえば，有機栽培の食料品店で頻繁に買い物を
するなど，他の行動で明確に一致する場合もある。自動運転技術の場合には，
これらがどのような価値観や行動として理解されるのかを特定することは困
難であり，現状では，既存の価値観との関連で評価されることが多い。

3-1-2　社会的受容における3つの層

　すでに述べたとおり，社会的受容は，イノベーションとしての再生可能エ
ネルギーの文脈で特に注目されている。再生可能エネルギーの割合を増やす
ことは，世界の国々で，政策的な課題の上位にあげられており，風力エネル
ギーはいくつかの国で最も目覚ましい成長を遂げている。社会的受容に関す
る議論は，原子力発電所や核廃棄物貯蔵施設，大規模な水力発電用ダムの
立地の決定の際に争われるようにように，エネルギー分野においては特に盛
んである。ここでは，Wüstenhagen らによる，再生可能エネルギーのイノ
ベーションにおける社会的受容の議論を概説する（Wüstenhagen, Wolsink,
& Bürer, 2007）。
　再生可能エネルギーに関する社会的受容の場合，特に風力発電に関する初
期の調査では，非常に高いレベルの支持が得られており，政策のプログラム
が開始された80年代では社会的受容に注目が集まることはほぼなかった。
一方で当時の調査では，このような単純な観察にとどまることはなく，風力
発電のアプリケーションが効果的な支持を得られるかどうかを決める条件
を，詳細に検証しようともしており，当時，このような問題は，「非技術的」
要因という残余の問題として認識されていた（Calrman, 1982）。Calrman は，
風力発電の社会的受容の問題を定義した最初の研究者とされている。彼女
は，風力タービンの設置に関しては，「公共，政治，規制に対する受容の問
題もある」とし，意思決定者の間での風力発電の受容に関して検討を行なっ
た（Calrman, 1984, p.339）。その後，他の研究者も加わって問題点の定義や
分析が行なわれ（Bosley & Bosley, 1988; Wolsink, 1987），主要な利害関係
者の間で支持が得られないことや，政策立案者が一貫性のある効果的な政策

に対して消極的なこと，国民の態度の根本的な部分が理解されていないことなどが議論された。それにもかかわらず90年代になっても，再生可能エネルギーに対する一般市民の支持が高いことから，社会的受容の問題は特別に取り上げられることはなかった。しかしながら，再生可能エネルギーの社会的受容に関しては，たとえば風力発電の場合，地表の下で行なわれるような化石エネルギーの資源採掘よりも目に見えるかたちとなるため，視覚的な影響が大きくなるという問題があったり，住宅用のマイクロジェネレーションのように，設置場所の決定事項が個々の投資決定になるなど，複雑な問題が多く存在する。これらの問題について学術的に積極的に検討することは，現実的な理解を深めるうえで非常に重要な知見となる。

　社会的受容は，実践的な政策場面でよく使われる用語であるが，明確な定義はほとんどないとされている（ただしUpham, Oltra, & Boso, 2015では，社会的受容の定義はされており，後述する）。そのうえで，社会的・政治的受容，地域の受容，市場の受容，という3つの側面を区別することで，明確な理解を試みている。

(1) 社会的・政治的受容

　まず，社会的・政治的受容とは，最も広範で一般的なレベルでの社会的受容であり，政策（環境税の改革など）と技術の両方が対象となる。多くの国で，再生可能エネルギー技術や政策に対する社会的受容が高いため，再生可能エネルギーにおける社会的受容が問題ではないと政策立案者に間違って解釈されている点がある。しかし，グローバルからローカルへと焦点を移行し，また，政策などに対する一般的な支持から積極的な立地の決定へと問題を移行するには，事実上の解決すべき課題があることを認めなければならない（Bell, Gray & Haggett, 2005）。同時に，たとえば風力発電の導入率とは最終的には成功したケースの数を集計したものであるが，風力資源の違いでは説明できないほど，国によって導入率に大きな差があることも注目されている（Toke, Breukers & Wolsink, 2008）。社会的・政治的受容では，主要な利害関係者や政策関係者が効果的な政策を受容することも関係しており，

このような政策には，市場や地域の受容を効果的に促進・強化する枠組みの制度化が必要となってくる。たとえば，新たな投資家に選択肢を与える信頼性の高い資金調達システムの確立や，共同での意思決定を促す空間計画システムの確立などがあげられている。

(2) 地域の受容

　地域の受容とは，早くから学術的には注目されており，これは，地域の利害関係者，特に住民や地方自治体が，立地の決定や再生可能エネルギーのプロジェクトを具体的に受容することを意味する。これに関しては，NIMBY（Not In My Back Yard）主義，すなわち，自分の家の裏庭に設置するのでないのなら再生可能エネルギーを支持するという問題が議論されている（Wolsink, 2006; Bell et al., 2005）。人はある対象（たとえば風力発電）に対して，実際に直面するまでは肯定的な態度をとり，直面した時点で利己的な理由から反対すると言われている（O'Hare, 1977）。一般的なレベルでの受容を表明する一方で，特定のプロジェクトに対しては抵抗するという乖離した現象が見られる原因として，自分の裏庭でなければ，という利己的な理由が機能しているということである。また，Gross は，オーストラリアで行なわれた風力発電所の調査において手続き的公正を評価し，協議のプロセスに対する地域の認識を検討したところ，公正ではないと感じられる結果は，抗議行動や人間関係の悪化，地域の分裂を引き起こす可能性があるとしている（Gross, 2007）。プロセスの公正さや人間関係の悪化の原因となる重要な要素は，信頼である。信頼はあらゆる施設の立地問題にとって重要であり，投資家や施設所有者が地域の外に存在する場合，彼らの目的や態度，能力に対する信頼が問題となる。また，地域の受容の特徴として，時間的な側面がある。すなわち，特定のプロジェクトの前後とその最中では，地域の受容は典型的なU字カーブを描くという報告がある（Wolsink, 2007）。

(3) 市場の受容

　次に，市場の受容とは，イノベーションの市場導入のプロセスに関連し

ており，第1章で概説されたRogers（1962）の拡散の理論に基づき説明されている（ただしWüstenhagen et al., 2007では1995年の第4版が引用されている）。革新的な製品が消費者に採用される際には，採用者個人と，その環境との間のコミュニケーションプロセスが重要となる。エネルギー技術の市場の受容の場合，グリーン電力マーケティング（Bird, Wüstenhagen, & Aabakken, 2002）の出現により，テナントを含む居住者，すなわち消費者自身が，実際に物理的な発電に関与することなく，再生可能エネルギー供給に「切り替える」機会を得ることができるようになった。これは，広い意味での社会的受容から市場の受容が切り離される点で，技術が普及する際の障壁を減らす可能性となりうる。また，丸山ら（Maruyama, Nishikido, & Iida, 2007）は，日本におけるコミュニティ型風力発電について分析し，参加型計画のアイデアをさらに一歩進め，個人の投資家グループの資金参加につなげることで，社会的受容を高めることができることを報告しており，市場の受容における投資家の役割の重要性を示している。さらに，企業内における受容の問題も指摘されている。大きなエネルギー企業は投資行動に関して経路依存にさらされていることなどを考えると，社会的受容が企業の中でいかに構築されるかは，検討すべき課題である。ここには企業内の環境・

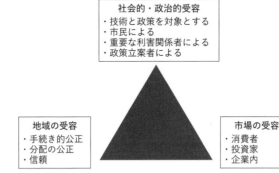

図3-2　再生可能エネルギーのイノベーションにおける社会的受容を表わす三角構造（Wüstenhagen et al., 2007 を改変）

持続可能性に関する認知的な障壁に関する研究（たとえば Bansal & Roth, 2000）なども関連するであろう。また，国際的な企業が異なる国でどのように行動するのかも重要な視点であり，これらの企業の多くは，送電網の重要な部分を多くの場合地域的に独占している。これらの企業はエネルギー政策の策定に影響力をもつ利害関係者であり，重要な政治的決定に影響力があるため，社会的・政治的受容とも密に関連する。

　それぞれの課題としては，社会的・政治的受容では，国と地域の溝を埋めることが重要な課題である。国の政策目標を，地域で受容される政策にどのようにして変換できるのか，などである。地域の受容における課題としては，地域外の投資家などが，地元の人々よりもプロジェクトに関する社会的受容を得るのが困難であることから，法的な所有権という狭い意味での所有権だけでなく，主観的に定義された所有している感覚の決定要因についても検討する必要があることなどが指摘されている。市場の受容における課題とは，これまでで最も研究が進んでいない分野であり，企業内での受容や，金融界における受容を決定する要因など，多くの検討の余地があるとしている。重要な点としては，これらの3つの要素を，別個に実体として存在すると考えるべきではなく，それぞれの要素に属しているアクターは動的に入れ替わることもあり，全体が複雑に関連し合いながらプロセスとして成立していることである。この動的なプロセスに関しては **3-1-4** でさらに確認する。Wüstenhagen らの指摘した社会的受容における三角構造は，モビリティ技術に対しても適用できる側面があると思われる。自動車産業は自国にとって非常に大きな国益をもたらすうえに，国際的にも国境を超えて活動が行なわれている点で，社会的・政治的な受容と市場や地域の受容が密接に関連しており，これらの多層性に注目することは重要であろう。また，高齢者や障害者の支援のための移動支援の技術も世界的に需要が高いことから，ユーザ視点の受容だけでなく，導入や採用に際して重要となる利害関係者を視野に入れた検討が必要と考えられる。

3-1-3　社会的受容におけるマルチアクター

　社会的受容は，エネルギー技術の分野で最も政策に関連がある社会科学的な概念の一つであることとから，社会学と心理学においては数多くの研究が行なわれてきている。特に，エネルギー技術，インフラ，アプリケーションの社会的受容に関する分析的フレームワークが提供されている。Upham らは，社会学と心理学の橋渡しとなるエネルギー技術に関する社会的受容の議論を行なっている（Upham et al., 2015）。ここでは彼らの理論を確認する。彼らもまた Rogers（1962）の理論に基づきながら，特定の技術が特定のグループに実装されるためには，グループのメンバーにポジティブに評価されなければならないことを指摘している。心理学や行動経済学の分野では，これに関して説得や意思決定を扱っており，一方，社会学の分野では，個人が社会的・物理的（技術的なものを含む）な環境にどのように接続されているのかなどに焦点が当てられる。特に，心理学的な観点では，態度が重要な焦点となっており，一般的には，認知（知識と信念），感情（情動反応），行動（過去と現在の行動反応）の3つから構成されるとされており，これらの要素は，態度の特定の形態としてリスク認知にも適用される（Finucane & Holup, 2005）。一方で社会学的な観点からは，行動は意識的な熟考や選択によって生じるものとはみなされない。社会心理学において一般的に，計画が立てられてから行動が生じると考えられること（Ajzen, 2005）とは対照的に，行動は社会を構成する慣習，またはその産物とみなされている（Shove & Walker, 2014）。このように，分野の違いによる認識論的，あるいは観点的な違いは確実に存在するものの，エネルギー関連の行動に関する説明には，両者によって文脈が共有されていると述べている。

　Upham らは，できるだけ中立的な社会的受容の概念化として，受容を次のように定義した。受容とは，ある社会的単位（国や地域，コミュティや町，家庭，組織）の構成員による，提案された，または現場で使用されている技術や社会技術システムに関する好意的または肯定的な反応（態度，意図，行動，適切な場合では使用を含む）のことである。そして，反対の反応がない

などの受動的な意味合いは受容に対する最も単純な理解であって，受容には，支持，関心，賞賛などの強い肯定的な次元があることを指摘している。そのうえで，エネルギー技術の社会的受容における一般的な3原則を次のように提示した。①ある技術の社会的受容は，マクロ，メゾ，ミクロ，の3つのレベルで分析可能であり，それは，（a）全体，政策，国レベル，（b）地域，町，その他の地理的に定められたレベル，（c）家庭や組織などの個々の実体レベル，である。②3つのレベルにおける社会的受容とは，受容の対象に応じて次のような構成要素を有することがある。（a）個人の消費者や市民という意味でのパブリックな受容，（b）正式な政治的目的はないが結果に関心をもつ組織という意味での利害関係者の受容，（c）政府レベル，機関，政党による政策支持という意味での政治的な受容。③個人の受容の内部構造は，態度的要素（態度的受容），行動意図および実際の行動（行動的受容）から構成されており，エネルギー供給技術やインフラ開発，アプリケーションに関する信念や感情（認知や感情）だけでなく，技術を受容したり使用したりする意思や，実際の行動も含まれる。

　これらの原則に基づき，社会的受容の分析レベルについては，前項で概説したWüstenhagenら（2007）の提案した，社会的・政治的受容，地域の受容，市場の受容という3レベルの分類に同意している。ただし，これらの3つのレベルにおいて，社会的受容はマルチアクター現象であると指摘した。社会的受容とは，一般市民，専門家，非政府組織や企業，学術界など，あらゆる意思決定単位の評価反応に関連する。そこで，社会的受容に関するアクターや社会的主体を，政治，利害関係者，パブリック，という3つに分類した（表3-1）。

　政治のアクターグループにおける受容とは，特定の社会，地域，町の意思決定者や政治システムの主要メンバーによる，提案された技術の導入や採用に対する態度や行動を意味する。利害関係者における受容は，ある社会単位，すなわち，特定の国や町における利害関係者のグループのメンバーを指す。これには，提案された技術や開発に影響を与える，あるいは影響を受ける可能性のある市民社会，企業，業界団体など，さまざまなグループが含まれる。

表 3-1 　3 つのレベルにおけるアクターグループと社会的受容（Upham et al., 2015 を改変）

		レベル		
		マクロ	メゾ	ミクロ
		全体／政策，国	ローカル／地域	家庭／団体，組織／エンドユーザ
アクターグループ	政治	国の受容（国内で正式に設立された意思決定者による）	現地での政治的な受容（現地で正式に設立された意思決定者による）	ユーザの受容（エネルギー政策に意見をもつ個々の国民による）
	利害関係者	利害関係者の受容（国内で活動する他の市場および非市場の政策グループによる）	現地での利害関係者の受容（現地で活動する他の市場および非市場の政策グループによる）	利害関係者の受容（企業やその他の組織のユーザによる）
	パブリック	パブリックの受容（国の政策に意見をもつ国民としての一般市民による）	現地でのパブリックの受容（国の政策に意見をもつ国民としての現地の人々による）	エンドユーザの受容（家庭，組織，個人のエンドユーザによる）

パブリックにおける受容とは，提案された技術の採用について，特定の国や地域・町にいる一般市民が，その導入に対してとる態度や行動のことである。彼らは，方法論的に，または認識論的に，多様な分野から得られた結果を一般化することは困難であることを述べたうえで，このようなフレームワークを提示することは，学問分野間の対話を促進するうえで重要であることを示唆している。Upham らの議論も，モビリティ技術の社会的受容にとって重要な視点を提供している。社会全体の移動に関するシステムを変えていくような自動運転技術に関しては，道路環境の整備や，交通ルールなど，政治的な対策方針とパブリックの双方の歩み寄りが欠かせないであろうし，そのようなインフラなどを実際につくっていく利害関係者の考え方も考慮する必要がある。自動運転の場合の保険制度や法的整備も重要な要素となっており，複数のアクター同士の効率的な協調を理解するための学術的なアプローチも重要であろう。

3-1-4　社会的受容の動的プロセス

　これまでに，社会的受容を構成する要素や，社会的受容という現象を捉える際の社会構造やアクターについて概説した。イノベーションの社会的受容を把握するうえで，これらの要素や構造などは独立した存在として捉えるよりも，複雑に関連し合った動的プロセスとして考えることの重要性がWolsink（2018a）により指摘されている。Wolsink がこの議論を行なったのは，エネルギー技術や燃料に関する社会的受容の文献の関連性を可視化したGaede と Rowlands（2018）の研究に対する批判論文においてであった。したがって，Gaede らの主張を確認してから Wolsink の批判を概説する。

　Gaede らの目的は，エネルギー技術と燃料の社会的受容に関するこれまでの研究同士の関連性を可視化することで，この分野における影響力や構造，コラボレーションの実態を把握する知見を提出することであった。彼らはこれまでに述べた Wüstenhagen ら（2007）や Upham ら（2015）といった主要な研究論文を含め，857 の論文を調査し，既存の視点同士を補完しながら，エネルギーや燃料の社会的受容に関する知識領域の構造，主要な問題，将来の方向性について新たな知見を提供するべく，論文同士の類似性をマッピングした。可視化という考え方は，知識のドメインを中立的な視点から体系的に理解するためにこれまでに用いられてきており（Börner, Chen, & Boyack, 2003; Boyack, Klavans, & Börner, 2005），研究論文の引用インデックスが開発された 20 世紀半ばにさかのぼる引用分析の技術を利用している（Garfield, 1995）（Wolsink はこのような指標のつくり方や計算方法に関しては理論的・方法論的に中立であることを認めている）。特に彼らは分析の中で，これらの研究における最前線の領域であるリサーチフロントを特定した。文献同士のネットワーク内で孤立しているもの（他の文献と連結していないもの）を削除した結果，もとの 857 の論文の大半である 780 の論文が残り，その後，他の論文と共通のリファレンスをもたない論文は除外され，さらに単純化するために，リンク数が 5 以下の論文を除外するなど多段階のステップを経て，結果的に 281 の論文から構成される 7 つのグループが残った。彼

らは，7つのリサーチフロントのグループを引用された数に基づくノードサイズとして可視化し，各グループに含まれる論文の特徴（キーワード，掲載されたトップジャーナル，論文数の上位の著者など）を分析している。7つのリサーチフロントとは，①風力発電／態度／NIMBY，②意思決定権／再生可能エネルギー，③家計／消費／行動，④炭素回収・貯蔵／コミュニケーション／認知度，⑤原子力／リスク／価値観，⑥コミュニティ／再生可能エネルギー／政策，⑦水素／自動車であった。彼らはこれらのリサーチフロントにおける研究動向を考察することで，全体的に研究の中心が，政治的な問題としての受容から，一般市民やコミュニティがエネルギーの代替案を受容する際に影響を受ける心理的な問題へと変化していることを指摘している。また，Wüstenhagen ら（2007）の論文は，調査した論文の中でも最も多く引用されており，多くのリサーチフロントで共通して重要視されている唯一の論文であることを認めたうえで，彼らの提案した社会的・政治的受容／地域の受容／市場の受容という区別は研究の主要な焦点になっているとは言えず，むしろ地域や市場に最も関係があると解釈される受容の特定の問題（信頼や公正さに対する認識，支払い意思）が研究の中心になっていると報告した。

　Gaede らの議論にはリサーチフロントのそれぞれに関する緻密な考察も他に多く含まれているが，Wolsink はまず，Gaede ら（Geade & Rowlands のことを GR と表記しているので以下からは同様に GR と表記する）が議論を展開する基盤とした論文の検索データの選択に対する不備を指摘している（Wolsink, 2018a）。GR が用いた引用インデックスである Web of Science（WoS）は，インパクトファクターの計算に用いられるため，今でも最も権威があると考える人もいるが，対象範囲が限られており，雑誌を含める方針に透明性はなく，データベースに無数の系統的なエラーがあると指摘している。より重要な点として，エネルギーの社会的受容に関する研究の始まりは，世界的な原子力発電の論争をきっかけとしたリスク認知の研究であり，GR のサンプルでもこのトピックに関する論文（Winfield-Laird, Hastings, & Cawley, 1982）があるが，大きな影響は論じられていない。リスク認知

と意思決定への影響に関する Slovic と Renn の非常に重要な論文（Slovic, Flynm, & Layman, 1991; Renn, 1998）は，WoS を用いた GR の検索では結果的に見つかっていないが，これらはエネルギーインフラのリスク管理の複雑さに関する基礎的な知見として無視できないものである。また，社会的受容の研究が開始された当初は一般の人々の認識や態度に焦点が当てられており，社会的受容を個々の市民による受容の度合い（態度，行動，寛容さ）を集約したものとして捉えていた。GR の議論はこのようなパブリックの受容が社会的受容の有効な代理となるという暗黙の前提を残したままであり，相互に交換可能なかたちで使用されているため（Cohen, Reichl, & Schmidthaler, 2014），大きな混乱を招いている。受容とは，関連のある地域といったすべての構成要素に関するものではなく，影響を受けたという効果に関するものであるという誤解が，GR の分析での概念的な偏りによってさらに強められてしまった。

　次に，GR は，受容とアクターに焦点を当てているが，受容される対象についての検討が不十分であるという指摘がある。GR はデータセットの構築における選択として，「受容」と「エネルギーと燃料」という領域に限定しているが，この選択の正当性は説明されていない。昔から主流の研究対象であった燃料というものが，新たな技術の社会的受容についての調査の境界を定義するのは不適切であろう。実際に，革新的な社会的受容の多くは，WoS 以外の雑誌でカバーされている。GR は対象に関しては Upham ら（2015）の議論に従い，技術に限定するとしていたが，Wüstenhagen ら（2007）は，概念的な理解というアプローチをとることで，技術や燃料だけではなく，再生可能なイノベーションに対する需要の全体を理解することを目指している。ここで重要な点は，想定される，観察される，望ましい社会的プロセスに関する研究の概念的な出発点となることが意図されているということである。社会的受容とは，無数の研究課題を含んだ，複雑で多層的な複数の中心が存在するプロセスであり，時間をかけて展開される一連の活動として理解されなければいけないのである。これに関連して，制度的な障害という視点が GR の検索の設定により結果的に欠落してしまっている点が指摘されてい

る。具体的には，2000年に注目されたエネルギー供給の形を変えることに関する議論であり，主要なアクター（政策領域および強力な市場のアクター）が受容を可能にするための適切な条件設定を回避するさまざまな理由についての制度的な障害が指摘された。イノベーションに抵抗する制度的特徴，すなわち強く複雑な経路依存に関わる結果としての「カーボン・ロックイン」（Unruh, 2000）は，これまでに発表されたエネルギーに関する論文の中でも最も重要な見解である。しかしながら，GRにおいては，制度変更という受容される対象についての重要な理論的概念の転換がほとんど言及されなかった。

　GRの定義したリサーチフロントに対する解釈の曖昧さについてもWolsinkは言及しており，GRの定義を代替するラベルや解釈も提案しているが，理論的に重要な指摘は，これまでにも触れられてきたように，社会的受容が動的なプロセスであることを明確に論じた点である。GRが可視化したネットワークは，社会的受容がしばしば特定のアクター（多くの場合がパブリック）の反応を説明することに限定されているが，Wüstenhagenら（2007）の当初の概念的検討は，この制限をはるかに超えることを意図していただけに，このような研究的な慣行は残念なことであると指摘している。すべてのアクターの立場は明らかに動的であり，絶えず再考され，再定義されるものであり，Wüstenhagenらは長期的な研究の必要性を結論として論じている。社会的受容とは，プロセスであるがゆえに複雑で動的であり，イノベーションという対象自体もプロセスであることを忘れてはならない。GRでは，受容される対象が適切に扱われていなかったため，イノベーションの社会的側面に関する検索語も欠落してしまった。イノベーションとは，科学技術だけでなく，社会経済・文化・組織という要素で構成される社会技術システムの変革に関するものである（Wolsink, 2012; Geels, 2002）。Wüstenhagenらの主張とは，社会的・政治的受容，地域の受容，市場の受容を事実上分離することではなく，概念的に区別することであり，受容のプロセスが実行される社会の重なり合ったセクターにおける異なる経路の性質と意味に関する研究の問いを理解し，実証研究を行なうために考案されたも

のである。これらの3つの次元は，概念的に区別されて初めて現実的な次元間の関係が再認識され，理解することが可能となる。このような異なるプロセスとその相互の影響に注目することが，社会的受容の研究にとって最も重要なテーマと言える。別の言い方をすると，社会的受容においてある要素を研究しているのであれば，他の次元の要素を含む社会的受容の他のプロセスとの相互関係についても考察しなければ，その結果を理解することは不可能なのである。

　以上のことを踏まえて，Wolsink は Wüstenhagen らの社会的受容における3つの次元に対する考察をさらに深化させている。受容される対象の本質（イノベーションに関連するあらゆるもの）を十分に理解する必要があり，これは，イノベーションプロセスに必要な条件，実施に必要な条件，またはそのような実施の結果の受容など，幅広い意味合いをもっている（Wolsink, 2012）。具体的には，再構築された市場，新しい課税システム，教育システム，空間計画プロセス，エネルギーガバナンスフレームなどの制度的変化の受容に加えて，インフラを解体したり，現状の支配的なアクターの力を奪ったりするような「創造的破壊」の受容も含まれる。基本的な命題は，3つのプロセス次元間の関係の定義に関するものであり，これらはプロセスの束の中の複数の層として理解されるべきである。これらの層は，アクターのサイズ（またはスケール）として解釈されるべきではなく，「全体」「地方」「家庭」レベルのような政治プロセスの集約レベルとして解釈されるべきでもない（Upham et al., 2015）。3つの次元を縦に重ねて配置するマルチレベルの概念化は，太陽光発電や風力発電や，インテリジェント・マイクログリッドに統合された再生可能エネルギーに対して提案されている。図3-3に示すように，これらにおいては，社会的受容におけるプロセスのマルチレベルの特徴が示され，社会的・政治的な層で設定された条件（たとえば，市場条件の定義や地域のアクターの権限付与）が他の2つの層の受容プロセスに影響を与えていることが強調されている。

　市場と地域の受容のレベルでは，意思決定のための制度的フレームを根本的に再定義するという重要な要素が前面に出ている。制度変更のプロセス

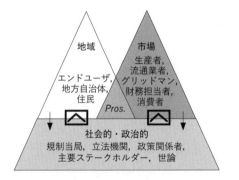

Pros. プロシューマー：生産と消費を合わせたもの

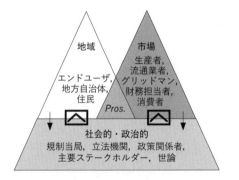 制度的フレーム，地域と市場の受容の形成

↓ 情報の流れ

地域：プロジェクトとインフラの決定，投資，共同生産，適合消費
　…信頼，分配の公正さ，プロセスの公正さ

市場：再生可能エネルギーシステム／分散型発電への投資，再生可能エネルギー発電電力
　　の利用
　…市場規制への信頼，関税構造，税金

社会的・政治的：制度の変更，効果的な政策
　…化石燃料の放棄，共同生産の促進，コミュニティと市場の受容

**図 3-3　Wüstenhagen ら（2007）と Wolsink（2018b）に基づく自然エネルギー
のイノベーションの社会的受容の 3 つの次元（Wolsink, 2018a を改変）**

は 3 つのレベルすべてで重要な視点であり，市場での選択セットを再定義し
たり，自然エネルギーの共同生産のために市民に効果的な権限を与えたりす
るなど，ゲームのルールを正式に変更することは，主に社会的・政治的な受
容の対象となる（Burke & Stephens, 2018; Dermont, Ingold, Kammermann,
& Stadelmann-Steffen, 2017）。たとえば，新たに出現し強く妨害されている
プロシューマー（生産・消費者）による共同生産の取り組みに対して，中央
集権的な電力供給を支持する強力な法律を変更することなどであり（Kubli,
Loock, & Wüstenhagen, 2018; Gui & MacGill, 2018），これは，重要な市場と
地域の受容が重なっている部分に相当する（図 3-3 の Pros. と示された真ん
中の小さい三角）。特に，制度的な権力者の間での高い抵抗をともなうこと
となり，構造的に変化するレジームが問題となってくるとともに，このよう

な制度的枠組みは，具体的なプロジェクトにおける利害関係者や地域の関与（参加，包括性，共同生産，エンパワーメント）を促進すべきであることが一般的には同意されている。社会的・政治的受容は，自然エネルギーのイノベーションは上からの中央指示を必要としているということを大前提にしているのではなく，主にそのような制度的変化に関係しているが（Mendonça, Lacey, & Hvelplund, 2009），それにもかかわらず，上からの中央指示と捉える傾向がまだ支配的ではある。エネルギー・インフラが当局や企業から個人やコミュニティに提案されたり，与えられたりしているという批判（Batel, Devine-Wright, & Tangeland, 2013）に見られるように，3つのレベルが何らかのヒエラルキーを暗示しているという指摘を避けるためには，社会的・政治的受容を一番上に位置づけるのではなく，一番下の基礎として考えなければならない（図3-3）。GR はこのような相互に影響し合うプロセスの集合体としての社会的受容の本質を無視している，と Wolsink は指摘している。

GR は単なるアクターとしての受容に焦点を当てた研究を多数取り上げ，政治的な観点から心理的な問題としての社会的受容に研究の中心が変化していると考察しており，これは Wolsink によると 1980 年代に生じた当初の研究テーマであるパブリックの受容への後退とも考えられ，致命的な判断である。社会的受容の心理的な要素を研究することに価値があることは認めつつも，これまでに触れてきたように，社会的受容の動的なプロセスを無視して，この方向にシフトしているとすれば，科学界は 2000 年以前の研究環境へと逆戻りすることとなる，としている。エネルギーのイノベーションの社会的受容は，3つのレベルで相互に影響し合うプロセスを中心に展開されるのであり，これらのプロセスには，複数のレベルで活動するさまざまなアクターが関与している。それらは制度的な枠組みの中で活動しており，制度の適応そのものが，受容の重要な対象である。社会的受容を理解するためには，すべての次元を網羅し，それらの関係性を考慮した理論が必要であるが，ほとんどの応用理論は基本的に単一の分野や特定の層に焦点を当てている。そのうえで Wolsink は，近年の研究における唯一の例外であり，GR が認識していないものが，政治学者でノーベル賞受賞者の Ostrom に代表される共通

プール資源理論であると指摘している。これは，政治学，合理的選択（ゲーム理論），生態学，人類学，地理学，社会学などの複数の学問分野に立脚し，自然科学のデータを含む多数の実証研究から得られた証拠に基づいた，非常に有望な理論である。これは社会生態学的システムだけでなく，人間がつくった資源利用システムにおいても，最適な管理，利用，意思決定を可能にする制度的設定を分析している。

　Ostrom は，人間が利用するすべての資源が複雑な社会生態系（SES：Social-Ecological Systems）に組み込まれており，SES を維持するための科学的知識が必要である一方，これまでは単純な理論しか開発されていなかったと指摘した。そのうえで，異なる空間的・時間的スケールでの複雑なシステムの複数のレベル間の関係を分析する必要性を論じている。そして，複雑な SES の理解を深める学際的な取り組みを促進するためには，共通の分類的なフレームワークが必要であるとし，SES において達成された成果を分析するためのマルチレベルで入れ子になったフレームワークを提案している（Ostrom, 2009）。具体的には，このフレームワークには，相互に影響し合う SES の4つのサブシステムが含まれており，それらは，①資源システム（例：森林地域，野生生物，水系を含む特定の領域を含む特定保護区），②資源ユニット（例：公園に含まれる樹木，低木，植物，野生生物の種類，水の量と流れ），③ガバナンスシステム（例：公園を管理する政府やその他の組織，公園の利用に関する具体的なルールなど），④利用者（例：公園を多様な方法で利用している人たち）となっている。それぞれのサブシステムは，複数の第2レベルの変数やさらなる深層レベルの変数によって構成されており，ある種類の規模の資源システムにおいて特定の政策が持続可能性を高める一方で，他の資源システムにおいてはそうでない要因を特定するのに役立つ。

　Ostrom の議論は，たとえば，メイン州沿岸のロブスター漁業とそれに依存する漁業者など，焦点を1つに絞った SES を研究するための関連変数を特定するのに役立つとされているが，ここでの議論の特徴は，その仕組みが運用される人間社会だけでなく，自然を含む地球環境全体での持続可能性を視野に入れた社会的受容に焦点が当てられている点であろう。これまでに概

説した GR や Wolsink のエネルギー分野におけるイノベーションの社会的受容の議論は，社会的・政治的なレベルや市場や地域が関わってくる自動運転などのモビリティ技術に非常に関連すると思われるが，Ostrom の議論も示唆的である。長期的な視野にたったうえでの持続可能性の問題は，たとえば，「新たなモビリティ技術で自動車による排気ガスを減らす」など社会的・政治的なレベルで政策として関わってくる重要事項であろう。したがって，社会的受容は人間社会における複数の層で展開されるとともに，人間社会が自然環境と調和する道筋をどのように進むのかにも関連する課題でもある。

　これまでの議論から，社会的受容を，技術やシステムに対する一般市民の肯定的な評価という側面だけで捉えることは，かなり限定された見方であることがわかる。むしろ，社会全体を構成する複雑な層とそこに含まれるアクターが存在し，相互のやりとりの中で時間をかけて構成されていく現象であることが理解できる。ここでの議論は燃料や再生可能エネルギーに関するものであったが，モビリティ技術にも当てはめて考えてみることに一定の意義はありそうである。モビリティ技術は，個人の移動に限定されるものではなく，それを実現するための社会システムのあり方や制度といった社会全体に大きな影響を与えるものであり，これらの動的な複雑性を視野に入れなければ，モビリティ技術によるイノベーションの社会的受容を理解したことにはならない。自動運転技術なのか，歩行支援ロボットなのか，といった技術やシステムの特徴によっても検討すべき課題は異なってくるであろうが，それぞれの事例における社会的・政治的な受容や，市場と地域の受容に注視する必要があると思われる。さらには，個々の技術で完結するのではなく，技術やシステム同士の関連性も同時に考慮する必要があるケースもあるであろう。

　Wolsink はエンドユーザの心理的反応にのみ焦点を当てて社会的受容を検討することは，ある意味で議論の後退であることを指摘しているが，しかしながら一方で，やはりユーザの視点に寄り添った評価を無視して，何らかの技術やシステムの社会的受容を促進することは難しい。新規な技術に対して，ユーザがどのような視点を評価しているのかという認知的なメカニズムは明

らかにされるべきであるし，そのような個人の視点に寄り添った技術開発を
視野に入れておくことも，社会全体での技術の普及にとっての一助になる可
能性はある。社会的受容を考えるには社会を取り巻く複雑な動的プロセスを
視野に入れることが重要であることを確認したうえで，以降では，ユーザの
視点に立った際の受容とは何かについて概説する。

3-2

個人の認知における技術の受容

高度な技術の発展にともない，消費者がどの程度円滑に素早くこれらの技
術を受け入れるかは，技術の利用可能性，利便性，消費者のニーズ，安全対
策のあり方など，多くの要因が影響していると思われる。特に，インター
ネットを代表とする情報通信技術の発展は，さまざまな側面で人々の生活
に組み込まれてきており，ユーザ個人がこれらを受容するのか，拒否する
のか，という視点は，多くの研究者の関心を集めてきた。ここでは，一部
Marangunić と Granić（2015）の議論も参照にしながら，Lai（2017）の議
論を中心に技術に対する受容を扱ったモデルを概説する。**3-1** では社会的
受容に焦点を当てたが，本節では個人の受容に焦点を当てるため，社会とい
う言葉はつけずに，単に受容と表記する。

Lai によると，消費者の新しい技術の受容と利用意向を説明する理論は
数多く提案されている。その中には，1960 年に始まった DIT（Diffusion of
Innovations）理論（Rogers, 1962），TTF（Theory of Task-technology Fit）
理論（Goodhue & Thompson, 1995），TRA（Theory of Reasonable Action）
理論（Fishbein & Ajzen, 1975），TPB（Theory of Planned Behavior）理論
（Ajzen, 1991），Taylor と Todd（1995）の理論（Decomposed Theory of Planned
Behaviour），TAM（Technology Acceptance Model）理論（Davis, Bogozzi,
& Warshaw, 1989），最終版 TAM（Venkatesh & Davis, 1996），TAM2

（Venkatesh & Davis, 2000），UTAUT（Unified Theory of Acceptance and Use of Technology）理論（Venkatesh, Morris, Davis, & Davis, 2003），TAM3（Venkatesh & Bala, 2008）などがある。これらの理論のすべての詳細をここで説明することはできないが，Lai（2017）に基づきいくつかの理論を確認する。Rogers のイノベーションの拡散の理論は第1章でも触れたが，簡単に説明すると，この理論は，イノベーションが社会システムの構成員の間で，時間をかけて特定のチャネルを通じて伝達されるプロセスを説明するものである。イノベーションの採用は，理解，説得，決定，実施，確認などのいくつかの段階を経た後に起こり，イノベーター，アーリー・アダプター，アーリー・マジョリティ，レイト・マジョリティ，ラガードという採用者のカテゴリーの順にイノベーションが拡散していく。

　さまざまある中で，中心的なモデルは，1986年に F. Davis が博士論文のために導入した，TAM である。TAM はユーザが技術を受容することに影響を与える要因を調査するうえで主要なモデルであり，システムの特性（外部変数）と潜在的なシステムの利用との間の複雑な関係において，認知された使いやすさと，認知された有用性という2つの変数が媒介的な役割を果たすことを前提としている。この理論は心理学における TRA（Fishbein & Ajzen, 1975）や TRB（Ajzen, 1991）から派生したものである（Maranguni\'c & Grani\'c, 2015）。Maranguni\'c と Grani\'c（2015）が，TAM が提案された1986年から2013年までの合計85の TAM に関連する論文を調べたところ，TAM の文献レビュー，TAM の開発と拡張，TAM の修正と適用に関する検討が行なわれており，技術の受容を理解することへの関心が引き続き継続していることが示された。彼らは，TAM をより理解するためには，この起源となった TRA と TRB を参照する必要があると述べている。Lai によると，合理的行動の理論（Fishbein & Ajzen, 1975）は，頻繁に参照される理論の一つで，ある行動に対する人の態度や行動意図を決定する要因について説明している。TRA では，「態度」をある対象に対する個人の評価と定義し，「信念」をその対象と何らかの属性との関連性と定義し，「行動」を結果または意図と定義した。態度は感情的なものであり，行動の対象に関する一連の信念に

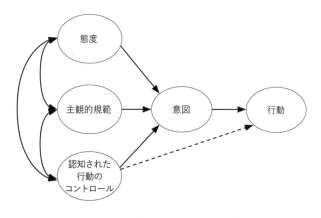

図 3-4　TRB 理論（Ajzen, 1991 を改変）

基づいており，行動の意図を決定する一つの要因となる。もう一つの要因は，特定の行動に対する身近な仲間の態度をどのように認識しているかという人の主観的な規範である。たとえば，周囲の人がある技術の社会的ステータスを高く評価しているというユーザの認識は，その技術を使用する意図に影響する。TRB では，その行動に対する人の態度の行動意図を決定する一つの要因について，計画行動理論を提唱した。図 3-4 に示すとおり，最初の 2 つの要因は，TRA（Fishbein & Ajzen, 1975）と同じである。認知された行動のコントロールである 3 つ目の要因は，ユーザが自分の行動をコントロールする可能性があると感じるかどうかである。この 3 つの要因から行動の達成の間に直接的な関係があることも示されており，同じレベルの行動意図をもつ人が 2 人がいた場合は，自分で行動をコントールできると感じている人のほうが，行動に移す可能性が高いということである。

　1989 年，Davis は，TRA や TRB を応用し情報システムや技術をユーザが受容することをモデル化するために TAM を提案した。図 3-5 に示すように，TAM はコンピュータの使用行動を説明している。TAM は，コンピュータの受容に関する一般的な決定要因を説明することで，広範なユーザ集団におけるユーザの行動を説明することを目的としていた。Marangunić らによ

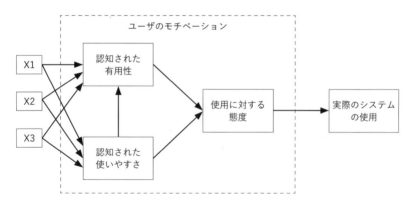

図 3-5　TAM モデル（Davis, 1989 を改変）

ると，Davis は，システムの実際の使用とは行動であり，その行動の説明と予測には TRA と TRB が適したモデルであると考えたが，それらに 2 つの大きな変更を加えた。1 つ目は，実際の行動を予測する際に，主観的規範を考慮せず，その行動に対する人の態度のみを考慮したことであり，2 つ目は，この態度を予測するために，「認知された有用性」と「認知された使いやすさ」という 2 つの異なる信念を特定したことである。認知された有用性とは，あるシステムを使用することで，潜在的なユーザの行動が改善されるという主観的な可能性を意味し，認知された使いやすさとは，潜在的なユーザが対象システムを楽に使えると期待している度合いを意味する（Davis, 1989）。あるシステムに対する人の信念は，TAM では外部変数と呼ばれる他の要因（図 3-5 の X1, X2, X3）によって影響を受けることがある。

　TAM はこの後，何度か拡張されていく。TAM 2（Venkatesh & Davis, 2000）では，導入前，導入後 1 か月，導入後 3 か月の 3 つの時点で，ユーザがあるシステムを有用だと感じた理由をより詳細に説明することで，認知された有用性に影響を与える変数を特定した。たとえば，ユーザが技術を使用するかどうかを決定する際の他者からの影響（主観的規範）や，その技術が要求されたタスクを適切に実行した程度（アウトプットの質）などが含

まれている。特に，ユーザの仕事上の重要な目標と，ユーザがシステムを使って仕事をした結果の一致度に対する評価が重要となっており，TAM 2は，自発的な環境と強制的な環境の両方で良好なパフォーマンスを示した。TAM3では，認知された有用性と認知された使いやすさの決定要因である，個人差，システム特性，社会的影響，促進条件の4つのタイプを用いたモデルとなった（Venkatesh & Bala, 2008）。TAM3では，認知された使いやすさから認知された有用性への影響と，コンピュータに対する不安から認知された使いやすさへの影響，そして認知された使いやすさから行動意図に対する影響が，経験によって調整されており，TAM 3は，IT導入に関する検討で用いられている。

　これまでのモデルや理論に基づき，図3-6に示す技術の受容と使用の統一理論としてUTAUTモデルが構築された（Venkatesh et al., 2003）。UTAUTでは，ユーザの行動意図の予測因子として，パフォーマンス期待値，努力期待値，社会的影響力，促進条件の4つを設定している。**3-3**で焦点を当てるが，これらのモデルはモビリティ技術にも応用されており，UTAUTを自動運転技術を用いた交通システムの受容に応用したMadigan

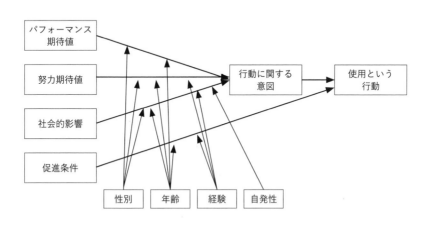

図 3-6　UTAUT モデル（Venkatesh et al., 2003 を改変）

ら（Madigan, Louw, Wilbrink, Schieben, & Merat, 2017）は，行動意図の予測因子の4つの要素の定義（Venkatesh, Thong, & Xu, 2012）を次のように説明している（彼らはこれにヘドニックなモチベーションを追加しているが，これは後述する）。

①パフォーマンス期待値：自動運転技術を用いた車両を使用することで，消費者の移動の活動にメリットをもたらす度合い

②努力期待値：自動運転技術を用いた交通システムを利用することで得られる楽さの度合い

③社会的影響：消費者が，重要な他者（家族や友人など）から，自動運転技術を用いた交通システムを使うべきだと思われていると感じる程度

④促進条件：消費者が，自動運転技術を用いた交通システムを使用するために利用可能なリソースやサポートについての認識（例：インフラ設計や実施戦略など）

また，これらの他，性別，年齢，経験，自発性などの4つの重要な調整変数も設定されている。一方でUTAUTは，その簡潔な構造と高い説明力のために強力なモデルであるかもしれないが，このモデルは，新たな関係を明らかにするかもしれない直接効果などの他の重要な因子を検討していない（Bagozzi, 2007）。

3-3

モビリティ技術の受容

前節で確認した個人の受容に関する心理的なモデルや理論は，モビリティ技術，特に自動運転の自動車（Autonomous Vehicle：AV）の受容に対して適用されており，ここではJingらの議論に基づき概説する（Jing, Xu, Chen, Shi, & Zhan, 2020）。彼らは，自動運転車の受容に関して心理的な要因を体系的に検討することを目的として，75の論文に基づき，自動運転車

の受容を予測する心理的要因とその影響をまとめている。自動運転車は比較的新しいモビリティ技術であるため、これらの論文に含まれるデータはすべて2013年から2015年までの5年間に取得されている。**3-2**で論じた行動に関する理論以外にも、心理学的な要因を検討した論文が存在し、それぞれで取り上げられた要因を整理した。行動に関する理論を用いた研究としては、TAMをはじめ、DIT、TRB、UTAUTなどが、自動運転車の受容に対して適用されており（たとえば、Petschnig, Heidenreich, & Spieth, 2014）、TAMは自動運転車の受容研究に頻繁に適用されていると報告している。そのうえで、自動運転車の受容の意図に与えることが有意に示された変数を整理しており、有意な結果が得られた論文の数が多い順に、認知された使いやすさ、認知された有用性、信頼、態度、社会的規範、認知されたリスク、そして互換性としている。自動運転車における認知された使いやすさに関しては、自動運転車は従来の車とはまったく異なる人間とのインタクションを要する可能性があり、そこでの操作については使いやすさに関する課題が存在すると思われる。いくつかの研究では、「認知された使いやすさ」が、受容の意図について直接的な予測因子であることが示されている（Acheampong & Cugurullo, 2019; Buckley, Kaye, & Pradhan, 2018; Panagiotopoulos & Dimitrakopoulos, 2018）。また、自動運転車における「認知された有用性」としては、ユーザ自身が運転ができないときにも移動ができたり、インターネットに接続された自動運転車によるさまざまな情報の提供の有効活用などが考えられ、これは自動運転車の受容にとって非常に強い予測因子であると結論づけている報告もある（Panagiotopoulos & Dimitrakopoulos, 2018）。この2つはコストとベネフィットという意思決定者におけるトレードオフであるとされている（Payne, Bettman, & Johnson, 1992）。すなわち、自動運転車の操作を学ぶことは一種のコストであり、一方で、有用性を得ることはベネフィットである。UTAUTにおけるパフォーマンス期待値は、技術が自分のタスクに対して何らかの成果をもたらすとユーザが信じている程度であることから、認知された有用性との類似性も指摘されており、これらの影響の共通点と相違点について今後比較する必要がある。

コンピュータの開発やロボット工学の発展により，自動化技術に対する信頼が注目されるようになり，自動運転車の受容にも導入されるようになってきた。「信頼」は自動運転車を導入しようとする意向に強く影響することが示されており（Choi & Ji, 2015; Buckley et al., 2018; Panagiotopoulos & Dimitrakopoulos, 2018; Xu, Zhang, Min, Wang, Zhao, & Liu, 2018; Zhang, Tao, Qu, Zhang, Lin, & Zhang., 2019），また，信頼は意図を直接予測するだけではなく，認知された有用性，認知された使いやすさなどを通じて，間接的に影響を与えることも報告されている（Buckley et al., 2018; Panagiotopoulos & Dimitrakopoulos, 2018; Xu et al., 2018）。あわせて，システムの透明性や技術的な能力などが信頼を促進することも報告されている（Choi & Ji, 2015）。「態度」は TAM において，信念と意図を調整する媒介要因とされており（図3-5），DIT においても，イノベーションの採用に関する意思決定は，潜在的なユーザの全体的な態度が影響すると論じられている（Rogers, 1962）。自動運転車の受容においても態度は非常に注目されており，強い要因であると報告されている（Piao, Mcdonald, Hounsell, Graindorge, Graindorge, & Malhene, 2016; Liu, Zhang, & He, 2019）。年齢に関しては結果は一致しないことがあり，若年層のほうが高齢者よりも肯定的な態度であるという報告（Liu et al., 2019）がある一方で，高齢者も高齢者が自動運転車に対して肯定的な態度をもっているとする報告（Hartwich, Witzlack, Beggiato, & Krems, 2019）もある。高齢者は若者に比べてリスクをとることに抵抗がある可能性や，高齢者が支援のために自動運転車などを使用する傾向が強いという可能性など，これらの結果の背後には多様な理由がある。「社会的規範」は，TRA や TRB で主観的規範とされたものであり，自分にとっての重要な他者が「自分はイノベーションを受容すべきだと思っているか」である。これも自動運転車の受容を直接予測することが報告されている（Salonen, 2018; Panagiotopoulos & Dimitrakopoulos, 2018）。「認知されたリスク」は，従来からイノベーションの普及を低下させる要因とされている（Ram & Sheth, 1989）。自動運転車の場合，インターネットに接続されていることによる個人情報の漏洩やセキュリティの存在などがリスクと

して考えられることがあるが，いまだにこれらのリスクは未知であるため，注目が集まっている。当然のことながら，認知されたリスクは自動運転車の受容の意図に強い負の影響を与える（Liu, Guo, Ren, Wang, & Xu, 2019）。認知されたリスクはすでに述べた信頼と関係することが報告されており，リスクを高く認知するほど信頼は低下し，逆に，信頼するほどリスクを低く認知する。「互換性」とは，イノベーションが潜在的なユーザの既存の価値観や過去の経験，ニーズと一致していると認識される度合いである（Rogers, 1962）。互換性は自動運転車に対する認知された有用性に強いポジティブな効果があると報告されている（Solbraa Bay, 2016）が，まだ十分に検討されていない要因でもある。自動運転車が人々のライフスタイルに適合していない場合，自動運転車が普及しにくくなることも想定されるため，今後の検討の余地がある。これらの変数の関連性をさらに詳細に整理したものを図 3-7 に示す。

　図 3-7 における実線の矢印は，2 つの変数間に有意な影響関係があることを示しており，双方向の実線の矢印は，変数間の相互の影響を示している。点線の矢印は Jing らによるとまだ研究されていない可能性を示している。彼らは以上のような行動に関する理論を用いていない自動運転車の受容

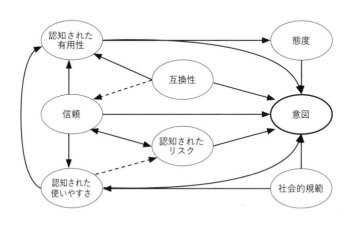

図 3-7　AV に対する受容の意図を予測する理論的な枠組み（Jing et al., 2020 を改変）

に対する要因も整理しており，その上位の6つが，安全性，性能に対する価格の比率，モビリティ，移動時間の価値，象徴的な価値，そして環境への配慮としている。「安全性」は特に，自動走行バスの場合，人間の運転手のように車内の乗客の安全を配慮した対応ができないのではないかという懸念が指摘されている（Piao et al., 2016）。「性能に対する価格の比率」としては，購入価格だけでなく，燃料費や維持費も含まれるが，従来の自動車と自動運転車の相対的な価格（Haboucha, Ishaq, & Shiftan, 2017）や，他者とシェアされる自動運転車のサービスなどに対する支払い価格の意思が検討されている（Bansal, Kockelman, & Singh, 2016）。「モビリティ」とは，ユーザの移動の容易さや便利さであり，自動運転車の場合には，飲酒時や病気や障害，運転免許証がない場合のモビリティの評価が注目されている（Payre, & Cestac, Delhomme, 2014）。また，ハンズフリーである自動運転車の場合には，移動時間中に他のタスクを実施できることが想定されるため，「移動時間の価値」の高さを感じる人ほど，自動運転車の移動時間の価値に関心が高い（Noruzoliaee, Zou, & Liu, 2018）。自動運転車を所有したり使用したりすることが，何らかの社会的地位や権力を象徴するという考えもあり，消費者の中には，将来「象徴的な価値」を求めて購入する人もいる可能性がある。最後に，「環境への配慮」は，自動運転車が温室効果ガスの排出量を削減し環境に対して優しい技術であると考えられることであるが（Piao et al., 2016），ハイレベルな自動運転車はまだ普及していないため，自動運転車が環境へ与える影響を予測することは現状では困難である。自動運転車技術はこれからますます発展していくため，これに対する受容は時間的に大きく変化することも特徴的である。さらに，自動運転車単体ではなく，これを利用したサービスや商品のあり方も多様化することから，以上で整理された要因以外の検討も今後必要となってくる。

　Jing らの議論から離れて個々の研究を概観すると，UTAUT のオリジナル版（Venkatesh et al., 2003）を用いて，ドライバー支援システムの安全速度と安全距離機能に対するドライバーの受容が検討されており，その結果，パフォーマンス期待値と社会的影響力はシステムの使用意図に影響を与える

が，努力期待値は影響を与えないことがわかっている（Adell, 2010）。また，フランスのラ・ロシェルとスイスのローザンヌで行なわれた試験の一環として，オリジナルの UTAUT を用いて，自動運転技術を用いた交通システムの受容を調査した結果, パフォーマンス期待値, 努力期待値, 社会的影響値が，これらの地域の自動運転技術を用いた交通システムに対するユーザの行動意図に影響を与えることが示された（Madigan, Louw, Dziennus, Graindorge, Ortega, Graindorge, & Merat, 2016）。これを受けて，先に触れた Madigan ら（2017）は，UTAUT モデルを拡張し，ギリシャのトリカラにおいて自動運転技術を用いた交通システムの使用意図に対する促進条件と，ヘドニックなモチベーションを追加で検討している。促進条件とは当該システムを使用するために利用可能なリソースとサポートに関する消費者の認識であり，ヘドニック（快楽的）なモチベーションとは，このシステムを使うことで得られる楽しさや喜びである。その結果, パフォーマンス期待値, 社会的影響, 促進条件, ヘドニックなモチベーションが，ユーザの行動意図に独自のポジティブな影響を与えており，その中でもヘドニックなモチベーションが最も強い予測因子であった。つまり, 使用意図に影響を与える最も重要な因子は，いかに楽しいと感じるかであることが示唆されている。このように，TAM や UTAUT といった既存の技術受容のモデルを，それぞれの文脈に応じて必要な要因を追加し，モデルを拡張して用いることが今後も必要と考えられる。

第 章

変容的経験としての自動車運転：
自動運転によって何が失われるのか

　　しかし，個人的な移動手段——私は主に自動車を意味しているのだが——に関しては，数値やデータはひどく不適切だ。なぜなら，自動車はそもそも完全に合理的なものではなかったからだ。ほとんどの人にとって自動車の購入がどの程度重要なことなのか，彼らの日々の生活で自動車がどの程度の役割を果たすのかを考えれば，ほとんどの人が自分の車を選ぶ際の根拠は，ひどく非合理的なものであり，人々が人生で行なう高額の購入についての非合理的な決定の中でも最も大きなものである確率が高い。このような非合理的な決定を人々は人生で複数回行なうことも多いのだ。　　　　　　　　　　　　　　　（Torchinsky, 2019, p.117）

　　自動運転機能のない自動車を所有し，運転するという選択，また自動運転車を所有し，移動手段とするという選択がどのような動機から行なわれるのかについては，すでに多くの研究がある。これらの研究では，自動車や自動運転車に社会的・個人的に付与される価値に動機づけられて，そうした選択が行なわれると想定しており，どのような価値が実際に動機づけに関係しているかが調査される。同時に，自動運転車を普及させるためには，自動運転車に社会的・個人的に付与される価値を増大させ，自動車よりも自動運転車を選択することをより合理的な選択肢にする必要があると考えられている。し

かし，そもそも自動車を所有し，運転するという決定を合理的に行なう人はどのくらいいるのだろうか。本章では，自動車を所有し，運転するという選択には，ある種の非合理性が存在すると論じる。より正確に言えば，自動車を運転するという選択は，運転に習熟するという経験の後に生じる変化を合理的に予測することができないままに行なわれるという意味で非合理的である。このように，現在の自分では合理的に予測できないほどに自分をまったく異なる存在に変化させてしまうような経験は，「変容的経験」と呼ばれる。自動車を運転するという経験は，そうした経験の一種である。その根拠となるのは，自動車の運転に習熟するという経験が，ドライバーの主体性の感覚の拡張をともなう独自の経験であるという点である。このため，運転に習熟するという選択，つまり，自動車を所有し，運転するという選択は，現在の自分の価値観から十分に合理化することはできない（合理化できるとしても，自己変化への価値という特殊な価値からのみ可能である）。本章の議論が正しいならば，自動運転車の選択を自動車の選択よりも合理的なものとすることで，自動運転車の普及を促進するという方向には，一定の限界があることになる。合理性を無視して，自動車を選択するという人々が一定数存在し続けると予想されるからである。

4-1

自動車の世紀の終焉

　20世紀は「自動車の世紀」だったと言われる。1885年にダイムラー（G. W. Daimler）たち，1886年にベンツ（K. F. Benz）が製造に成功した内燃機関としてガソリン・エンジンを搭載した自動車は，さまざまな技術的改良を重ねられつつ発達した。20世紀が進むにつれて，自動車の製造はより大規模に組織化され，多くの自動車メーカーは大企業へと発展することとなった。これにより，自動車は多くの国で主要な工業生産物となり，広く世界中に普

及したのである。さらに，自動車の製造から販売，使用，保障までのシステム化により，自動車は多くの他の産業や制度と密接に関連するようになった。たとえば，自動車の販売・修理のための産業と制度だけでなく，自動車の駆動に必要なガソリンの精製・移送や自動車の走行に必要となる道路建築・改修のための制度が整備された。さらに，運転免許の交付・管理制度，道路交通法に関する法制度，事故の防止と安全な運転を担保するための交通警察制度，自動車事故や損害について保険制度などの法的・社会的制度も整備されるようになった。また，自動車の生産と販売以外を目的とする周辺産業も大きく発達した。たとえば，自動車販売のための広告・マーケティング事業，自動車での旅行者のため旅行事業（駐車場，宿泊施設やサービスエリアの運営も含む），また自動車社会に合わせた都市設計や都市整備を手掛ける事業

表 4-1　自動車の社会的意味づけ（Urry, 2000, pp.57-58 ／吉原監訳，2006, pp.102-103）

工業製品	20世紀の資本主義内部の主要な生産セクターや大企業によって生産される工業製品である。
資本主義理解のための概念装置	フォード主義，ポストフォード主義などの20世紀の資本主義の発展と変化を理解するための概念的装置である。
個人消費の主要対象	自動車と関連する価値（スピード，住居，安全性，性的欲求，キャリアでの成功，自由，家族，男性性）を通じたステータスを所有者・使用者に与えるために，消費欲求の対象である。また，擬人的特徴（名前，性格，年齢）を付与するほどの愛着の対象である。
産業の結節点	製造業と周辺産業の技術的，社会的関係性によって構成される機械的複合物である。これらの周辺産業には，道路整備・管理，宿泊施設，サービスエリア，自動車販売業，修理業，郊外住宅建設業，観光施設，広告業，マーケティング業などが含まれる。
環境問題の象徴	自動車の製造，自動車交通のための道路・環境整備に用いられる巨大な資源と，また自動車普及の結果生じた資源の枯渇，大気汚染，騒音対策に当てられる巨大な資源から生じる環境問題の象徴である。
半プライベートな移動手段	徒歩，自転車，電車などの公共的な移動手段よりも優先され，仕事，家族との時間，休暇，快楽を促進し，また制約もする移動手段である。
成功した人生の象徴	社交性や成功した人生の文化象徴である。

である。これらの制度と産業は互いに関連し合い，巨大な経済圏を形成している。

さらに，自動車の開発と普及は，技術的，産業的，制度的，経済的変化だけでなく，それにともなう大規模な社会的，文化的変化ももたらした（Gössling, 2017; Dennis & Urry, 2009; Featherstone, Thrift, & Urry, 2005; Miller, 2001; Redshaw, 2008; Wollen & Kerr, 2002）。こうした変化の帰結の一つとして，自動車にはさまざまな意味や価値が社会的に付与されることとなった。たとえば，社会学者 Urry（2000）は，自動車が社会の中でどのようなものとして理解されるようになったかを分析し，まとめている（表4-1)[*1]。

このように，20世紀において，自動車は技術的革新，製造業だけでなく周辺産業も含めた資本主義社会，高い社会的ステータスや人生の成功の代名詞となった。同時に，自動車の開発，普及にともなう巨大な変化は，人類の合理的進歩の象徴とみなされることも多い（Redshaw, 2008, p.8）。この自動車のイメージは，自動車にGPSや自動運転システムなどの新しい装置が搭載され，さらに改良が重ねられている現在でも，依然として維持されていると言ってよいだろう。

しかし，自動車の生産・普及の歴史には，このような正のイメージを否定するような負の側面があることも確かである（Dennis & Urry, 2009）。まず，自動車開発の初期には，蒸気エンジン車，内燃エンジン車，電気自動車の開発が並行して行なわれていた。このうち，内燃エンジン車は最も遅くに製造され始めたものである。それにもかかわらず，内燃エンジン車のみが普及したのは，20世紀初頭にアメリカで大規模な油田がいくつか発見され，そのために安価となったガソリンが普及したからにすぎない。そして，ガソリンエンジンは戦車などの兵器にも搭載され，第一次世界大戦では大規模に使用

[*1] 自動車をとりまく産業, 制度, 社会, 文化は, 国や地域に応じて異なる（Miller, 2001）。このため，異なる国や地域では，自動車に社会的に付与される意味や象徴的意味にも相違が存在するだろう。

された。電気機関に比べ戦地での運用が容易だったことが，ガソリンエンジンの開発が重視された理由なのである。さらに，表4-1に「環境問題の象徴」という理解が含まれていることからもわかるように，ガソリンエンジン車の普及は，大気汚染，ひいては地球温暖化の原因となった。また，騒音問題や大都市での慢性的な渋滞，さらには交通事故といった問題も引き起こした。21世紀になり，環境問題への意識への高まりから，再び電気自動車への回帰が高まっているのは，なんとも皮肉な事実である。

　電気自動車だけでなく，自動運転車も，ガソリンエンジン車の抱えるこうした問題の少なくともいくつかを解決する手段として有力視されている。特に，自動運転車は手動運転車よりも交通事故を大きく減少させると期待されている。また，自動運転車はカーシェアリングの普及と同時に進められており，交通渋滞の緩和や環境問題への対処手段としても注目されている。いわば，20世紀から21世紀へのより合理的な進歩を示すという象徴的な役割を自動運転車は担っている。しかし，自動運転車がさらなる合理的進歩を象徴するものだとしても，それは必ずしも万人が従来の自動車に比べて自動運転車を選ぶようになるということを意味しないだろう。これらの人々が先に言及した自動車の問題点と自動運転車の利点を十分に把握したとしても，そうはならないと考えられる。自動車を自分で運転するという選択には，そもそもある種の非合理性が存在するからである*2。

　本章が論じるのは，この自動車を運転するという選択の非合理性である。自動車を運転するという選択は，運転に習熟するという経験の後に生じる変化を合理的に予測するができないままに行なわれるという意味で非合理的である。別の言い方をすれば，運転とは，現在の自分では合理的に予測できないほどに自分をまったく異なる存在に変化させてしまうような経験である。

---

*2　自動車を所有し，使用するという選択が，道具的価値（利便性）には回収できない象徴的価値，感情的価値によって動機づけられるという点は，しばしばその選択の「非合理性」として論じられる（Redshaw, 2008, ch.4; Gössling, 2017, ch.12）。**4-4** で述べるように，本章で主題となる「非合理性」はこの意味での「非合理性」とは異なる。

このような，合理的に予測不可能なほどに自分の存在を変えてしまうような経験は，「変容的経験（transformative experience）」と呼ばれる（Carel & Kidd, 2020; Lambert & Schwenkle, 2020; Paul, 2014）。本章の目的は，①自動車の運転を変容的経験として理解可能だということを示し，②そうした変容的経験の機会の損失という観点から，自動運転車の受容への抵抗の一要因を指摘することである。

　この目的のために，本章の議論は以下のように進む。**4-2** では，変容的経験がどのようなものかを解説し，科学技術が変容的経験をもたらす可能性を指摘する。**4-3** では，習熟したドライバーのもつ運転経験は，身体的に拡張された 2 種類の主体性の感覚をともなうものであり，このために変容的経験だと論じる。これが正しいならば，自動車を所有し，その運転に習熟しようとする選択には，非合理的な動機づけも存在することになる。**4-4** では，自動車使用と自動運転車使用それぞれについてのさまざまな動機を記述したうえで，自動運転車使用を自動車使用よりも合理的に受容しやすくするという方針には限界があると指摘する。自動車使用への動機には非合理的な要素があるため，その選択を撤回するように合理的な手段で促すことは困難だからである。このように，運転を変容的経験として理解することは，自動運転車の社会的受容の困難の一つの側面を考える視点を提供する。

4-2

変容的経験と科学技術

4-2-1　変容的経験とはどのようなことか

　本節では，変容的経験とはどのようなものかを解説し，科学技術が変容的経験をもたらしうることを指摘する。「変容的経験」とは，哲学者 L. A. Paul（2014）が『今夜ヴァンパイアになる前に（原題は *Transformative experience*)』で導入した用語である。我々は日々の生活の中で，さまざまなことを経験する。起床して朝日を眩しく感じるのも一つの経験であり，満員電車でぎゅうぎゅう詰めになって通勤するのも一つの経験である。しかし，こうしたごく当たり前の日常の経験の中には，それを経験した者を「変容」させる――すなわち，その経験をしてしまうと，もはやそれ以前とは同じではいられなくなってしまう――ものが含まれている。そのような経験が，「変容的経験」と呼ばれる。

　Paul によれば，変容的経験には，認識を変容させる経験（epistemically transformative experience）と個人を変容させる経験（personally transformative experience）の2種類がある。第1の変容的経験の例としてPaul があげるのは，ドリアンを食べるという経験である。ドリアンは「果物の王」とも呼ばれるが，その独特な匂いによって食べたことのない人も多い。ドリアンがどのような味をしているかは，実際にドリアンを食べてみないとわからない。実際にドリアンを食べれば，それまでは知らなかった，ドリアンの味がどのようなものかを知ることになる。もちろんドリアンだけではない。それまで食べたことのない食べ物を食べること，それまで嗅いだことのない匂いを嗅ぐこと，それまで見たことのない色を見ること，これらがどのようなものかを知るには，実際にその経験をするほかない。「経験は最良の教師である」という言葉があるが，ドリアンの味や匂いについて書籍やインターネットで情報を収集することはできるし，実際に経験した人から話を聞くこともできるだろうが，いくら情報を集めても，実際にその経験をしなければわからない要素が残る。こうした「それがどのようなものなのかを知るには，実際にその経験をするほかない」ような経験が，「認識変容的」な経験と呼ばれる。

　第2の変容的経験は，自分の価値観やものの見方に関わる。その例としてPaul があげるのは，自分の価値観やものの見方を変えてしまうような小説を読むという経験である。ドリアンを食べることで価値観が変わってしまうこともあるだろうが，おそらくそれはわずかな変化にすぎないだろう。しかし，ある小説を読むことは，自分のその後の人生を決定的に変えてしまうほど，価値観やものの見方を変える場合がある。もちろん，常に小説を読むこ

とがそのような影響を与えるわけではない。よりそうした影響を与える可能性が高い経験の例としてPaulがあげるのは，トラウマ的な経験や，大きな手術を受けること，オリンピックで金メダルを獲得すること，科学的な大発見をすること，自分の子どもが生まれることや子どもを亡くすこと，両親を亡くすこと，などである。こうした経験はどれも，明らかにその後の人生を大きく変化させる。これらの経験は，価値観やものの見方を変えてしまうためである。その変化は，「人が変わってしまった」という他者からの評価が適切なほど大きいかもしれない。また，他者だけでなく，自分がそれまでもっていた自分自身がどのような人間かという自己理解を大きく変えてしまうかもしれない。こうした「自分の価値観やものの見方を根本的に変えてしまう」ような経験が，「個人変容的」な経験と呼ばれる。

　同一の経験が，認識変容的であり，同時に個人変容的でもあるという場合もあるが，そうではない場合もある。ドリアンを初めて食べるという経験は，認識変容的であるが，価値観を大きく変化させるほどのものではなく，個人変容的ではないかもしれない。また，個人変容的ではあるが，認識変容的ではない経験もある。Paulが「個人変容的」と呼ぶ経験の中には，その経験自体は初めてのものではなくまったく新しくないという場合がある。たとえば，似たような経験をすでにそれ以前にしている場合などである。自分の価値観を大きく変えるような小説を読むことが，これに該当する。ある小説を読んで価値観が大きく変わった後，別の小説を読んで価値観がさらに変わるということはいくらでもありうるだろう。この場合，1度目も2度目も価値観は大きく変化しているが，以前に小説を読んで価値観が変わるという経験をしているため，そのような価値観を大きく変える小説を読むという経験がどのようなものなのかはすでにわかっている。つまり，2度目の経験は個人変容的であるのだが，認識変容的ではないのである。

　Paulが主に検討するのは，認識変容的であり，かつ個人変容的であるような経験である。親になることや，戦争で兵士として戦うこと，大学に行くことといった経験は，それがどのようなものであるのかは実際に経験してみないとわからないという点で認識変容的であり，その経験によって自分の価

値観，ものの見方，自分自身がどういう人間かの理解が大きく変わるという点で個人変容的である。以下では，「変容的経験」という用語を，主にこのような経験を指すために用いることにする。

　Paul が変容的経験に目を向ける理由は，それが我々の選択，決定の非合理性を示すものだからである。大学に行くことや親になることのような変容的経験をするという選択は，合理的に下すことができるとは言い難い。変容的経験をするという選択がなぜ合理的でないのかは，意思決定理論の枠組みで考えてみると理解しやすいだろう。標準的な意思決定理論では，合理的選択とは，最も高い期待効用値をもつ選択肢を選ぶことだとされる。とても単純な場面を例にしよう。コイントスをして表が出るか裏が出るかを当てれば100円をもらえるとする。このとき，可能な選択肢は2つ，すなわち，表に賭けるか，それとも裏に賭けるかである。それぞれの選択肢には結果がともなうが，結果が自分にとってどの程度の価値をもつかを数値化したものを「効用」と呼ぶ。コイントスの結果にともなう価値には，その喜びや悲しみ，緊張感などと結びついた感情的価値なども含まれるが，この場合，100円をもらえるかもらえないかという金銭的価値だけを考え，この額を効用とみなすことにする。もし表が出るとわかっているのならば，表に賭けるのが合理的なのは明らかだ。つまり，すべての情報が与えられているのであれば，最も効用が高い選択肢を選ぶことが合理的である。しかし，多くの場合，選択と結果の関係は確率的に予測できるだけである。もし表が出るか裏が出るかの主観的確率が五分五分なのであれば，表に賭けた場合の期待効用値——結果が生じる主観的確率に効用を掛けた値——と裏に賭けた場合の期待効用値はまったく同じになり，一方に賭けることが他方に賭けることよりも合理的とは言えなくなる。もし表が出る確率のほうが高いと予測できるのならば，表に賭けた場合の期待効用値のほうが高くなるため，こちらの選択肢を選ぶことが合理的となる。

　この例では，説明を単純にするために，表，裏に賭けるという2つの選択肢の効用を賭けの結果得られる金額によって考えた。しかし，意思決定理論の枠組みでは，選択肢にともなう効用は，必ずしも金銭的価値に限定されない。一般的には，効用は，それぞれの選択肢の結果に選択する人が付与する価値（そ

の人の「選好」と呼ばれる）の大きさに，数値を割り振ったものである。

　変容的経験をするという選択を合理的に行なうことができないのは，変容的経験の前後で，その人の価値観が大きく異なるものになるからである。親になるという決定を下すとき，我々はさまざまなことを考慮する。それには自分の今後のキャリアも含まれれば，夫婦関係，さらには生まれてくる子どもの将来も含まれる。しかし，親になることは個人変容的経験である。すなわち，その経験をした後の価値観やものの見方は，それ以前のものと大きく変わってしまう。したがって，親になるという決定を下す前にどれだけ熟慮を重ねても，親になる前の価値観のもとで下された決定にすぎず，親になった後の価値観のもとでは誤ったものとなるかもしれない。意思決定理論の用語で言えば，親になる前の選好と親になった後の選好はまったく異なっている。しかも，親になった後の価値観がどのようなものかを前もって知ることはできない。なぜなら，親になるという経験は，認識変容的でもあるからだ。認識変容的であるがゆえに，その経験がどのような経験なのか，その結果として自分がどのような人間になるのかを事前に知ることは不可能である。再び意思決定理論の用語で言えば，親になった後の選好を親になる前に知ることも合理的に予測することもできない。これが意味するのは，親になるという選択を行なった結果生じるさまざまな出来事の期待効用値を，選択の時点では比較するができないということである。

　このことから導き出される結論は，変容的経験をするかどうかの決定を合理的に下すことはできないということである。たとえ普段は特に合理的であることを意識せず生活している人であっても，自分の人生にとって大きな岐路に差しかかれば，可能なかぎり熟慮を重ね，最大限に合理的な決定を下そうとする。しかし，Paul によれば，そのような決定は，まさに変容的経験をするかどうかの選択であるがゆえに，合理的に行なうことは不可能なのである。

4-2-2　長期間にわたる変容的経験と科学技術

　変容的経験の中には，短期間で終わるものもある。ドリアンを食べること

やオリンピックで金メダルを獲得することはせいぜい数分の出来事だろうし，小説を読むことも数時間，あるいは数日で終わるだろう。戦争に行くことや大学に行くことはこれらよりは長期間だが，それでも数年で終わる。しかし，ずっと長期間にわたる変容的経験もある。親になることや結婚することが，そうした長期的な変容的経験である。

　親になることも結婚することも，その決定を行なう時点では，長期間にわたることが想定されている（したがって，結婚について「死が二人を別つまで」と言われたりする）。どちらの経験も認識変容的で個人変容的である（少なくとも1度目の結婚では）。その経験によって自分の価値観やものの見方は大きく変化し，その変化を事前に合理的に予測することはできない。短期間の変容的経験であれば，その前後での変化の程度には限りがあり，経験後の認識や価値観についても多少の予測は可能だろうが，生涯にわたるような経験では，それはほとんど不可能と言ってよい。その意味では，長期間にわたる変容的経験のほうが，合理的に選択するのがより困難である。

　また，短期間で大きな変化をもたらす変容的経験はそれほど多くないかもしれない（オリンピックで金メダルを獲得することはそれに該当するだろうが，多くの人が経験することではない）。しかし，大学に行くことや結婚すること，資格が必要な職に就くことのような，長期間でゆっくりと大きな変化をもたらすような変容的経験は，普通の人の人生でもさまざまな場面で起こりうる。

　こうした長期的な変容的経験の中には，科学技術によってもたらされるものもある。そうした例として Paul があげるのは，生まれながらの聴覚障害者が人工内耳のインプラント手術を受ける場合である（Paul, 2014, ch.3）[*3]。人工内耳により，聴覚障害者も——健常者とまったく同じというわけではないが——音を聞くことが可能になる。医学的観点からすれば，幼少期にイン

[*3] Paul の研究とは直接関係しないが，個人変容を引き起こすような経験という観点から技術設計を考えるという方向の研究は哲学外にも存在する（Kitson, Prpa, & Riecke, 2018）。

プラント手術を受けることで，健常者と音声でコミュニケーションするために必要な各種能力を早い段階で身につけることができると期待される。こうした背景により人工内耳のインプラント手術は徐々に広まっているが，聴覚障害者のコミュニティでは，インプラント手術の一般化に対しては強い反対意見が存在する。

　この反対の理由は主に2つである。第1に，聴覚障害者コミュニティは，手話をはじめとするさまざまな独自の文化を生み出してきた。たとえば，手話は日本語や英語のような自然言語の代替物などではなく，独自の言語だと主張されている。人工内耳インプラント手術が一般化し，手話を第一言語とする人が減少すれば，聴覚障害者コミュニティがこれまでつくり上げてきた文化の危機につながりかねないのである。第2に，人工内耳を装着したからといって健常者と同じになるわけではない。聴覚障害者であり続ければ聴覚障害者コミュニティに居場所を見つけることができるが，幼少時に人工内耳インプラント手術を受けてしまえば，聴覚障害者でも健常者でもない中途半端な立場になってしまうのである。人工内耳インプラント手術を受けないと宣言する人の中には，このような理由で，聴覚障害者コミュニティのメンバーであり続けるほうが好ましいと考える者もいる。

　Paul によれば，こうした聴覚障害者コミュニティに見られる人工内耳インプラント手術への反対意見を理解するために重要な点は，「恒常的に音が聞こえない」という経験の独自性である。まず，「音が聞こえない」ということは実際に体験しなければわからないという点で認識変容的である。次に，音が聞こえないことを実際に体験すれば，聴覚障害者への理解が深まるだろう。だから，「音が聞こえない」という体験は個人変容的でもある。もちろん，音が短時間聞こえないというだけでは，それほど大きな変化は生じないかもしれない。ここで重要なのは，単に「音が聞こえない」という経験ではなく，むしろ「恒常的に音が聞こえない」という経験である。何らかの原因で恒常的に音が聞こえなくなるならば，生活が大きく変わることは間違いない。それまで可能であったことが困難になるという変化もあるだろうが，新しいことを数多く経験することにもなるだろう。その結果，価値観やものの

見方は大きく変わることになる。「恒常的に音が聞こえない」という経験は，結婚することや親になることと同様に，長期間にわたるゆっくりとした変容をともなう経験である。

　逆に，「恒常的に音が聞こえる」のも変容的経験である。聴覚障害者にとって，「音が聞こえる」ようになることは，認識変容的であるはずである。そして，人工内耳を短時間装着するだけであればそれほどの変化は生じないかもしれないが，インプラント手術を受け，恒常的に音が聞こえるようになるならば，その人の生活は徐々にではあるが変わっていくだろう。人工内耳インプラント手術反対者によれば，インプラント手術により恒常的に音が聞こえるようになってしまえば，その人はもはや聴覚障害者コミュニティのメンバーでいることはできず，文化的アイデンティティを喪失することになる。つまり，「恒常的に音が聞こえる」という経験も，長期間にわたるゆっくりとした変化をともなう経験である[*4]。

4-3

変容的経験としての自動車運転

4-3-1　運転経験の多様性

　本節では，自動車を運転することは，人工内耳を装着することと同じく，科学技術による変容的経験であると論じる。より正確に言えば，運転に習熟したドライバーにとって自動車の運転は，それ以前にはもてなかった独自の感覚をともなうため，運転に習熟したドライバーになるという経験（あるい

[*4]　人工内耳インプラント手術の是非を決めるのが難しい理由の一つは，賛成意見と反対意見の間にはこのような変容的経験が関わるギャップが存在するからだと，Paul は指摘している。

は，より単純には，車を巧みに運転するという経験）は長期にわたる変容的経験である。人工内耳を装着し，恒常的に音が聞こえるという経験をもつことは，音が聞こえるという短期間の経験から構成される，長期にわたる変容的経験である。同様に，車を巧みに運転するという経験も，独自の感覚をともなう短期間の運転経験から構成される。しかし，運転に習熟したドライバーであっても，その運転経験が常に自己の拡張をともなうとは限らない。運転するという経験は一様なものではなく，①運転への習熟度，②車種・タイプ，③運転環境，④運転時の感情などの条件によって異なるからである[*5]。このため，運転経験を分析する際には，このような条件の相違を考慮しなければ，同じタイプの経験を分析していると言うことさえ難しくなる。そのため，本節ではまずこれらの条件を素描し，その後，習熟したドライバーが特定の条件下でもつ自己の拡張をともなう運転経験の特徴を分析することにする。

(1) 運転への習熟度

運転経験は，運転に不慣れな初心者ドライバーと運転に習熟し運転スキルの高いドライバーとでは，相当に異なる。ここで「運転スキル」と呼ばれているものは，単に車を操作するだけのスキルではなく，現実の交通状況下で適切な状況判断を行ない，安全な運転を実行するためのスキルである。実際には，このスキルには多くの認知的・行動的スキルが含まれる。運転に熟練するということは，車の移動に合わせて高速で変化し続ける路面や他の車，歩行者を含む交通環境，そしてそこに潜むリスクを適切に認識・予測し，それに応じてブレーキ，アクセル，ハンドルを手や足で操作し，安全な運転を継続するための一群の認知的・行動的スキルに習熟するということである（Groeger, 2000）。さらに，運転時に直面するさまざまな認知的タスクを遂

---

*5　運転スタイルや運転時の感情，また運転や車についての態度は，ドライバーの年齢，ジェンダー，性格といった属性によって相違する傾向がある（Gössling, 2017; Hole, 2019）。こうした点での相違は，運転経験の相違とも関連するはずであるが，ここでは直接論じない。

行する認知的スキルは，主に，①情報処理スキル，②自己調整スキル，③危険とリスクの知覚・予測能力，④安全性に関連する動機づけや態度に大別される（Harrison, 1999, p.10）。

　まず，運転中にドライバーは，自分の知覚器官だけでなく，車に搭載された各種のミラー，メーターやモニターを通じて，さまざまな情報を獲得する。これらの種類の異なる膨大な情報を，運転者は効率的に処理し続けなければならない。①情報処理スキルの高いドライバーとは，これらの情報の習得とその処理を効率的に行なうことができるドライバーである。次に，運転に関する認知的・行動的スキルは，常に適切に発揮されるわけではない。運転時の体調や長時間の運転の疲労によっても，十分に発揮することが難しくなる。②自己調整スキルとは，自分の運転スキルや運転パフォーマンスを正確に把握し，最適なパフォーマンスを発揮できるように適切な処置をとることができる能力を意味している。たとえば，特に警戒が必要でない環境下では緊張をゆるめて疲労を回避したり，疲労が深い場合には停車したりするなどの適切な処置をとることができることである。③危険とリスクの知覚・予測とは，安全な運転のために最も重要なスキルである。つまり，路面や周囲の交通環境に存在する事故の危険性やそのリスクを同定し，それを正確に見積もるための知覚と予測を適切に行なうことができることを意味している。また，運転者の中には，危険運転のスリルや他のドライバーへの迷惑行動に楽しみを感じる者もいる。そうした欲求を抑制し，安全性を重視する態度をもつことも，運転スキルの一部である。④の安全性に関連する動機づけや態度とは，危険運転や交通事故によって生じる損害を正しく認識し，それを回避するための適切な動機づけや選好を形成することができることを意味している。

　ただし，運転免許を取得後，車を運転する機会が増えるだけで，これらの認知的スキルが自然に向上するとは必ずしも言うことができない。運転に慣れるにつれて，状況確認，状況予測，安全感覚などについてのパフォーマンスが低下するという場合もある（Duncan, Williams, & Brown, 1991）。また，運転に慣れるにつれ，自分の運転スキルを過剰評価する傾向も生じ，危険運転を行ないやすくなる（Amado, Arıkan, Kaça, Koyuncu, & Turkan,

2014)。

(2) 車種とタイプ

　「自動車」と一口に言っても，形，大きさ，排気量の異なるさまざまな種類がある。さらに，乗用車として普及している小型・中型車に限定しても，セダン，クーペ，オープンカー，SUV などの車種（ボディタイプ）が区別される。また，それぞれの車種にも，走行性能だけでなく，外装，内装，各種アクセサリーが異なるさまざまなタイプがある。これらの相違は，車の走行性能だけでなく，居住性という意味でも異なる経験を生み出すはずである。また，このような自動車の多様性は，それぞれの自動車に社会的に付与される意味・価値にも影響を与える（自動車広告は，各自動車にそのような意味・価値を強調することで，購買意欲をかきたてるように意図されている）。単に走行性能の相違だけでなく，自分の車に付与される意味・価値の相違の結果として，ドライバーは走行スタイルを選択することが多い。走行性能や安全装置の性能が高い車を運転するドライバーは，制限速度の低い市街地の道路でもスピードを出したり，短い車間距離で走行を続けたりするなど，より危険な走行スタイルになりやすい傾向がある（Horswill & Coster, 2002）。また，スポーツカー，SUV，ピックアップトラックは，他の車種に比べ，リスクの高い運転が生じやすい（Wenzel & Ross, 2005）。したがって，車種やモデルの相違は，走行性能や居住性が異なるだけでなく，ドライバーへの心理的な影響という点でも，運転経験に相違を生み出すのである。

(3) 運転環境

　車での移動と一口に言っても，毎朝通勤のために同じ道を短時間運転する場合もあるだろうし，長い距離を横断するロードトリップのために，（休憩や宿泊をはさみつつ）長時間運転する場合もある。また，高い防音壁に囲まれた高速道路を運転する場合もあれば，風光明媚な海岸や雄大な山脈を眺めつつ運転する場合もある。さらに，渋滞した道路で前の車の挙動に注意をはらいつつ，停車と発進を繰り返す場合もあれば，信号もなく交通量も少ない

道路を自分の好むペースで運転する場合もある。こうした運転環境の相違が，異なる運転経験に直結することは間違いない[*6]。

（4）運転中の感情

　運転経験は，運転時にドライバーの頭をよぎる思考やドライバーが感じる感情とも一体化している。ドライブ中の思考については，ほとんど研究されていないが，運転中にドライバーがもつ感情については多くの研究がある（Gössling, 2017, ch.4; Redshaw, 2007, ch.4; Sheller, 2004）[*7]。運転中に生じる感情には，ポジティブなものもあればネガティブなものもある。ポジティブな感情には，運転の快感，充実感，熱狂，車への愛情，セクシャルな欲求，自分（の車）の優越感，環境への畏敬の念，車内で感じる安心感などがあり，ネガティブな感情には，事故への恐れ，運転のスリル，自分（の車）についての気恥ずかしさ，劣等感，他の車やドライバーに対する怒り，フラストレーション，羨望，嫉妬，軽蔑感などがある。これらの感情は，怒りやフラストレーションが乱暴な運転を引き起こすなど，運転スタイルにも影響を与える。運転時の感情は，単純に自動車の運転と周囲の環境に起因するのではなく，運転そのものや自分の運転する車に社会的に付与される意味・価値にも影響される。

4-3-2　自動車運転による主体性の感覚の拡張

　このように運転経験は多様なものであるが，運転に習熟したドライバーが，自分の運転スキルを十分に発揮し，車を自在に操ることができる環境下でも

[*6]　自分の車で移動するかしないかにかかわらず，長期的な旅の経験は大きな自己変化をもたらすこともあるために，変容的経験であると言うことができるかもしれない。旅の経験がどのような自己変化をもたらすのかについては，いくつか調査がある（Kirillova, Lehto, & Cai, 2017; Richter, Zimmermann, Neyer, & Kandler, 2021; Zimmermann & Neyer, 2013）。

[*7]　数は少ないものの，運転中に自分に起こる思考と感情を一人称的に記述し，分析した研究は存在する（Edensor, 2003; Pearce, 2016）。

つ経験は，他の種類の経験にはない独自性をもっている。以下で論じるように，この運転経験の独自性は，「身体的に拡張された主体性の感覚」「（身体的に拡張された主体による）共同主体性の感覚」という2つの独自の拡張された主体性の感覚をともなうという点にある[*8]。そして，このような運転経験の独自性によって，なぜ自動車を運転することが，それを経験しないかぎり合理的に予測できないような自己変化をもたらすのか，つまり，なぜ運転に習熟するという経験が変容的経験なのかを説明することができる。

4-2 で述べたように，Paul はさまざまな経験を変容的経験の例としてあげるが，どのような条件が認識的変容と自己的変容に必要なのかという点を十分に説明はしていない。自動車の運転に習熟するという経験が変容的であるということは，車に乗ればまさしく人が変わったように攻撃的になるという事例（Katz, 1999, ch.1）や，車購入後に車に中毒的な魅力を感じるようになり，依存するようになるという事例（Gössling, 2017, ch.11），「車マニア」「走り屋」などの車と結びついた社会的アイデンティティを強くもつ事例（Gössling, 2017, ch.11）があることからも，ある程度立証できるかもしれない。しかし，こうした変化が起こる要因には，運転に習熟した後の運転経験には拡張された主体性の感覚（the sense of agency）が含まれることが関係していると考えられる。主体性の感覚とは，簡略に言えば，認知や行動が自分のものであるという感覚である。拡張された主体性の感覚をともなう経験では，自分の認知や行動が通常の自分ではなく拡張された自分のものとして経験される。この意味で，巧みに車を運転するという経験は，他の手段ではもつことができない自己変化の感覚を含むため，長期的にはそれが価値観，また社会的アイデンティティの大きな変化につながると考えられるのである。さらに，以下で論じるように，運転に習熟した後の独自の主体性の感

[*8] 自動車と自動運転車の運転を，主体性の感覚という観点から比較した研究として，Kim (2021), Wen, Kuroki, & Asama (2019) がある。ただし，前者は共同主体性の感覚には触れておらず，後者はそれに触れているが，運転にともなう主体性の感覚を拡張されたものとして理解する観点からの研究ではない。

覚は，身体感覚・運動感覚の拡張を前提にする。これらの感覚の拡張は，そ
れを経験する前にはどのようなものかを正確に予測することができないた
め，認識的に変容的な経験でもある。

(1) 身体的に拡張された主体性の感覚

　運転に習熟したドライバーが車を運転する際に，ドライバーは車をその身
体の一部とし（embody），また車という物体の一部となる（embodied）と，
多くの論者が指摘する（Dant, 2004; Gössling, 2017, ch.3; Katz, 1999, ch.1;
Sheller, 2004; Thrift, 2004）。もちろん，ドライバー自身の身体が変化するの
ではなく，これが意味するのは，ドライバーの身体感覚や運動感覚が車を含
むように拡張されるということである。より詳細に言えば，ドライバーの感
覚的インプットは車自体が取り込んだ情報を含むように拡張され，そしてド
ライバーの操作という行動へのアウトプットも車自体の挙動を含むように拡
張される。たとえば，ドライバーは路面の凹凸を，単に車への衝撃としてで
はなく，自分の身体で感じるようになるし，対向車との距離も，単なる2つ
の物体間の距離としてではなく自分と対向車との距離として直接に見て取る
ことができるようにもなる[*9]。また，ドライバーが手でハンドルをわずかに
傾けるという動作は，車体がカーブを曲がるという行動となり，アクセルを
少し踏み込むという動作は，車体を加速させるという行動となる。ドライバー
の側，車の側で別々のことが行なわれるわけではなく，ドライバーと車が一
体化したかたちで，これらの感覚や行動が行なわれるのである[*10]。

[*9] 　自動車による身体の拡張はこのように知覚能力の拡張をともなうもので
あるため，車の運転は，知覚が身体化された認知であるということを示す
典型例として，特に現象学において注目されてきた（Dant, 2004; Gibson &
Crooks, 1938; Kim, 2021; O'Regan, Myin, & Noë, 2004; Pearce, 2016; Van Lennep,
1969/1987）。

[*10] 　このため，厳密に言えば，これらの感覚や行動の主体は，ドライバーでは
なくドライバーと車が一体化した融合物として理解するのが適切だと考える
論者もいる。この融合物としての存在者は，「運転者−自動車（driver-car）」
（Dant, 2004），「自動−自己（auto-self）」（Rendell, 2016）などと呼ばれる。

もちろん，ドライバーの身体感覚と運動感覚が車を含むように拡張されたとしても，それはドライバーがもともともっていた自分自身の身体感覚と運動感覚を失うということではない。ドライバーは指先にハンドルの硬さを感じているし，シートに触れている感覚も依然としてもっている。運転に不慣れな初心者ドライバーは，車との一体感を感じることができず，自分自身の身体感覚と運動感覚のみを直接的に感じる。他方，運転に習熟したドライバーはむしろ，車と一体化した身体感覚や運動感覚を直接感じるようになり，ハンドルやシートは注意を向けないかぎり直接的な感覚の対象とはならない。習熟したドライバーは，このような二重の身体感覚を切り替えたり，あるいは両方を同時に意識したりするということが可能になる。

　運転に習熟したドライバーが感じる身体感覚と運動感覚の拡張は，他の感覚の拡張もともなう。まず，自分の身体を動かす際には，身体が単に動いているという感覚ではなく，それを自分が自発的に動かしているという主体性の感覚が生じる。この主体性の感覚が生じる心理的メカニズムについては，いくつかの異なる説明が提案されているが，それらに共通する考えは，次のようなものである（Balconi, 2010; Pacherie, 2011; Haggard, 2017）。行為の実行時には，その行為の結果についての予測が行なわれ，この予測と実際の行為遂行の結果が一致する際に，主体性の感覚が生じる。さまざまな主体性の感覚についての説明で異なるのは，どのような情報がこの予測，結果，予測と結果の一致に関する情報処理に利用されるのか，どのようにその情報が処理されるのかという点である（Blakemore, Wolpert, & Frith, 1998, 2002; Frith, Blakemore, & Wolpert, 2000; Haggard, 2017）。たとえば，予測と結果が一致した，していないという情報処理が，知覚情報の処理として行なわれるという説明もあれば，内的表象に関わる高階の情報処理として行なわれるという説明もある。また，運動指令とその遠心性コピーという運動感覚の情報処理として行なわれるという説明もある。ここでは，この最後の説明だけを簡単に紹介しておく。行為しようという意図を実行する際には，運動指令が運動系に送られるが，この運動指令の遠心性コピーも同時に作成される。このコピーは，意図，知覚，記憶，固有受容感覚などさまざまな情報ととも

に内部モデルによって処理され，運動の結果生じる感覚フィードバックの予測が行なわれる。この予測が，運動系から運動後に送られてくる感覚フィードバックと比較され，一致していれば，その運動が他の原因によるものではなく，自分が原因になって生じたものであるという感覚，つまり主体性の感覚が生じる。

　熟練したドライバーのもつ主体性の感覚についての詳細な心理学的，脳科学的研究はほとんど存在しないため，ここでは仮説を素描することしかできないが，その方向は次のようになるだろう[*11]。先に述べたように，習熟したドライバーの身体感覚と運動感覚は，本来の自分自身のものと，車を含むかたちで拡張されたものに二重化される。この身体感覚と運動感覚の二重化は，主体性の感覚の二重化をともなう。つまり，車を運転する際に，ドライバーは指や足を動かす際の自分の身体運動に主体性の感覚をもつだけでなく，車の運動にも主体性の感覚をもつ。先に述べたように，身体感覚と運動感覚の拡張は，感覚的インプットと行動的アウトプットの範囲がドライバーの身体を超えて拡張することを意味している。したがって，運転時の感覚フィードバックの予測は，これらの拡張された感覚的・行動的情報を用いることにより，車体の運動と連動した車体からの感覚フィードバックの予測となる。この予測と実際の車体の行動が一致した場合に，車の運動が自分の自発的な運動であるという拡張された主体性の感覚が生じる。

(2)（身体的に拡張された主体による）共同主体性の感覚

　車を運転するという行為が，環境によって多様であることは先に述べたが，実のところ，車の運転が行なわれるほとんどの環境は，運転がドライバー（ないし，その拡張された自己）の単独の行為として行なわれるものではない。多くの環境下では，運転は自分だけでなく，他のドライバー（ないし，彼ら

---

* 11　Kim（2021）は，現象学の知見を用いつつ，運転時の身体的に拡張された主体性の感覚を心理学的に説明するための仮説を提示している。本章で素描した仮説は，用いている知見は異なるが，この説明と矛盾するものではない。

の拡張された自己）とともに，円滑かつ安全に走行するという共同目的のもとで，互いに協力しながら遂行される協力的行為である。たとえば，高速道路で安全な車間距離をお互いに保ちつつ走行するという行為は，前方を走る車と後方を走る車のドライバー同士が協力し合わなければ実現できない。前方の車のドライバーは，急にスピードを落とすようなことをせずに一定の速度を維持しようと意図しなければならないし，後方の車のドライバーも，急にスピードを上げたり，前方の車の速度よりもスピードを上げたりしないように意図しなければならない。また，車線の変更，交差点の通行，対向車とのすれ違いなど，他の車が近くに存在するほとんどあらゆる環境では，車の運転は他の車のドライバーとの協力的行為となる。協力的行為はさまざまな場面で行なわれるが，このようなドライバー同士の協力的行為は，ドライバー本人ではなく，その拡張された自己同士が協力し合うという独自の協力的行為である。

　協力的行為のためには，協力し合う行為者同士がその行為の目的を実現するための意図を共有する必要がある。そうした意図は，共同の最終目的を実現しようという長期的意図（distal intention）とその場の状況での当座の目的を実現しようという短期的意図（proximal intention）に大別され，前者は後者を含む。哲学者 Pacherie（2011）は，心理学的と認知科学の研究に

表4-2　短期的意図共有のための条件（Pacherie, 2011, pp.354-355）

自己予測	それぞれの行為者が当の状況下で自分の行おうとしている行為の結果を予測する
他者予測	それぞれの行為者が，他の行為者の行為，目標，そのための各行動の意図を読み，その結果を予測する
二項間調整	行為者それぞれが一方の行為が他方の行為にどのように影響しあうかを理解し，それぞれの行為を調整する
共同行為の計画	行為者それぞれが（部分的であれ），共同の最終目的実現のための副次目的間やそれを促進する事態間の順序を決定する
共同予測	行為者それぞれが双方の行為の同時遂行から生じる結果を予測する
三項間調整	行為者それぞれが共同予測を用いつつ，共同目的への進捗を監督し，（他者への補助も含む）次の行為を決定する

依拠しながら，短期的意図を共有するための条件として，表4-2の6つをあげる（ただし，やや簡略化した）。

　たとえば，ドライバーＡの車がドライバーＢの車の前方に向けて，円滑に車線変更するという共同行為を考察してみよう。この際，ドライバーＡは，円滑な車線変更という共同目的を実現しようという長期的意図から，さらにその実現のために必要な複数の短期的意図を形成する。自分の車のスピードを上げる，横の車線のドライバーＢの車を追い越す，そのまま十分な距離を保って車線変更する，などである。ドライバーＢも，ドライバーＡと共有する長期的意図を実現するために，自分の車のスピードを下げる，後方車との十分な距離を保つ，車線を保つなどの短期的意図を形成する。ドライバーＡとドライバーＢが，これらの互いの短期的意図を共有する際には，それぞれが以下のことを行なうことになる。

　①自己予測：自分の短期的意図を実行する場合の帰結を予測する
　②他者予測：他方の意図や行為を読み，その結果を予測する
　③共同行為の計画：円滑な車線変更の実現のために，どの行為を互いにどのような順番で実行するのかを決定する
　④二項間調整：互いのスピードや軌道を調整する
　⑤共同予測：その双方の調整から生じる結果を予測する
　⑥三項間調整：その予測から共同目的の実現に向けた次の行為を決定する
　こうした6つの活動は行為の中で繰り返され，そのたびにお互いの短期的意図も調整され，変化する。

　行為者が主体性の感覚をもつのは，行為前の予測と行為後の結果が合致したときであり，その合致の程度が高いほど，その感覚は強まる。Pacherieは，この見解を共同主体性の感覚（the sense of joint agency）にも適用する。この見解によれば，共同行為の遂行にともなう共同主体性の感覚は，単独の行為の場合と同様に，予測と結果の合致から生じる。ただし，共同行為には，自己予測，他者予測，共同予測という3つの異なる予測が関与しているため，共同体主体性の感覚がどのように生じるのかは，より複雑なものとなる。Pacherieによれば，共同主体性の感覚は，共同行為と共同予測との

合致から生じ，その合致の程度が高いほど，その感覚は強まる。しかし，共同予測は，自己予測によって予測される自分の行為と他者予測によって予測される他者の行為が同時進行的に行なわれた際に生じる帰結の予測であるため，共同主体性の感覚の発生は，自己予測と他者予測に依存する。

　強い共同主体性の感覚が生じるのは，共同予測，そしてそれが依拠する他者予測が高い信頼性をもつ場合である。Pacherie は，信頼性が高い共同予測をもつためには，予測を可能にする情報に加え，次の３つの能力が重要だとする。

　①他の行為者と同程度の環境知覚能力

　②他の行為者の行為と短期的意図を読み取る能力

　③自分と他の行為者のそれぞれの行為が，どのように共同目標の達成に貢献するのか理解する能力

　さらに，他者予測の信頼性は，他者予測を可能にするために利用可能な情報の量に応じても変化する。共同行為の遂行手順が各行為者に理解しやすいものである場合や，行為者が少人数で近距離に位置しているなどの理由で互いの行為が理解しやすい場合，共同行為内での役割分担が明確である場合，関与する各行為者の行動パターンについてあらかじめよく知っている場合は，信頼性の高い他者予測が可能となる。車を運転する際の共同行為の場合，共同行為に関与するドライバー，またその拡張された自己は互いに知覚可能な近距離に位置しており，（通常の状況下では）共同行為の遂行手順とそれぞれの役割分担もある程度限られたパターンに当てはまるため，他者予測は比較的信頼性が高いものとなるはずである（ただし，ほとんどの場合，共同行為をともに行なう行為者は見知らぬ他人であるため，その行動が正確に読めないという点では，信頼性は下がることになる）。

　Pacherie はさらに，共同主体性の感覚が強いものとなるためには，共同行為に関与する行為者の共同目的実現のための貢献が等しいものである必要があると指摘する。確かに，特定の行為者のみが共同目的の実現に主要な貢献を行なう場合，その行為者は共同主体性の感覚ではなく，自分の行為が目的実現をもたらしたという主体性の感覚を強くもつことになるだろう。先の

車線変更の事例でも，実際に車線を変更するのはドライバー A であり，ド
ライバー B の役割はその補助にすぎないため，ドライバー A は共同主体性
の感覚をもたないかもしれない。しかし，渋滞している道路で，どうしても
車線変更しなければいけないドライバー A の車を，ドライバー A とドライ
バー B が苦労しながら，なんとか車間距離を調整し，車線変更を成功させ
るような場合には，双方に共同主体性の感覚が生じるだろう。

4-4

運転経験の喪失と自動運転車の社会的受容

4-4-1　自動車を運転するという選択の非合理性

4-3 での議論が正しいならば，運転に習熟するという経験は，2 つの種
類の独自の主体性の感覚をともなう変容的経験である。運転に習熟するとい
う経験をこのように理解することは，自動運転車の社会的受容を考える際に
考慮すべき 1 つの視点を提供する。本節では，まず，このような運転につい
ての理解から，自動車を所有し，運転するという選択，つまり主要な移動手
段として自分の運転する車を選ぶという選択には非合理性が存在すると論じ
る。次に，この論点に基づき，自動運転車を所有し，主要な移動手段として
利用するという選択を合理的に動機づける困難さを指摘する。

4-1 で述べたように，自動車生産の大規模工業化が，深刻な環境問題や
根本的な制度的・経済的・社会的変化の大きな要因であることは周知の事実
である。このため，自動車に付与される意味や価値も，ポジティブなものば
かりではない。しかも，現代社会では，（極端に移動手段が制限される地域
を除き），自動車運転は他の多くの移動手段の中の一つにすぎない。にもか
かわらず，なぜ多くの人々は，依然として自動車を所有し，運転するという
選択を行なうのだろうか。

多くの研究によれば，人々が他の交通手段ではなく，自分の自動車での移動を選択するという行為は，自動車と結びついた「道具的価値」「感情的価値」「象徴的価値」という３種類の価値を求める動機から生じる（ただし，これらの価値は重なり合う部分もあり，完全に別種の価値というわけではない）(Fraedrich & Lenz, 2016; Gatersleben, 2014; Lois & López-Sáez, 2009; Steg, Bolderdijk, Keizer, & Perlaviciute, 2014)。まず，「道具的価値」とは，社会生活上の目的や必要性の実現に関わる価値を意味している。移動手段の選択にとって重要な価値には，移動時間の短さ，予定どおりに目的地に到着する信頼性，経済的コストなどがある。特に，毎日の通勤や通学に利用する場合，移動時間の短さを人々は重視し，それに応じた移動手段を選択する（Anable & Gatersleben, 2005; Brownstone & Small, 2005; Tertoolen, Van Kreveld, & Verstrate, 1998)。また，大学生がバス通学するのか，自動車で通学するのかという選択では，どちらの通学手段を好むのかという選好，どちらを行なうべきだという社会的規範意識，どちらのほうが容易かという利便性意識の３つの要因によって，選択が行なわれるという報告もある（Bamberg, Ajzen, & Schmidt, 2003)。さらに，環境問題への関心とそれに貢献できるという意識も，移動手段の選択に影響するとも報告されている（Collins & Chambers, 2005; Nilsson & Küller, 2000)。

次に，「感情的価値」とは，他の移動手段では感じることのできない車での移動，特に運転に特有のポジティブな感情のもつ価値を意味している。通勤や通学のためには，道具的価値を考慮して公共交通機関での移動を選択する人も，旅行に行く手段として，また休日の気晴らしのためには，自分の車での移動を好むという人が多い（Steg, 2003)。車での移動を促す感情的価値には，自分の好きなときに好きなところに行けるという自由さや，自立（independence)，自律（autonomy）の感情があると多くの研究が報告している（Hiscock, Macintyre, Kearns, & Ellawayal, 2002; Lupton, 2002; Mann & Abraham, 2006; Steg, 2005)。車の運転にともなうこのようなポジティブな感情は，車を運転することが単に移動の手段ではなく，それ自体を運転者が楽しんでいることを示している。さらに，車での移動にともなう感情は，

このようなその自由さに関わるものだけではない。車という閉じた個人的空間は，人と公共空間を共有し，社会の目にさらされる公共交通機関にはない安心感やくつろぎというポジティブ感情も引き起こす。こうした感情も，車での移動を選択する動機となっている（Mann & Abraham, 2006; Fraine, Smith, Zinkiewicz, Chapman, & Sheehan, 2007; Gardner & Abraham, 2007; Hiscock et al., 2002; Lupton, 2002; Mann & Abraham, 2006; Steg, Vlek, & Slotegraaf, 2001）。

　最後に，「象徴的価値」とは，車の所有に付与される社会的ステータス，社会的アイデンティティと結びついた価値を意味している。**4-1** で述べたように，車にはさまざまな意味や価値が社会的に付与される。そして，車の所有者にそうした意味や価値から生じるステータスやアイデンティティが与えられるだけでなく，それを所有者も求めるようになる。典型的には，経済的に裕福であり，幸福な人生をおくり，また幸せな家庭を築いているなどのステータスが，車の所有者には与えられる。さらに，車の所有者は，多種多様な車種・モデルから，自分の好みの車を選び，内装，外装も自分の好みに応じて変更することができる。ここから，車を自己のアイデンティティの表現とみなしたり，自己の不可分な一部であると考えたりする所有者もいる。このような車の所有が表わす社会的ステータスや社会的アイデンティティは，他の交通手段にはなく，車を所有し，それを用いて移動するという選択の動機の一つとなる（Gatersleben, 2011; Lois & López-Sáez, 2009; Steg, 2005; Steg et al., 2001）。

　道具的価値，感情的価値，象徴的価値それぞれを説明するために，さまざまな枠組みや理論が用いられる。しかし，価値の種類の区別に拘泥しないならば，意思決定理論の枠組みを用いて，次のように説明することもできる。自動車での移動に関するこれらのさまざまな価値（選好）を実現するという選択肢，つまり車で移動するという選択肢を選択することは，この選択肢が他の選択肢よりも高い期待効用値をもつならば，合理的な選択となる。ただし，**4-3** の議論が示唆するように，車の運転が変容的経験であるということを考慮しなければならない。初めて車を所有し，路上で運転を始める前で

さえ，車を運転するという経験がどのようなものなのか，またそれにどのような価値があるのかをある程度学習する機会は，確かにあるかもしれない（教習所での訓練で，運転経験をもつこともももちろんあるだろう）。しかし，車の運転に習熟することは，身体的に拡張された主体性の感覚と共同主体性の感覚をともなう独自の変容的経験である。この変容的経験は，認識変容的であるだけでなく，個人変容的でもある。つまり，その経験をもつ前には合理的に予測できないかたちで，自分の価値観（選好）を変化させる。たとえば，これまで自室での読書を好んでいた人でも，車の運転に習熟した後は，車を運転して遠くの街まで行くことを好むようになるかもしれない。他にも，それまでの自分ではまったく合理的に予想できないような価値観をもつことになる可能性がある。また，ある程度車の運転に習熟した人でも，異なる車種・モデルに車を買い替えたり，より運転スキルが向上したりすれば，運転経験も変化するため，それまでは合理的に予測できなかったかたちで価値観が再び変化するかもしれない。また，そうした変化が起こらない場合でも，運転に習熟した人にとっては，運転時の拡張された2種類の主体性の感覚が，以前は予想できなかった感情的価値となる可能性もある。

　自動車の運転に習熟するという経験が変容的であるということが正しいならば，自動車での移動を選択するという決定には，ある種の非合理性が存在するということになる。先に述べたように，自分が現在もっている選好（また，将来の自分がもつと合理的に予測可能な選好）が実現される期待値が高い場合には，車での移動を選択することは合理的である。しかし，車での移動を選択した後に，自分の選好がどのように変化するのかという点については，完全に合理的に予測することはできない。ましてや，この選好の変化は，現在の自分がもっている選好（また，将来もっと合理的に予測可能な選好）を放棄することを含むかもしれない。したがって，意思決定理論の枠組みでは合理的とは言い難い要素が，車を所有し，運転するという選択には存在するのである。

　ただし，意思決定理論の枠組み内でこの選択を合理的であるとみなしたいならば，次のように考えることができる。Paul によれば，変容的経験を

もつという決定が合理的であるのは，他の選好よりも，どのような変化か現時点ではわからないものの，自己を変化させたいという選好の実現の期待値が高い場合である（Paul, 2014, ch.4）。どれほど多くの人がこのような選好を実際にもつのかは経験的に調査される必要があるが，車を運転するという決定はこの意味で合理的である可能性はある。注意する必要があるのは，このような選好に反映される価値は，未知の自分に変化することに付加される価値であり，車の移動のもつ道具的価値，社会的価値，象徴的価値とは異なる種類の価値だという点である（Paulは，このような価値を「啓示的価値」と呼ぶ）。

4-4-2　自動車運転の非合理性と自動運転車の社会的受容

　このように，車での移動を選択することは，現在の選好に関わる期待効用値を最大化するものではないという意味で非合理的な選択であるか，自己変化への選好の実現が大きな期待値をもつ場合のみ合理的なものとなるという特殊な選択である。この点は，自動運転車の社会的受容を考える際に考慮すべき一つの視点を提供する。

　まず，自動運転車を所有する・移動手段とするという選択がどのような価値観から行なわれるのかをまとめておく。この点については，すでに多くの調査が存在する（Gkartzonikas & Gkritza, 2019; Nordhoff, Kyriakidis, Van Arem, & Happee, 2019; Jing, Xu, Chen, Shi, & Zhan, 2020）。ただし，完全運転自動化は現時点では通常の道路環境では実現されておらず，より低次のレベルの自動化を実装した車もまだ普及していないため，自動運転車を経験した人々を対象とする調査は少ない。いずれにせよ，車移動の選択について調査の場合と同様に，自動運転車の選択についても，道具的価値，感情的価値，象徴的価値という3種類の価値から考察することができる。

　自動車の運転と自動運転車への乗車に共通する道具的価値とみなすことができるのは，安全性，経済的コスト，移動時間である（ただし，自動運転車の安全性についての見積もりは，人によって異なる）。自動運転車だけ

がもつ道具的価値として，モビリティ，環境保護があげられる（Jing et al., 2020）。ここでのモビリティとは，移動機会の拡張を意味している。自動運転車を所有すれば，たとえば，アルコールを摂取した場合や身体上の理由で運転ができなくなった場合でも，自動車の場合と同様に移動が可能となる。このモビリティは，自動運転車の受容の理由の一つとなる（Payre, Cestac, & Delhomme, 2014）。また，環境負荷の軽減を意識する人は，自動運転車を受容する傾向にある（Berliner, Hardman, & Tal, 2019; Wu, Liao, Wang, & Chen, 2019）。

　自動運転車は，その自動化の程度が高度になるほど，運転の喜びは減少するため，運転にともなう自由，自立，自律という感情的価値は下がる。この点が自動運転車の受容にとって問題であることは予想されていたが，事実それを示す調査結果はすでにいくつか存在する（Hartwich, Beggiato, & Krems, 2018; Hohenberger, Spörrle, & Welpe, 2016; Kyriakidis, Happee, & De Winter, 2015; Rödel, Stadler, Meschtscherjakov, & Tscheligi, 2014）。ただし，自動運転車の内部の空間は，運転機器を置く必要がないため，より快適になり，安心感やくつろぎという感情的価値は高まる可能性がある（他方で，位置情報や交通情報を外部と常時交換するため，これらの感情的価値が相殺される可能性もある）。象徴的価値については，自動運転車はまだ社会に普及しておらず，その所有者の社会的価値やステータスもまだ確立されているとは言えない。しかし，社会的影響力や流行の先端をいくという象徴的価値が，自動運転車を購入するという選択の理由になるという報告がある（Panagiotopoulos & Dimitrakopoulos, 2018; Zmud & Sener, 2017）。

　自動運転車の開発と使用のために，技術開発だけでなく，法制度，社会制度の整備が現在進められている。自動運転の性能を上げるとともに，コストを下げ，その使用のための諸制度の整備することは，自動運転車の普及のために必要である。また，これらの情報を人々に正確に伝えることは，人々が自動運転車に付与する道具的価値の上昇に影響する。さらに，自動運転車の社会的受容のためには，それに付与される象徴的価値，感情的価値を高めることも必要である。自動運転車の普及を促進するために，自動運転車の社会

的受容の条件については，社会学・心理学などの分野でも研究されている。これらの研究は基本的に，自動車に関わる道具的価値と象徴的価値を低下させつつ，自動運転車に関わる道具的価値と象徴的価値を上昇させるとともに，自動車に関わる感情的価値に由来する自動運転車への感情的抵抗を減少させるための方針を探すものである。つまり，自動運転車に関わる選好を上昇させ，それを選択することがより合理的であるという状況を目指すために，社会学・心理学的な知見が用いられるのである（Bissell, Birtchnell, Elliott, & Hsu, 2020; Gössling, 2017, ch.11）。

　しかし，自動車を所有し，運転するという選択は所有前の選好によって合理化されるものではない，あるいは合理的であるにしろ自己変化への特殊な選好に動機づけられたものであるという本章の主張が正しいなら，現状の研究が目指す社会変化には限界があることが指摘できる。その理由は，自動運転車に搭乗するという経験は，一部の運転を自分で行なうとしても，2種類の主体性の感覚をともなう自動車を運転するという経験とはかなり異なると予想されるからである。どのような自動運転レベルのものであるにせよ，自動運転車を使用する場合には，その設計上必然的に，身体的に拡張された主体性の感覚と共同主体性の感覚という2種類の独自の感覚が，自分ですべての運転タスクを担当する場合よりも低下するはずである。

　まず，自分で運転を担当する頻度や担当タスクが減少することが，身体的に拡張された主体性の感覚を低下させることは間違いない（Kim, 2021; Wen, Kuroki, & Asama, 2019）[*12]。また，共同主体性の感覚も低下するはずである。なぜなら，ACC（車間距離制御装置），ITS（高度道路交通システム）というレベル1，レベル2の自動運転機能は，車間距離を一定に保ったり，

[*12]　自動運転車の使用に関して主体性の感覚が重要となる理由の一つは，行為を行なう際の主体性の感覚は，その行為に対する責任感と密接に関係しているからである。したがって，自動運転車の挙動に対する責任感を運転者が失わないように自動運転車を設計するために，主体性の感覚が注目されている（Kim, 2021; Wen et al., 2019）。

他車と同じ車線に合流したり，追い越したりするという他のドライバーとの協調的行為を，車のシステムが部分的に代行するための機能だからである。さらに，レベル3以上の自動運転では，システムがドライバーの側に介入し，手動運転への指示を要求する。この場合，運転の主体はシステムにあり，ドライバーはそれに従属する役割を担うことになる。このため，レベル3以上の自動運転車の運転は，主体性の感覚を低下させるだけでなく，むしろ阻害するものとなる可能性が高い。これらの理由により，レベルが上がるほど，自動運転車に搭乗するという体験は変容的経験であると言うことが難しくなる。

　自動運転車の搭乗にともなう経験が変容的経験でないならば，自動車を主要な移動手段とするという非合理的な決定を行なおうとする人々に対しては，その選択を合理的な手段で変化させるのは容易ではないと考えられる。この決定を，子をもち，親になるという決定と比較してみよう。少なくとも日本では，育児のための社会制度は充実しているとは言えず，育児に関するジェンダー的偏見も根強いうえに，家計の中での育児費の負担も増加している。そのために少子化が進行しているが，どれだけ負担が大きいとわかっていても，親になるという決定を行なう人は一定数存在し続けるだろう。同様に，自動運転車に関わる価値が自動車に関わる価値よりも大きいということがわかっていても，自動車を所有し，運転するという決定を行なう人は一定数存在し続けるだろう。子をもつという経験，運転に習熟するという経験は変容的であり，完全に合理化できない要素が存在するからである。ただし，もちろん，現在行なわれているように，特に事故リスクの減少や環境保護という自動運転車に関する道具的価値を高め，それについての情報提供を行なうことは，合理的な選択をする人をある程度増やすという効果はあるだろう。

　次に，自己変化への選好によって自動車での移動を選択する人々に対しては，自己変化を含まない自動運転車を選択するように選好を変化させることはなおさら容易ではないと考えられる。自動運転車に搭乗するという経験が変容的経験でないならば，自動運転車を選択することによって自己変化が実現するという期待効用値は，自動車を選択する場合よりも当然ながら低くな

る。しかし，自動運転モードと手動運転モードの切替が可能であったり，主体性の感覚を維持したまま自動運転車に搭乗可能であったりするならば，自己変化への選好を維持したまま自動運転車を選択するような移行を促すことは可能かもしれない*13。

　本章では，運転に習熟するという経験は主体性の感覚の拡張をともなう変容的経験であると指摘し，そのために車を所有し，運転するという決定は，非合理的なものであるか，合理的であるにせよ自己変化への選好に動機づけられた特殊なものであると論じた。この議論の帰結は，車を所有し，運転するという選択肢ではなく，自動運転車を所有し，搭乗するという選択肢を合理的に動機づけることはそう容易ではないというものである。自動運転車には，自動車にともなう感情的価値，象徴的価値がともなわないことから，自動車から自動運転車への移行には，すでに一定の抵抗が存在することが予想されている。自動運転モードと手動運転モードの切替が可能である自動車の使用へ移行を促すことはできるかもしれないが，自動運転モードが期待されるほど頻繁に用いられない可能性がある。そして，この抵抗は，自動運転のレベルが高まるほど強まると予想される。このような抵抗を緩和し，自動運転車を所有したり，カーシェアリングで利用したりするという人を増やすために現在検討されている主要方針は，自動運転車の所有・利用の価値を高めるとともに，その価値を人々に受容してもらい，人々の選好を変えるという方針である。つまり，自動車を使用するという選択以上に自動運転車を使用

---

*13　レベル3以下の自動運転車に搭乗する際には，車のシステムと共同で車の運行を行う必要が生じる。これをシステムとの共同行為とみなすならば，共同主体性の感覚が生じるかもしれない（Wen et al., 2019）。これは，**4-3** で述べた拡張された自己同士による共同行為ではなく，人間ではないものとの共同行為という特殊なタイプの共同行為である。すでに，機械やシステムとの共同行為は日常生活に浸透しているが，自動運転システムとの共同行為は，多くの人にとっては未知のものである。そのため，この共同行為の経験が変容的経験となる可能性はあり，それによる自己変化への選好から自動運転車を選択する人も現われるかもしれない。

するという選択の合理性を高めるという方針である。本章の議論が正しけれ
ば，この方針には一定の限界があることが示唆される。自動車を運転すると
いう選択の背後にあるのは，自己変化を求め，現在の選好とは無関係な選択
を行なう人間という存在の非合理性だからである。

第 **5** 章

モビリティと情報通信技術

5-1

情報通信技術の進展

5-1-1　世界における ICT の進展

　情報通信技術（Information Communication Technology：ICT）は，人類の行動範囲や社会規模の拡大による遠方への連絡手段の重要性の高まりから，発展を遂げてきた。ここでは，ICT の歴史を中野（2020）を参考に簡単にまとめる。古くはのろしや手旗信号，郵便などがあり，電気を使った通信技術（テレグラフ）は，モールス信号でおなじみのサミュエル・モールス（S. Morse）が 1837 年に実験を成功させたのが始まりである。テレグラフはもともと民間の事業社が運営を始めたこともあり，政治や軍事といった利用だけではなく，同業他社より早く各地の情報を集める必要がある新聞社などの民間でも利用されるようになった。テレグラフの発明からおよそ 40 年後の 1876 年，アレクサンダー・グラハム・ベル（A. G. Bell）は電話を発明し，口頭でのコミュニケーションが可能となった。アメリカで運用を始めた当初の電話は，2 地点間を電信線で結ぶものであったため，企業と経営者の自宅や事業所間での利用から受け入れられ始め，その後，電話交換機の導入により，医者や病院，弁護士，馬車業者など小規模事業者の営業に利用されるよ

うになり，電話は徐々に普及していく。ベルの特許が切れた後，電話業者が増えたことで価格競争が起こり，一般市民の利用も増加していった。

電話の普及によりテレグラフの利用は下り坂となる。テレグラフでは伝える内容をコード化して電信する電信士を介する必要があり，文字数に応じて費用がかかるため，伝えたいことを相手に直接話すことができる電話は，テレグラフの需要を奪っていった。それだけでなく，不要不急のコミュニケーションでも大いに利用されるようになり，需要を拡大していった。

5-1-2 日本における ICT の進展

日本における電信技術の始まりは，ペリーが 2 度目に来日した際に徳川幕府へテレグラフを献上した 1854 年である。その後，1869 年（明治 2 年）に東京－横浜間で電信線が開通し，1870 年には日本初の電信サービスが提供

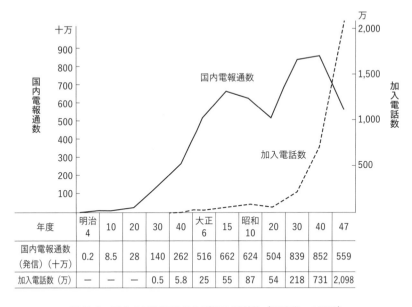

年度	明治4	10	20	30	40	大正6	15	昭和10	20	30	40	47
国内電報通数（発信）（十万）	0.2	8.5	28	140	262	516	662	624	504	839	852	559
加入電話数（万）	—	—	—	0.5	5.8	25	55	87	54	218	731	2,098

図 5-1　国内の電報通数および加入電話数（総務省，1973）

された。1882年の全国幹線通信網の完成後も，徐々に電信網は広がり，テレグラフ（いわゆる電報）の利用も増加した。1970（昭和45）年頃には1年で約9000万通の通信が行なわれるほど広がりを見せたが（図5-1），その後，海外での事例と同様に，電話の普及により電報の利用は減少し，緊急時の連絡手段から，葬儀や結婚式などで送る儀礼的なものへと変わっていった。

　テレグラフが日本でサービスを提供し始めた20年後の1890年，電話サービスが東京－横浜間で開始された。当初の加入数は，わずか197世帯で，加入者は省庁など政府関連施設，銀行，新聞社や通信社などが主であった[*1]。日本の電話の加入者数は一般市民に普及したことで，1939（昭和14）年に100万件を超えた。戦争をはさみ，加入者はおよそ半分に減少したものの，戦後は技術革新が進み，交換手のいらない電話や，伝送品質の改良などがなされ，1962年にはいわゆる「黒電話」が一般家庭にも普及していった。固定電話加入者数は1998年頃には6000万を超えたが，それ以降は年々減少傾向を示している（図5-2）。

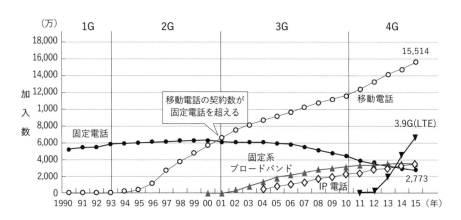

図 5-2　通信サービス加入者の推移（総務省，2015 より作成）

＊1　TIME & SPACE by KDDI ホームページ　https://time-space.kddi.com/it-technology/
20191023/2765［最終閲覧日：2022年2月14日］

5-1-3　携帯電話の進化と利用

　固定電話を減少傾向に導いたのは，携帯電話である（総務省，2020a）。固定電話は家族や会社のメンバーから個人につなぐ必要があり，みんなで利用する共用物であったのに対して，携帯電話は個人に直接つながることができ，移動中でも出先でも利用することができる。テレグラフが固定電話の便利さとプライベート性により取って代わられたように，携帯電話の便利さと高いプライベート性は固定電話を減少させる要因となっている。

　携帯電話は通信技術の発展とともに進化を遂げており，1991 年頃に登場した第一世代移動通信システム（ワンジー；1G）を利用した超小型携帯電話（mova）により徐々に利用者が増える。1993 年頃には，アナログ方式からデジタル方式となった第 2 世代移動通信システム（ツージー；2G）が始まり，通話だけではなく，データ通信も可能となった。携帯電話から電子メールが送れるようになり，口頭でのコミュニケーションだけでなく文字によるコミュニケーションも可能となったのである。2001 年から始まった第 3 世代移動通信システム（スリージー；3G）では，2G と比べ高速大容量の通信が可能であり，カメラ付き携帯電話で撮影した画像を電子メールで送信したり，ゲーム等の多彩なコンテンツが利用できるようになった。この時代から，携帯電話が情報通信のためだけの端末から，遊ぶことや調べることもできる端末，スマートフォンへと進化していく。2010 年からの第 4 世代移動通信システム（フォージー；4G）では，3G よりさらに高速で大容量を送受信できるようになり，映画や音楽のオンラインでの視聴や動画投稿サイトなどの多彩なコンテンツを楽しむことができるようになった。

　このように，1 対 1 のコミュニケーションをサポートするツールから生活をサポートするツールへと進化を遂げたモバイル端末の個人保有率は，

　2019 年時点で携帯電話を含めると 81.1%（総務省，2020b）であり，ほとんどの人が持っている必需品となっている。また，平日のモバイルネットの平均利用時間は，2012 年の 37.6 分から，2019 年には 85.4 分と 50 分ほど上昇しており（総務省情報通信政策研究所，2020），現代ではモバイル端末は

生活になくてはならないツールとなっていることがうかがえる。

5-2

実空間活動とサイバー活動

5-2-1　モビリティと ICT の関係

　インターネットやパソコン，スマートフォンなどの ICT が十分普及した現在では，それらがモビリティと関係していることに異議を唱える人はいないであろう。オンラインショッピング，目的地への行き方や次の旅行先の検索，高速道路利用時には ETC を利用した決済と ICT はさまざまな点でモビリティに影響を及ぼしている。

　モビリティと ICT の関係を類型化した最初の研究は，1986 年に発表された Salomon（1986）の論文である。Salomon によると，ICT とモビリティとの関係は，「代替」「促進」「補完」の 3 つに分類できる。「代替」とは，移動する代わりに ICT を用いることである。たとえば，**5-1** で紹介したテレグラフや電話，電子メールは代替である。移動して情報を交換する代わりに，ICT を使って移動するよりも早く情報を得ることができる。テレビショッピングやオンラインショッピング，2020 年の新型コロナウイルスによる外出規制により活用が進んだ，テレワークやテレビ会議，オンライン講義も代替のわかりやすい例である。

　2 つ目の「促進」は，ICT により移動を促す影響のことである。ICT がなかったら，移動が起こらなかった場合が「促進」である。テレビ番組やウェブサイトなどで紹介された場所に人が集まるのも促進の例と言える。最近では，SNS の効果でガイドブック等では紹介されていなかった，意外な場所に日本を旅行する外国の人たちが訪れるようになったということも聞く。ポケモン GO といった，リアルな移動を活用したゲームコンテンツも移動を促進し

た例と言える。

　3つ目の「補完」は，ICTが移動を便利にする効果のことである。ITS（Intelligent Transport Systems：高度道路交通システム）と呼ばれる，渋滞情報などの道路交通情報の提供や，バス停でバスの接近情報を知らせるバスロケーションシステム，ICカードやETCによる料金決済の自動化などがあげられる。さらに，MaaS（Mobility as a Service）と言われる，出発地から目的地までの交通機関の予約や決済まで可能なアプリも補完の例であり，海外ではすでに導入され始めている。なお，MaaSについては第6章を参照されたい。

5-2-2　モビリティとICTの代替性

　本項以降は，モビリティとICTの3つの関係のうち，「代替」を取り上げる。「代替」としてのICTの活用はテレグラフの頃から行なわれているが，環境問題や渋滞などモビリティがもたらす負の側面を解決する方法として積極的に活用する初期の施策は，1980年代中頃のカリフォルニアにおける渋滞対策としてのテレワークの推奨である。当時，テレワークに必要なICTは技術的にも普及状況も十分ではなかったため，テレワークは期待されるほど普及しなかった。しかし，現在では，通信速度の向上や，オンライン会議システムやクラウドサーバによるファイル共有などのICTツールの充実，ICTに慣れ親しんでいるデジタルネイティブの増加などにより，移動の代替としてのICT利用はますます増えていくと考えられる。では，どの活動がICTを活用して行なわれ，どの活動が移動をともなう活動となるのであろうか。この問いを，ICTを用いた活動（以降，サイバー活動）と移動をともなう活動（以降，実空間活動）の選択問題と捉え，比較していきたい。

　伝統的な交通行動分析における移動は，買い物や仕事などの本来の目的を達成するための活動（本源活動）を行なうためにしなくてはいけないもの（派生活動）であり，費用や時間は少なければ少ないほどよいと考えられてきた。移動手段の選択問題では，どの移動手段を使っても本源活動がもたらすうれ

しさ（効用）は同じと仮定できるため，各移動手段の費用や時間などの負の効用を比較し，少ないものが選択される。実空間活動とサイバー活動の選択についても，効用が実空間活動とサイバー活動で同等であれば，ICT利用と移動にかかる費用を比較し，より少ないほうが選択されることになる。しかし，実空間活動とサイバー活動の関係はそれほど単純ではないと考えられる。

　図5-3に，実空間活動とサイバー活動の効用の枠組み（森川, 2021）を示す。まず，1つ目は「①本源活動による効用」である。たとえば，いつも買っている品物であれば，お店で買うのもオンラインで購入するのも同じ効用とみなせるかもしれない。しかし，服や家具など非日用品の買い物では素材や性能，サイズなどは実物を見て購入するほうが効用が高い場合もあれば，サイバー活動のほうがいろいろなものが簡単に見つけられ，また最近ではヴァーチャルリアリティの活用で自分の写真と商品を合成しサイバー上で試着ができるなど，実空間活動と同等またはそれ以上の効用が得られる場合も考えられる。

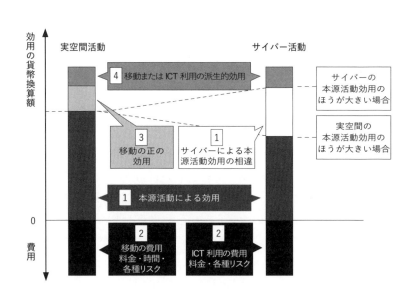

図 5-3　実空間活動とサイバー活動の効用

「②移動とICT利用の費用」については，これまでは移動時間や交通費・通信費のみが考えられてきた。しかし，ICT利用の場合には，たとえば，サイバー攻撃や情報流出などのICT利用にともなうリスクも考慮する必要があるだろう。また，新型コロナウイルスによるパンデミックで，認識されるようになった感染のリスクも，移動の費用として考慮する必要があるかもしれない。

「③移動の正の効用」とは，移動がもたらすポジティブな面である。これは，SalomonとMokhtarian（1998）が，移動はまったくないほうが望ましいと思っている人ばかりではないため，移動にも正の側面があるのではないかと指摘したことに端を発する。たとえば，車の運転が好きな人にとっては，車での移動に楽しさを感じ，もっと運転したいと思っているかもしれない。また，自転車や徒歩での移動が適度な運動になっている場合もあるだろう。移動することが前提の交通行動分析では，これまで正の効用はあまり考慮されてこなかったが，サイバー活動との比較においては，重要な要素であると考えられる。

4つ目は，「④移動またはICT利用の派生的効用」である。派生的効用とは，当初目的としていた本源活動以外から得られる効用のことで，たとえば，出張先で名物のものを食べるなどがあげられる。

次の**5-3**では，上記の4つの点について，さまざまな分野の研究を踏まえて，詳細に説明していく。

5-3

実空間活動とサイバー活動の効用

5-3-1　本源活動による効用

図5-3で示した実空間活動とサイバー活動の効用の枠組みのうち，1つ目

は本源活動の効用である。まず，本源活動による効用が，実空間活動とサイバー活動で同じとみなせるのかという問題がある。すでに購入する型番が決まっている工業製品を購入する場合などは，実店舗に出向いて注文しても，インターネットショッピングで購入しても同じ品物が届き，両者で効用は同じと考えてよいであろう。しかし，商談や企画打ち合わせはどうだろう。社会心理学では，同じ実空間に一緒にいるという「共在（co-presence）」の価値があると言われている。それには，視覚・聴覚・嗅覚が重要な役割を果たすという。オンライン会議でも，聴覚や視覚の一部は機能するが，現時点でのテレビ会議システムではまだまだもどかしい場面が多い。実空間での打ち合わせでは，阿吽の呼吸で次に誰が発言するかがわかり，視線や頷きで同意や不同意を感じ取ることもできる。

　情報の伝達においても，テレワークやオンライン会議では発言や文書などをデジタルに表現することができる「形式知」のやりとりが多くなるのに対して，対面では身振り手振り，表情，感情，時には身体的接触などから，形式知となっていない「暗黙知」の共有が容易になる。これらの「形式知」と「暗黙知」を定量的に評価することは難しいが，実空間活動による効用として重要な点である。

(1) 社会的存在感

　コミュニケーションメディア（手紙，電話，テレビ会議など）を媒介した他者との交流に関するリアル性の評価指標として注目されているのが，「社会的存在感（social presence）」である。「社会的存在感」の概念は，Shortらにより提唱され，他者との相互作用において他者の顕現性（Salience）の程度，またその相互作用の結果として起こる対人関係の顕現性の程度と定義された（Short, Williams, & Christie, 1976）。対面条件，テレビ，音声のみの条件で議論を行なわせた彼らの実験結果では，音声のみの場合でアウトプットが有意に低いことが示され，表情，視線や身振り手振りなどを含む視覚情報がコミュニケーションに影響を与えることが示された。

　Shortら（1976）の「社会的存在感」の概念はメディアの特性を評価した

ものであり，参加者の感覚を捉えたものではない。1990年代，インターネットを利用した協調教育が普及するにつれ，GunawardenaとZittle（1997）は，Shortらの概念を拡張し，「社会的存在感」を媒介しているコミュニケーションメディアにおいて相手を「現実に目の前にいる（real）」と感じられる程度であると再定義した。これにより，GunawardenaとZittleの「社会的存在感」は，メディア特性だけではなく相手との相互作用も考慮することができるようになり，「社会的存在感」が高いほど参加者の満足度が高いという研究結果を得ている。彼らの研究をもとに，日本では山田・北村・松河・御園（2012）によって，メディアを媒介した環境での社会的存在感に関する研究が行なわれ，日本語による評価項目が提案された。

(2) パンデミック下でのアンケート：実空間活動とサイバー活動

　新型コロナウイルスによる世界的な感染症の影響により，ICTは情報伝達と感染対策において重要な役割を果たしてきた。日本においても多くの業界で，ICTを用いたテレワークやオンライン会議を推進し，感染の可能性を減らしつつ，業務を実施することを可能にしてきた。筆者らは，2020年3月下旬に南関東，関西，中部の3大都市圏に居住する20代〜60代の有職者3500人にWebアンケート調査を実施した。この時期は2020年4月7日に7都府県に発令された緊急事態宣言の直前でもあった。本調査では，実空間活動として移動をともなう通勤や出張と，サイバー活動としてテレワークやオンライン会議についてさまざまな項目を尋ねた。実空間活動とサイバー活動の評価指標としては「社会的存在感」を用い，GunawardenaとZittleの質問紙と，山田らの日本語版質問紙を参考に，18項目の設問により「魅了性」「協調性」「有用性」「信頼性」という4因子で「社会的存在感」が測られた。各質問は，7段階評価で答えるように設定された。たとえば，「魅了的でない」か「魅了的」であるかの質問について，通勤した場合と比較して，「非常に左に近い，かなり左に近い，やや左に近い，どちらでもない，やや右に近い，かなり右に近い，非常に右に近い」から一つ選択する。
　各因子においての評価結果を図5-4に示す。回答は，「どちらでもない」

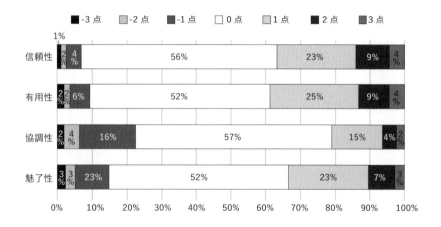

図5-4　テレワークにおける社会的存在感に関するアンケート調査結果

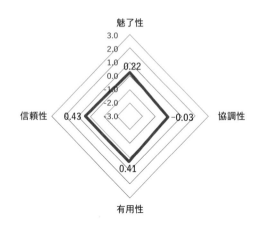

図5-5　テレワークにおける社会的存在感尺度の平均値

を0点,「非常に左に近い」を -3点,「非常に右に近い」を3点として集計
した。信頼性,有用性,魅了性については,約3割が「感じる(1～3点)」
と答えているが,協調性については,約2割のみが「感じる」と答えている。
尺度得点の平均値を見ると(図5-5),信頼性と有用性は約0.4,魅了性は約0.2

魅了性の評価

■-3点　■-2点　■-1点　□0点　■1点　■2点　■3点

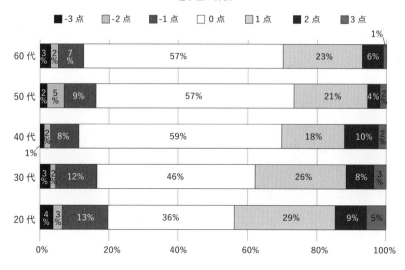

図 5-6　年齢層別 ICT 利用の評価の違い

であるが，協調性は -0.03 という低い値を示した。これは，テレワーク利用
者は，ICT 利用によるサイバー業務活動に対して，信頼性と有用性，魅了
性は少々感じるものの，協調性は欠けていると感じていることを示している。
サイバー活動に対する評価は，参加者の ICT 利用経験にも影響を受けてお
り，たとえば，若年層は ICT 利用に慣れているため高く評価し，年齢が高
くなるにつれ低く評価することも考えられる。魅了性を例にしてみると，年
齢層別の尺度得点（図 5-6）から，20 代と 30 代の約 4 割が魅了性を感じる
と答えているに対し，40 代以上は約 3 割にとどまっている。このことから，
本源活動の効用は活動者本人の特性によっても異なると考えられる。

　業務以外の活動ではどうであろう。観光のような活動では，実空間とサイ
バーの違いは明らかで，どんなに高解像度の映像を見せられても，目の前に
広がる実際の風景の中にいる自分や街の賑わいをリアルに感じことは，現時
点の ICT では難しいであろう。外食活動においても，同じ食事がデリバリー

されてきても，実空間活動のように他の客を含めたレストラン内の雰囲気を味わうことはできない。このような活動においては，実空間活動は圧倒的な情報量を得ることができることから，サイバー活動で得られる本源活動の効用は実空間活動より減じられると考えてよかろう。

　以上のことから，サイバー活動による本源活動効用は実空間活動とまったく一緒ではなく，年齢や性別などの個人属性や活動内容によって増減することが考えられる。これを「サイバーによる本源活動効用との相違」と名づけており，図5-3の①の部分にあたる。

5-3-2　移動と ICT 利用の費用

(1)　移動のコスト

　次に，図5-3の②移動と ICT 利用の費用について考察する。交通研究の長い歴史の中では，フィジカルな移動における費用には主なものとして以下の表5-1で示すような事項があると考えられてきた。

　この中で最も古くから研究されており，欠かすことができないものが，1つ目の金銭的費用と移動時間である。伝統的な交通行動分析では，移動中は何も生産的な活動ができないと考えられ，移動時間にその人の賃金率を乗じた「交通時間費用」が，移動時間の機会費用とされてきた。つまり，移動

表 5-1　移動のコスト

移動のコスト	具体的内容	代表的研究
①金銭的・時間的資源の消耗	・公共交通機関の運賃や，マイカー利用時のガソリン代・有料道路料金・駐車料金などの金銭的費用 ・出発地から目的地までの移動時間	Jiang & Morikawa, 2004
②身体的疲労	・徒歩移動や立ったままの移動による余分な疲労，自動車運転による疲労	塩見・嶋本・宇野・太田, 2012
③精神的疲労や不快感	・交通機関の乗換えにともなう面倒くささ，満員電車など公共交通機関利用で感じる不快感など	Mokhtarian, Papon, Goulard, & Diana, 2015

は無駄な時間であり，その時間を労働に充てていたら手に入れられたであろう所得を得る機会を失っていると考えられていたのである。そのため，表5-1の①は個人が所有している資源の消費から節約したいと考えるコストと言え，金銭的費用と時間的費用のトレードオフから交通時間の節約価値が決まっていた。姜と森川（Jiang & Morikawa, 2004）は，ミクロ経済学の資源配分理論から，交通時間節約価値の計算式を理論的に導き，移動時間の長さと年齢や年収などの個人属性によって，交通時間節約価値が変わることを示した。

　しかし，金銭的・時間的資源の消耗は，近年のICT技術の普及などにより，移動中にも仕事や私事をすることが可能となったために，単純にコストとして捉えられなくなりつつある。たとえば，公共交通機関内で仕事ができるような快適な環境が与えられたり，マイカーが完全自動運転になって車内が勤務空間として使えるようになると，移動時間に対する費用の考え方は大きく変わるであろう。たとえば，あるオフィスワーカーの移動中の仕事の効率がオフィスでの半分であったならば，移動時間費用は移動時間に賃金率の半分を乗じた値まで減少することができる。

　従来の①金銭的コストと時間的コストの考え方に加え，近年，注目されているのが，②身体的疲労と③精神的疲労である。塩見・嶋本・宇野・太田（2012）は，料金，時間と並び，徒歩での移動や自動車の運転による疲労，バス・地下鉄内で立ったままでの移動による身体的疲労も交通機関選好に影響を与えること，その傾向は年齢が高くなるにつれ顕著になることを示した。特にバス・地下鉄の乗り換えなどを含む移動においては，身体的疲労の重要度が高まる傾向を明らかにした。身体的疲労は，生体情報の計測も行なえる腕時計などにより容易に測られるようになった，心拍数や身体加速度などの客観的身体負荷量と，移動者が感じる主観的疲労度が用いられる。塩見ら（2012）の研究結果によると，客観的身体負荷量は，主観的疲労度に影響を及ぼすが，主観的疲労度は必ずしも客観的負荷量のみで説明できるわけではない。そのため，身体的疲労を考慮する場合は，客観的負荷量と主観的疲労度の両方を考慮する必要があると言える。

Mokhtarian らが行なった，移動と身体的疲労や精神的疲労に関する研究では，移動距離，移動時間，移動の目的と交通手段が，身体的疲労や精神的疲労に影響していることが明らかになった（Mokhtarian, Papon, Goulard, & Diana, 2015）。移動にかかる時間が長いほど，人々は疲労を感じやすいが，長距離移動のほうが，主に休暇などをともなう旅行であることが多いためか楽しいと感じられやすい。移動手段については，運転を伴わない車，自転車，公共交通機関，バイク，自分で運転する車の順に精神的疲労が高まることがわかった。興味深いことに，ラジオや音楽を聴いたりすることは移動の楽しさを増すことはできないが，精神的疲労を和らげる効果があることも明らかとなった。

　近年，移動中の疲労は移動の満足度に影響するだけではなく，移動するかしないかの選択にも影響を及ぼすことがわかっている。Julsrud らは，ビジネス出張において，移動の疲れがビデオ会議の利用に最も影響する要素の一つであり，移動中の身体的・精神的疲労が大きくなるにつれ，移動から ICT 利用へシフトしやすいことを明らかにした（Julsrud, Denstadli, & Hjorthol, 2014）。

　②移動中の身体的疲労と③精神的疲労は移動中の環境に大きく関係しており，移動中の環境の快適さにより移動の幸福度が増すという研究が行なわれている。たとえば，自動運転車の利用により，移動中の環境が最も効率のよい仕事環境と同等であったならば，これらに対応した交通時間費用はゼロになるだろう。

(2) 移動のリスク

　移動の費用にはリスクも含まれており，移動のリスクとして従来から考えられていたのは移動中の交通事故や渋滞などによる時間の遅れであった。新型コロナウイルスのパンデミックを契機に人々が明示的に意識し始めた，移動のリスクが，移動中および移動先で行なう活動中の感染リスクである。

　筆者らによる通勤リスクに関するアンケート調査結果（図5-7）によると，2020 年 3 月末，南関東，東海，近畿の 3 つの大都市圏において，感染症に

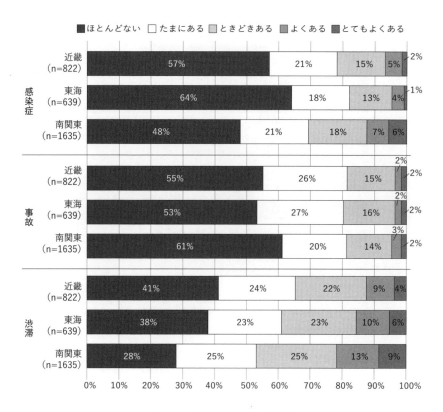

図 5-7　地域別通勤リスクの評価

罹る可能性のリスク認知は南関東が最も高く，東海で最も低く，当時のパンデミック状態を反映した結果であった。他のリスクとして，交通渋滞の発生可能性は南関東で一番高く，交通事故に遭う可能性は東海で一番高く認知されており，それぞれの地域の交通の特徴により交通事故リスクに対する意識が違うことが示された。

　これらのリスクは，通勤手段によっても異なると考えられる。たとえば，徒歩と公共交通機関での移動中の感染症リスクはかなり違うだろう。交通事故に関しても，車と公共交通機関のリスクは違うはずである。筆者らの調査によると，公共交通機関は感染症リスクが最も高く，徒歩・二輪は感染症リ

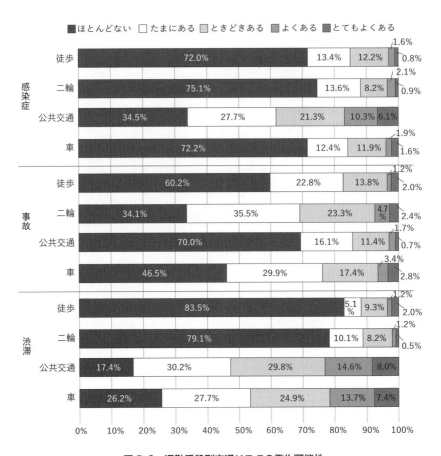

感染症

- 徒歩: 72.0% | 13.4% | 12.2% | 1.6% | 0.8%
- 二輪: 75.1% | 13.6% | 8.2% | 2.1% | 0.9%
- 公共交通: 34.5% | 27.7% | 21.3% | 10.3% | 6.1%
- 車: 72.2% | 12.4% | 11.9% | 1.9% | 1.6%

事故

- 徒歩: 60.2% | 22.8% | 13.8% | 1.2% | 2.0%
- 二輪: 34.1% | 35.5% | 23.3% | 4.7% | 2.4%
- 公共交通: 70.0% | 16.1% | 11.4% | 1.7% | 0.7%
- 車: 46.5% | 29.9% | 17.4% | 3.4% | 2.8%

渋滞

- 徒歩: 83.5% | 5.1% | 9.3% | 1.2% | 2.0%
- 二輪: 79.1% | 10.1% | 8.2% | 1.2% | 0.5%
- 公共交通: 17.4% | 30.2% | 29.8% | 14.6% | 8.0%
- 車: 26.2% | 27.7% | 24.9% | 13.7% | 7.4%

図 5-8　通勤手段別交通リスクの発生可能性

スクが最も低いと認識されている。交通事故に関しては，バイク・自転車等の二輪車が事故リスクが一番高い。一方で，徒歩と公共交通機関は事故リスクが小さいことがわかる。渋滞や遅れの発生可能性に関しては，徒歩と二輪はかなり低いが，公共交通と車は著しく高く認識されており，移動手段別にリスクを考慮する必要があることがわかる（図5-8）。

　感染症のリスクの他にも，移動先で起こりうる各種リスク，たとえば，自然災害リスク，物理的リスク，政治的リスク（テロの発生などのリスク）な

どが，旅行するかどうかに影響することは明らかである。このように，人々の意思決定を考えるうえで，移動中や目的地でのリスクの影響を無視することはできない。人々は，金銭的費用だけではなく，移動にともなう上記すべての費用が，実空間活動の効用を上回ると考えられたときに，移動をやめてステイホーム（stay home）ということになり，本源活動をやめるか ICT 利用で代替するかの選択になる。

(3) ICT 利用の費用

ICT 利用にかかる費用は，ICT 機器の減価償却費と通信費が主なものであるが，最近はインターネット利用にまつわるリスク，すなわちデータ流出，コンピュータウイルス感染，ネット上での誹謗中傷などの懸念が認知されるようになってきた。

テレワークにおける費用の負担額としては，筆者らの調査によると，2020年3月，南関東，東海，近畿の3つの大都市圏において，有職者 3500 人のうちテレワーク利用者は 908 人であり，その内約5割の人が会社が ICT 利用の費用を全額負担していると答えた。個人で負担している人は平均で毎月約4000 円であった。

テレワークにおける ICT 利用リスクに関して，総務省「テレワークセキュリティガイドライン」（総務省，2018）によると，以下のような ICT 利用リスクがあげられている。

①ウイルス・不正侵入

②重要情報の盗聴・流出

③端末の紛失・盗難

④機器の故障

⑤情報通信上の不具合

筆者らによるアンケート調査によると，テレワークの際に起きうる上記の5つのリスクの可能性について，半分以上の人が可能性があると答えた（図5-9）。そのうち，情報通信上の不具合は最もよくあるリスクと認識されている。

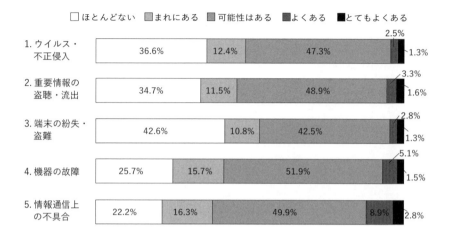

図 5-9　テレワークにおける ICT 利用のリスク認知

　新型コロナウイルスのパンデミックにより，移動には感染症のリスクがともなうこと，また，テレワークの実施経験により ICT 利用には情報漏れなどのリスクがあることが認識されるようになった。ICT 利用のその他のリスクとして，社会学にて議論されているのが，仕事と家庭とのボーダーラインへの影響である。坂本とスピンクス（2012）によると，ICT ツールの利用頻度が高いと，仕事にも家庭にも追われて忙しくなり，余裕のない状態につながる傾向がある。3 大都市圏で子と同居する 20 ～ 40 歳代の男女就業者 300 人に対するアンケート調査結果を分析した結果，坂本（2015）は，ICTツールの利用度の高さや在宅就業頻度は，仕事と家庭生活の葛藤を増やす方向にあると指摘した。また，久保隅（2018）は，いつでもどこでも仕事ができる可能性を家庭にもたらすことで，ICT は仕事と家庭の時空間分離を曖昧化することを指摘している。ICT 利用は仕事に便利さをもたらすとともに，家庭生活など仕事以外の活動に負の影響を及ぼす可能性があることは，新型コロナウイルスによるテレワーク経験で多くの人が体感したのではないだろうか。

2020年から運用開始した，気候変動問題に関する国際的な枠組み「パリ協定」をはじめ，日本を含む124か国と1地域が，2050年までのカーボンニュートラル実現を表明しているなか，モビリティにおいてもICT利用においても環境負荷への考慮は欠かせない論点であろう。FettweisとZimmermann（2008）は，ICT利用はエネルギー消費量とCO2排出量の増加をもたらすと注意喚起している。移動とICT利用がもたらす環境的負荷の比較をしたのが，森本・柴原・後藤・加藤（2009）による環境効率指標を用いたテレビ会議と出張をともなう会議のライフサイクルアセスメントの研究である。彼らの研究によると，近距離出張であれば鉄道利用，短距離では自動車利用のほうがシステムライフサイクル（SyLC）CO2排出量は小さく，長距離出張であれば，テレビ会議のほうがSyLC-CO2は小さいことを示した。このように，単に移動を減らしICT利用にシフトするだけでは，環境的負荷は軽減できない。実空間活動とサイバー活動の選択には，個人の効用だけではなく，社会としての望ましさも踏まえた最適なバランスを考えることが必要である。

5-3-3　移動の正の効用

　移動の正の効用（図5-3 ③）について指摘した初期の研究は，SalomonとMokhtarian（1998）である。渋滞や環境問題を解決することを目指した，コンパクトシティといった，土地利用を高密度にして移動量を減らす政策などは，期待したほどの成果が得られない可能性があると述べ，その理由としては，移動に正の効用を感じている人が一定数おり，これらの人たちは移動を減らしたくないと思っていると指摘した。

　RedmondとMokhtarian（2001）は，希望の通勤時間についてサンフランシスコ市民を対象にアンケート調査を行なった。調査結果では，望ましい通勤時間は0分と回答する人はおらず，現状よりも通勤時間を長くしたい人たちも7%ほどおり，平均の希望通勤時間は約16分であった。通勤時間は，仕事と家庭との気持ちの切り替えや移動中に新聞を読むなど，他のことをす

る時間として有効に利用されていることが明らかとなったのである。

金・小沼・山形（1996）は，移動の意味を精神的・身体的利点から分類し，「思索」「健康・運動」「気分転換」「自然体感」「発見・学習」「情報収集」「コミュニケーション」の7つの意味があることを指摘した。さらに，移動に求める意味は世代によって異なるが，「健康・運動」と「気分転換」は小学生以外のどの世代でも多いことも明らかにした。

「健康・運動」は **5-3-2**（1）で述べた身体的疲労と表裏一体である。移動を疲労という負の効用として捉えるのか，よい運動として正の効用と捉えるのかは，個人の健康状態や気持ち，移動時間や移動手段によって変わるだろうが，本節では移動による健康への効果について述べる。

どのような交通手段を用いようとも，多かれ少なかれ必ず歩くことがともなう。歩行は健康を維持促進する効果があり，心肺・血管強化，体脂肪の低下，筋肉や骨の強化などに役立つと言われている。移動中の運動量を表わす指標として，交通手段別の1分当たりの歩数と消費カロリーを図5-10に示す。

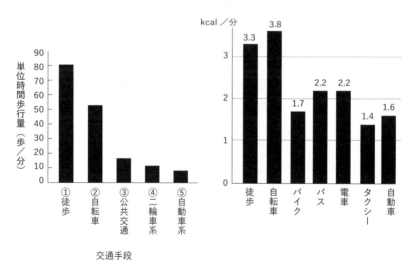

図 5-10　移動手段別歩行量（谷口・松中・中井，2006）（左）と
カロリー消費（土木計画学小委員会，2005 より作成）（右）

たとえば，駅まで 10 分歩き，電車に 15 分乗車する場合であれば，往復で約 2000 歩，264kcal となり，移動時間が日々のちょっとした運動時間となる。

　医療費の抑制効果の観点から 1 歩の価値を計測した研究がある。健康教室参加者など特定のグループに参加する人を経年的に調査し，収集したデータから歩数と医療費との関係を分析したものである。これらの研究では，1 日の 1 歩の価値は 0.045 ～ 0.061 円／日／歩（国土交通省都市まちづくり推進課，2017）と算出され，1 日あたり + 2000 歩を歩くと，将来かかる医療費を 100 円／日ほど削減することができる計算になる。

　金ら（1996）の分類による「気分転換」には，気分転換の他に移動中の気持ちのよさや楽しさなども含まれており，移動時に感じる正の感情と解釈することができる。車の運転が好きな人は，車での移動に楽しさを感じ，移動時間を減らしたいとは思っていないことは容易に想像できる。同様に，移動中の快適さが正の効用をもたらした例として，Richardson（2003）は，シンガポールという高温多湿な気候では，冷房が完備されている公共交通機関での移動は正の効用をもたらすことを示した。

　また，鈴木・北川・藤井（2012）は移動中の幸福感に着目し，大学生を対象としたアンケート調査から，移動中の幸福感と移動目的や移動手段などの関係を分析した。その結果，娯楽目的での移動では認知的幸福感や肯定的活性（ワクワクした気持ち）が高いことや，バスでの移動は肯定的不活性（くつろいだ気持ち）をもたらし，移動時間が長くても負の影響は見られないこと，移動中の風景への好ましさによって移動時の幸福感に影響を与えることなどが示された。北川・鈴木・中井・藤井（2011）は移動時の幸福感が高いほど生活全般の満足度が高くなることを明らかにしており，移動という行為が生活の質を向上させる重要な活動であることを示した。

5-3-4　移動または ICT 利用の派生的効用

　移動の派生的効用とは，たとえば，目的地でおいしい名物の食事を味わうことができた，隙間時間に行なってみたかった場所へ行けた，旅行に出かけ

た先や移動中に予想もしていなかったうれしい出会いがあった，出張先でた
またま会った人と話が弾みビジネスにつながったなど，現地に行かなければ
経験できないことや得られないチャンスのことである。ICT 利用にもこの
ような偶然の経験やチャンスは存在するであろう。このような派生的効用を，
我々は経験的にすぐにイメージすることができる。しかし，これを定量的に
把握することは難しく，実空間活動とサイバー活動の選択にどれほどの影響
を及ぼすのかは明らかになっていない。

5-3-5　実空間活動とサイバー活動の選択

　実空間活動とサイバー活動にはそれぞれの正の効用と費用がともなうこと
を見てきた。ミクロ経済学的なフレームワークでは，合理的個人は前述のよ
うな効用の貨幣換算額と費用の差である純効用（の貨幣換算額）を，実空間
活動とサイバー活動で比較し，それが大きいほうの活動を選択すると考える。
本節で述べた効用とすべての費用とリスク要素を踏まえ，図 5-3 の①～④の
効用を定量的に測定することや，新たに認識されてきたリスクを費用の中に
どのように反映させるかを明らかにしていくことが必要である。ただし，実
際の人間は必ずしも合理的ではなく，「オンラインは嫌いだ」「ICT のほう
が好きだ」などの感情的選択や，過度にリスクを怖がって移動や ICT 利用
を忌避するなどの行動もよく見聞きするので，人の完全合理性を仮定しない
分析フレームワークの検討も重要であろう。

5-4

コロナ禍における交通と ICT 利用

　新型コロナウイルスにより，人々の働き方，活動への意識が大きく変わり，
日本においても，ICT 利用が普及し，通勤交通を代替，または補完するよ

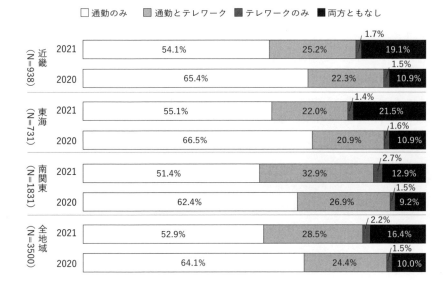

凡例: □ 通勤のみ ■ 通勤とテレワーク ■ テレワークのみ ■ 両方ともなし

近畿（N=938）
2021: 通勤のみ 54.1% / 通勤とテレワーク 25.2% / テレワークのみ 1.7% / 両方ともなし 19.1%
2020: 通勤のみ 65.4% / 通勤とテレワーク 22.3% / テレワークのみ 1.5% / 両方ともなし 10.9%

東海（N=731）
2021: 通勤のみ 55.1% / 通勤とテレワーク 22.0% / テレワークのみ 1.4% / 両方ともなし 21.5%
2020: 通勤のみ 66.5% / 通勤とテレワーク 20.9% / テレワークのみ 1.6% / 両方ともなし 10.9%

南関東（N=1831）
2021: 通勤のみ 51.4% / 通勤とテレワーク 32.9% / テレワークのみ 2.7% / 両方ともなし 12.9%
2020: 通勤のみ 62.4% / 通勤とテレワーク 26.9% / テレワークのみ 1.5% / 両方ともなし 9.2%

全地域（N=3500）
2021: 通勤のみ 52.9% / 通勤とテレワーク 28.5% / テレワークのみ 2.2% / 両方ともなし 16.4%
2020: 通勤のみ 64.1% / 通勤とテレワーク 24.4% / テレワークのみ 1.5% / 両方ともなし 10.0%

図 5-11　コロナ禍での通勤とテレワークの状況

うになった。慶応義塾大学と NIRA 総合研究開発機構[*2] の 2020 年 6 月の調査報告によると，全国の就業者のうち，テレワークを利用した人の割合は，2020 年 1 月時点ではわずか 6% だったが，3 月時点では，10% に上昇し，緊急事態宣言が出された 4 〜 5 月は 25% まで大幅に上昇した。テレワーク率が最も高かった東京都は 4 〜 5 月にかけて 43% に及んだ。

　筆者らは，感染症のリスクが交通と ICT 利用に与える影響を分析するため，2020 年 3 月と 2021 年 3 月に，南関東，東海，近畿の 3 つの大都市圏で，3500 人の有職者を対象にパネル調査を行なった。図 5-11 で示すように，3 地域において，2021 年 3 月は前年同月に比べ，通勤のみの働き方は減り，

[*2]　慶應義塾大学　大久保敏弘，NIRA 総合研究開発機構，2020 年 6 月　第 2 回テレワーク 1 に関する就業者実態調査（速報）　https://www.nira.or.jp/pdf/report202006-1.pdf ［最終閲覧日：2022 年 2 月 14 日］

通勤とテレワーク，もしくはテレワークのみの働き方が増えている。2021年3月，テレワークをした人の割合は，全地域では30.7％，最も高い南関東は35.6％であり，2020年3月に比べ，それぞれ約5％と7％上昇した。2020年3月末頃の新型コロナウイルス新規感染者数は全国で100人／日ほどであったが，2021年3月は2000人／日程度に増加していたことを考えると，テレワーク率の上昇はわずかのものであると言えるだろう。驚くことに，通勤とテレワーク両方ともしていない人が，全地域において2020年の10.0％から2021年16.4％に上昇している。これらの人は飲食店などテレワークによる業務の実行は困難で完全休業した人の割合だと考えられる。テレワークのみの人の割合も2か年ともに1～2％にすぎない。これらの数字はテレワークによって通勤を完全に代替することは厳しいことを教えてくれる。

　図5-12は，前述の3地域において，テレワーク率ごとの人数の分布を示す。たとえば，テレワーク率2割は，週5日勤務の人は週に1日をテレワーク日にし，週に4日を通勤日にしているということである。図5-12より，71.2％の人が通勤のみでテレワークを実施していないことがわかる。つまり，約29％の人がテレワークを取り入れ，そのうち半分以上（17.4％）の人が週に1日程度テレワークを行なっていることがわかる。

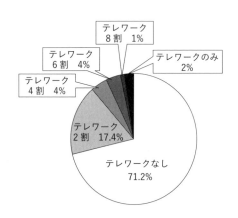

図5-12　テレワーク率の分布（2020年3月現在）

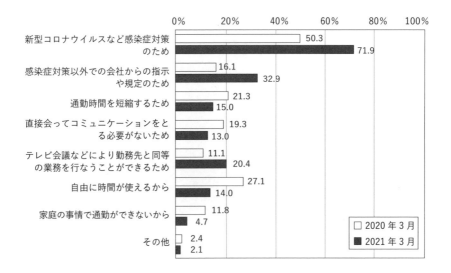

図 5-13　テレワークを選んだ理由

　図 5-13 にテレワークを選んだ理由を示す。いずれの地域においても，テレワークを選んだ第一の理由が「感染症対策のため」であった。感染症対策のためは，2020 年の 50.3% から 2021 年 71.9% までに上昇した。2020 年に感染症対策に続く 2 番目に多い理由であった「自由に時間が使えるから」は，2020 年 27.1% から 2021 年 14.0% までに減った。これは，在宅勤務による仕事と余暇時間のボーダーラインをキープすることが難しくなってきたことを意味するものかもしれない。

　筆者らのアンケート調査にて，理想の通勤とテレワークの割合について尋ねたところ，図 5-14 に示したような結果が得られた。約 3 割の人が，通勤100% を選び，最も高い割合を示した。その次に多かったのが通勤とテレワーク半々であり，約 13% の人が選んだ。完全にテレワークに移行したい人はたった 9% にすぎなかった。そして，約 7 割の人は通勤日が勤務日の半分以上であることを好むことがわかった。

　テレワークをしている人にテレワークの意向を尋ねた回答では，46.0% が

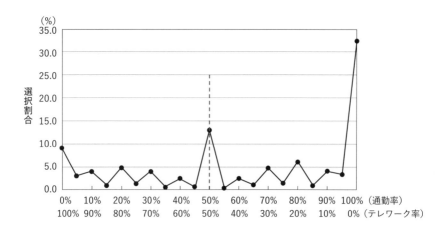

図 5-14　理想の通勤とテレワークの割合

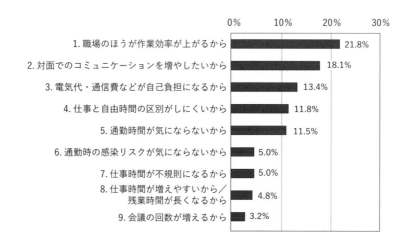

図 5-15　テレワークを減らしたい理由

現状のままで変わらないと答え，37.4％がテレワークを増やしたい，16.6％
が減らしたいと答えている。テレワークを減らしたい理由を聞いたところ，
図 5-15 に示したとおり，順位としては，「1. 職場のほうが作業効率が上が

るから」「2. 対面でのコミュニケーションを増やしたいから」「3. 電気代・通信費などが自己負担になるから」「4. 仕事と自由時間の区別がしにくいから」「5. 通勤時間が気にならないから」「6. 通勤時の感染リスクが気にならないから」であった。これは，実空間活動の効用（理由1と2）が第1に，ICT利用の費用（理由3）とリスク（理由4）が第2に，通勤の費用（理由5）とリスク（理由6）が第3に重要視されていることを示し，図5-3で示した①と②のトレードオフは，実空間活動とサイバー活動の意思決定においてかなり重要であることが示唆される。

5-5

モビリティ革命とICTの進展

　新型コロナウイルスの感染拡大により，テレワークやオンライン会議が可能な業種や職種ではそれらの仕組みが急速に整い，その利便性と不便さを認識した人は多いであろう。1980年代からのテレワーク推奨施策は，仕組みやツールが十分ではなかったことからほとんど普及せず，ICTが大きく進歩した後も十分普及したと言えるほどではなかった。新型コロナウイルスにより，仕事中や移動中の感染のリスクが高くなり，サイバー活動（テレワーク）を選択せざるを得なかったという，喜ばしくない外圧的な要因からではあるものの，テレワークやオンライン会議の仕組みを急速に普及させるきっかけとなった。

　2021年現在，モビリティは100年に1度の変革期の時代と言われている。究極のITSと言われるCASE（つながる化，自動運転化，シェア・サービス化，電動化）革命は，移動を補完するものであり，費用を減らすことで実空間活動を促進するものと期待される。一方で，ICTは，高速，大容量，超多数端末接続が可能となる第5世代移動通信システム（ファイブジー：5G）から，さらに先のbeyond 5Gについての議論がされており，サイバー活動で得ら

れる経験はより鮮明によりリアルになると予想されている。つまり，サイバー活動から得られる本源活動による効用は実空間活動と同等かそれ以上になる可能性がある。

　CASE や 5G/Beyond 5G が日常となった未来において，実空間活動とサイバー活動のどちらがより選択されるかは，CASE による実空間活動の費用削減と 5G/Beyond 5G によるサイバー活動の本源活動の効用の増加をどう評価するかによる。評価は，人によっても，本源活動の内容によっても異なると考えられるが，今後は，実空間活動とサイバー活動のどちらが自分の仕事や生活にフィットしているかを評価し，個人個人が選択することができる社会になると期待される。

第6章

日本社会における MaaS の未来

6-1

MaaS の本質

　MaaS（Mobility as a Service）は，決して便利なアプリを開発することが目的ではない。自動運転やカーシェアリング，配車サービスなど個別の新しい移動サービスの概念でもない。MaaS は自動車という伝統的な交通手段に加えて，新たな選択肢を提供し，自家用車という魅力的な移動手段と同等かそれ以上に魅力的な移動サービスにより，持続可能な社会を構築していこうというまったく新しい価値観やライフスタイルを創出していく概念だ（牧村，2021a）。

　100 年以上の歴史を誇る世界最大の交通事業者連合組織 UITP（Union Internationale des Transports Publics：国際公共交通連合）では，MaaS を次のように定義している。

　　MaaS とは，さまざまな移動サービス（公共交通機関，ライドシェアリング，カーシェアリング，自転車シェアリング，スクーターシェアリング，タクシー，レンタカー，ライドヘイリングなど）を統合し，これらにアクセスできるようにするものであり，その前提として，アクティブなモビリティ（徒歩や自転車他）と効率的な公共交通システムがなけ

ればならない。このオーダーメイドなサービスは，利用者の移動ニーズに基づいて最適な解決策を提案する。MaaS はいつでも利用でき，計画，予約，決済，経路情報を統合した機能を提供し，自動車を保有していなくても容易に移動，生活できるようにする。　　　　　　　（UITP, 2019）

　「あなたのポケットにすべての交通を」というキャッチフレーズは世界中で共感を呼び，MaaS は，スマートフォン一つでルート探索から予約，決済，発券までが行なえ，「移動の所有から利用へ」を一つのパッケージとして商品化した，究極の交通サービスである（図 6-1）。スマホは今や自動車や自転車のカギであり，通話機能も備えていることから，電話での依頼も勿論可能だ。自動音声認識の技術も飛躍的に進展しており，スマホのタッチパネル

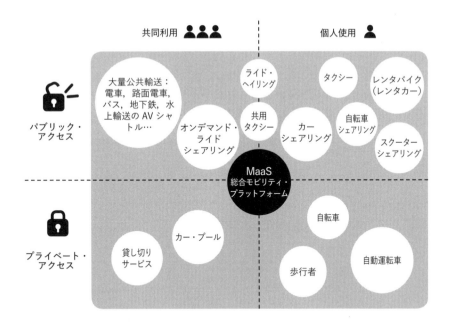

図 6-1　公共交通の再定義が求められている
（UITP; EARPA Autum Meatings 2019, 2019, p.15 より作成）

が苦手な高齢者には，音声でのサービスも今後進展していくだろう。

　地球温暖化への対応は待ったなしであり，世界では毎年135万を超える人々が自動車による事故で亡くなっている。今後も増え続ける「買い物難民」への対応，若者に代表される外出率の低下，マイカー保有者と非保有者との移動格差，縮小する交通産業の再生など課題は山積している。自動車しか実質の移動選択肢がない地域では，運転免許返納後，移動が困難になり，自力での生活維持ができなくなる恐れがある。本格的な高齢社会を迎え，自動車しか移動選択肢がないことで認知機能が低下しているにもかかわらず，マイカー利用を続けざるを得ない人が今後ますます増加することは大きな社会課題だ。

　各国の事情は異なるものの，近年 MaaS は国や地域，企業の重要施策として位置づけられている。根底には交通産業の育成と技術革新があり，これまでの交通政策の延長として，また，さまざまな交通課題への解決策の一つとして，注目されている。世界に先駆けて，フィンランドでは交通サービス法（Act on Transport Services, 2018 年）が，フランスではモビリティ基本法（LOM：loi d'orientation des mobilités, 2019 年）が制定され，次世代の交通制度の再構築が始まっている。日本でも 2018 年の未来投資戦略で政府の重要政策に MaaS が位置づけられ，2019 年からは国主導でスマートモビリティチャレンジ事業に代表される国の支援が本格的に始まった。これら実証実験を通して，新しい移動サービスへの社会的受容についても多くの知見や教訓が蓄積され始めている（経済産業省, 2021）。

　また国や地方行政が積極的に MaaS に投資する背景には，都市や地域のガバナンスを高めていくための国家および地域戦略がある。都市を経営していく経営者として考えた場合，地域の活動やニーズを捉え，エビデンスベースドで政策やサービスを市民や来訪者に提供しながら，サービスをアップデートしていくことが必須の時代だ。MaaS を通して得られるビッグデータへの期待も高い。フランスやフィンランドで制定された法律では，新しい移動サービスを行なう企業に対しては，オープンデータを義務化しており，またアメリカでは，カーシェアリングや自転車シェアリング，電動キックボード等の

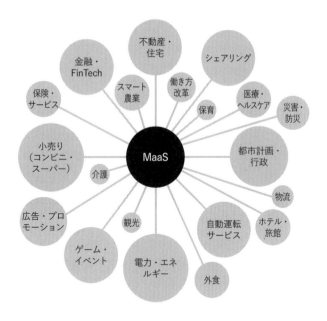

図 6-2　MaaS と異業種との連携，Beyond MaaS の概念
（日高・牧村・井上・井上，2020 を加筆）

事業を地域に導入する際，道路使用許可の条件として，行政へのデータ提供を求める都市が増えている（牧村，2021b）。

　さらに，MaaS はあくまで手段であり，移動産業と異業種との連携により，MaaS 本来の価値が創造されていく。不動産・住宅，観光，医療・介護・ヘルスケア，小売り，電力・エネルギー，金融，保険，広告・プロモーション，働き方，物流，災害・防災，農業などさまざまな異業種との連携が期待されており，すでに数多くの取り組みが始まっている（図 6-2）。小売りと移動の重ね掛けにより移動需要の増加が明らかとなり（小田急電鉄・ヴァル研究所，2021），MaaS と保険の重ね掛けによる新しいサービスが続々と生まれ（牧村，2021b），社会的受容を高めていくための取り組みが始まっている。

6-2

MaaS の社会的受容

　イギリス交通省では，MaaS や自動運転，シェアリングサービス，デマンド交通，電気自動車，電動自転車や電動キックボード等を対象に社会的受容に関する調査レポートを公表している。レポートでは，利用者の特徴や障壁，利用の動機や要因などを詳細に報告しており，社会的受容を利用者像や受容の要因から考察した示唆に富む内容だ（DfT，2020）。

　MaaS については，所有に固執しない，都市部に居住する人，若者に関心が高く，女性よりも男性が，Uber（ウーバー，配車サービス）非利用者よりも利用者のほうが，MaaS の利用可能性が高い結果が報告されている。また，MaaS は便利なサービスと理解されており，移動の計画が容易になり，安価にさまざまな移動のオプションへのアクセスや支払いが可能になるメリットが期待されている。一方で，コストが高くなる点やスマホへの過度な依存やバッテリー消費等への危惧も指摘されている。イギリス国内の調査結果からは約 1/4 の回答者がマイカー利用を減らし，徒歩や自転車等のアクティブな交通を増やす可能性が明らかになっている。MaaS が利用可能にな

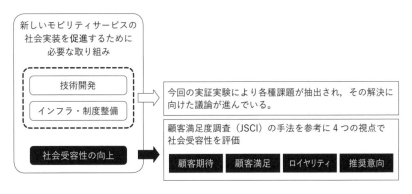

図 6-3　先進パイロット地域の社会受容性の評価視点（経済産業省，2021, p.11）

れば7%は自動車所有を諦めるとの回答が紹介されている。

　経済産業省では，新しいモビリティサービスの社会実装を促進していくためには，「技術開発」「インフラ・制度整備」に加え，「社会受容性の向上」を必要な取り組みとして位置づけている（筆者もアドバイザリーボードの委員として実証実験の成果とりまとめに参加した）。2020年度の実証実験は，社会的受容の観点から，「顧客期待」「顧客満足」「ロイヤリティ」「推奨意向」の4つの視点で評価を試みており，今後の展開に多くの示唆を与えるものである（経済産業省，2021, p.11）。

　先進パイロット地区の8地区を対象とした社会的受容の考察の中で，たとえば，年齢区分，免許有無，自動車保有有無，居住形態別などで，実施した実証実験の利用者満足度分析結果が紹介されている。新しいモビリティサービスはITリテラシー等の観点で高齢者に対しては満足度や社会的受容が低いと言われているものの，対象地区においては，属性にかかわらず高い評価である点，免許や自動車非保有者に対して満足度が高い点などが明らかとなっており，新しいモビリティサービスに対しての期待の裏返しでもあると考えられる。

　北海道経済産業局では，MaaSを推進していく観点から行政や事業者に着

②免許なし，自家用車未保有の利用者に高い評価　　③属性にかかわらず高い評価

		永平寺	上士幌	湖西	浪江	浜松	町田	塩尻	北広島
年齢	60歳以上	4.02	3.36	3.16	4.25	4.50	4.40	4.02	4.06
	60歳未満	4.33		4.00	3.73		4.00	4.18	4.09
免許	あり	4.00	3.50	3.14	3.84		4.00	4.06	4.05
	なし	4.05	3.00	3.25	4.00	4.50	4.20	4.33	4.17
自家用車保有	保有	4.10	3.13	3.19	3.82		4.08		4.11
	未保有	4.00	3.67	3.14	4.00	4.50	4.05		4.00
居住形態	独居	3.83	3.00	3.50	3.86	5.00	4.00	4.18	
	同居	4.09	3.50	3.15	3.85	4.33	4.08	4.08	

図6-4　属性別の利用者満足度の分析結果（経済産業省，2021, p.14より作成）

目し，地方自治体や交通事業者の MaaS 認知度や関心度，導入の課題につい
て調査を行なっている（北海道経済産業局，2021）。地方自治体の MaaS の認
知度は41％，具体的に取り組んでいる自治体は3％ほど，関心がない自治体が
41％と高い。交通事業者では，MaaS の認知度は45％，60％は関心がないと
自治体の不関心度よりも高い。地方自治体の MaaS 導入の課題として，情報
不足，導入費用，人材不足が高い割合を占め，交通事業者も同様の傾向である。
なお，交通事業者の約5割がオープンデータ化に対応する予定はないと回答
している。

　MaaS の意義や本質が十分理解されていない点が浮き彫りになっている印
象だ（図6-5）。

　また，中国地方を対象に公益財団法人中国地域創造研究センターが2021
年3月に MaaS 等の新たなモビリティサービス実現に向けた方策検討の調査
報告を公表している（図6-6；中国地域創造研究センター，2021）。全国122
の自治体から得たアンケート調査結果では，約73％が MaaS の効果や価値
をあまり理解できていないと回答している。また，62％が便利なアプリを作
成することが MaaS の本質と認識している現状が浮き彫りになっている。北
海道の調査と同様に，予算や人材不足が大きな課題となっている点も指摘さ

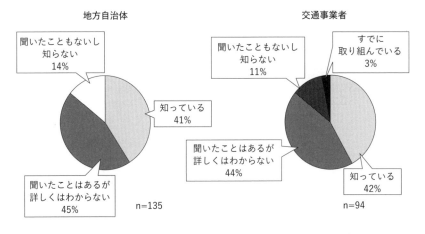

図 6-5　MaaS の認知度（北海道経済産業局，2021, p.7,10 ）

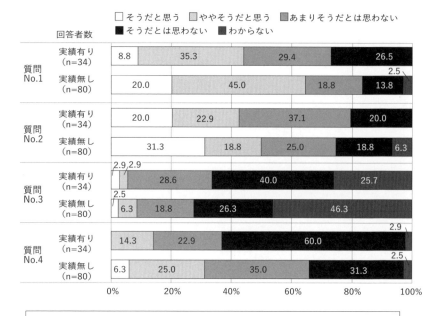

凡例: □ そうだと思う 　□ ややそうだと思う 　■ あまりそうだとは思わない
　　　■ そうだとは思わない 　■ わからない

回答者数

質問
No.1
　実績有り（n=34）: 8.8 / 35.3 / 29.4 / 26.5
　実績無し（n=80）: 20.0 / 45.0 / 18.8 / 13.8 / 2.5

質問
No.2
　実績有り（n=34）: 20.0 / 22.9 / 37.1 / 20.0
　実績無し（n=80）: 31.3 / 18.8 / 25.0 / 18.8 / 6.3

質問
No.3
　実績有り（n=34）: 2.9 / 2.9 / 28.6 / 40.0 / 25.7
　実績無し（n=80）: 2.5 / 6.3 / 18.8 / 26.3 / 46.3

質問
No.4
　実績有り（n=34）: 14.3 / 22.9 / 60.0 / 2.9
　実績無し（n=80）: 6.3 / 25.0 / 35.0 / 31.3 / 2.5

質問 No.1：MaaS を知っており情報収集も行なっているが，概念がやや漠然としており，その効果や価値についてはあまり理解できていない
質問 No.2：MaaS とはモビリティ・アズ・ア・サービスの略で，交通手段の検索，予約，決済を一括して行なえる便利なアプリを開発・提供することがその本質である
質問 No.3：MaaS は欧州を中心とした交通インフラに関する取り組みであり日本でも検討が本格化しているが，日本以外のアジアの国々ではまったく取り組まれていない
質問 No.4：MaaS は交通インフラが整った都市部における取り組みであり，交通インフラに乏しい地方部や過疎地域ではあまり関係ない

図6-6　MaaS等の新たなモビリティサービスに対する理解（実証実験参加実績の有無別）
（中国地域創造研究センター，2021, p.81 より作成）

れている。

　商用サービスとして展開している事業者等は，アプリのダウンロード数や推移，利用者数，電子チケット等の販売実績や推移，利用者の満足度などを公表している例が一般的である。日本ではすでにトヨタ自動車や西日本鉄道，トヨタ系ディーラー，JR東日本，JR西日本，小田急電鉄，西武鉄道，東京

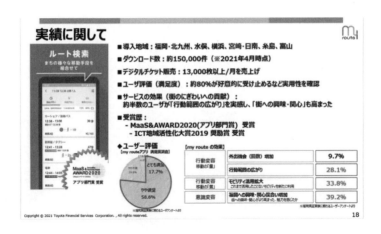

図6-7　トヨタマイルートの導入実績（小田急電鉄・ヴァル研究所，2021）

メトロ，ANAなどがサービスを始めており，わずか1年ほどにもかかわらず，いずれもサービスの利用者が増加しており，市民へのサービスの浸透と合わせて，社会的受容が高まっていることがうかがえる。

　たとえば，トヨタ自動車が福岡で行なっているマイルートのアンケート調査結果（日経BP，2019）では，とても満足，やや満足で80%を超えており，10%が外出機会の増加，約半数の回答者が行動範囲の広がりを実感し，街への興味や関心が高まる効果が報告されている（図6-7）。

6-3

先進的な取り組み

6-3-1　ダラス

　アメリカテキサス州ダラスは，MaaS先進都市の一つである。公共交通の

運営を担当する DART（Dallas Area Rapid Transit）が，「GoPass」と呼ばれる MaaS を進めている。2013 年に最初のバージョン Go Pass 1.0 がスタートし，順次機能を拡張しながら，これまで何度かの大きな改修が行なわれ現在 Go Pass 3.0 が稼働中だ。2019 年までの累計ダウンロード数は 110 万を超えるそうだ。

　2016 年には，企業向けや学生向けのチケットを電子チケット化し，2017 年にはデマンドバスの GoLink が統合されている。2019 年のバージョンアップでは，電動キックボードの Brid も統合され，決済では Apple Pay での支払いも可能となった。ちなみにアメリカでは大学入学時に地域の公共交通のチケットが自動でついてくる。U-Pass と言われる制度であり，入学の案内時に GoPass のダウンロードや利用方法などが案内される。

　注目すべき点として DART では，2030 年までの MaaS の中期戦略計画を掲げていることだ。MaaS に対してビジネスモデルという議論が日本では数多く聞かれるし，短期的な成果を求められる場面が多い印象を受ける。そのような観点からもダラスのロードマップは，最終的に描く交通社会が示され，それに向かって，新しいプレイヤなどと時間をかけて調整していく意思が伝

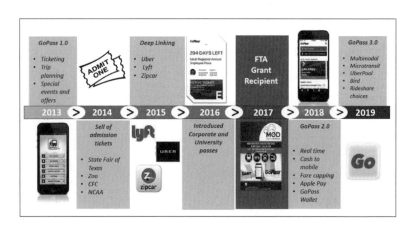

図 6-8　ダラス MaaS の進化（Tina Mörch-Pierre, 2019）

わるものでもある。

　具体的には，2021年までを，既存の交通機関と新しい移動サービスとの連携をさらに進め，決済を統合しながらMaaSの基礎を固める期間として位置づけている。Phase2では，ビジネスモデルを構築，自動運転時代を想定しながら，インフラや人々の行動様式，資源配分を最適化しサービスの価値を高め，市民のQOLを向上していくという，中長期的な戦略だ。

　このような取り組みが評価され，2019年にはAPTA（全米公共交通協会）のイノベーションアワードを受賞しており，アメリカでは公共交通を革新しているイノベーションのトップリーダーとして，DARTは高い評価を受けている。

6-3-2　ドイツ鉄道

　ドイツ鉄道のDBは，MaaS分野では世界のトップランナーだろう。MaaSという用語が広まる以前から，移動サービスを順次進化させてきた。「DB Navigator」というアプリがあれば，ドイツの都市間の移動だけではなく都市内移動も安心だ。少なくともDB Navigatorがまだない1990年代や2000年代，ドイツを訪問するたびに，右往左往したときの苦労を考えると，異次元の世界といっても言い過ぎではないと思う。チケットカウンターで長時間待つことがなくなり，事前に移動の計画がこのアプリから立てられること，自分が利用する車両の具体の内容が事前に把握できることだけでも，安心感がまったく違う。

　DB Navigatorは，経路選択,予約,決済に加えて,乗り継ぎ先の都市内交通,カーシェアリング，自転車シェアリングなどにも対応している。100km以上乗車の場合，都市内のすべての交通機関が無料で利用でき（City-Ticket），全国乗り放題会員制サービス（BahnCard100）もアプリで利用できるといった，至れり尽くせりのサービスだ。わが国では都市圏内や沿線のMaaSが数多く実証されているところであるものの，ドイツのような都市間の移動と都市内の移動を一体でサービスしていく取り組みは，今後，参考になるのでは

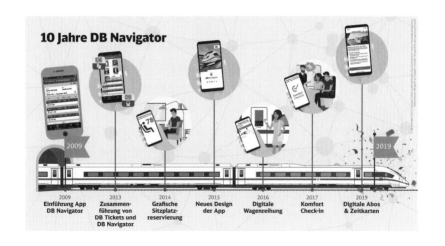

図 6-9　ドイツ鉄道の MaaS の進化（Deutsche Bahn, 2019）

ないだろうか。

　また，リアルタイムの運行状況にも対応しており，利用予定の列車が遅れた際にはアラートで知らせてくれたり，事故などが発生した際には代替ルートの提供なども始まっている。サービスがスタートして 2019 年 12 月で 10 年を迎えるが，日々進化している点も示唆に富むものだ。

6-3-3　アメリカ MOD プロジェクト

　アメリカ FTA（連邦交通局）が進めている MOD（Mobility on Demand）プロジェクトでは，11 の地域で約 8 億円の事業費により，各地域 1 年間の実証実験が 2019 年から行なわれている。たとえば，郊外の住宅地から最寄りの駅（バス停）まではデマンド型の配車サービスを利用した配車＆ライドを推進するプロジェクトが代表例だ。近年急増する配車需要を抑制し，公共交通の需要を増加（回復）させ，また，交通サービスが低い地区に対して，自動車以外の選択肢を提供することで，新しい移動習慣の定着を図っていく

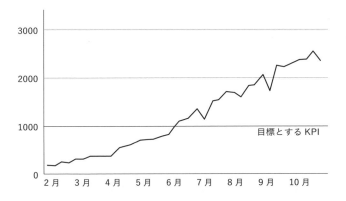

**図6-10　ロサンゼルスの MOD プログラムの週当たり利用者数の推移
（MARIE SULLIVAN, 2019 より作成）**

　ことが狙いであり，端末交通の費用の一部を国が補助した取り組みである。
　モデル都市の一つ，ロサンゼルスの9か月目の結果は，社会的受容という
観点から，多くの示唆を与えている。実証実験は METRO（市交通局）と
配車サービスの Via 社が提携し，郊外の3地区で実施。TAP カード（交通
IC カード）利用者は駅まで 1.75 ドルで利用できる。図6-10 は，週あたりの
利用者の推移を示しており，日々利用者が増えていることがわかる。加えて，
運転手の1時間あたりの乗客数も同様に増加し続けている。目標としていた
2.25 人／時間を8か月で超えている点も興味深い。配車までの平均待ち時間
は 11.5 分だそうだ。
　新しい移動サービスと従来の交通手段を統合したサービス，新しい移動
サービス自体の周知や理解には，一定の時間が必要である。多くの市民がこ
れまでまったく利用したことがない移動サービスであり，利用して初めてそ
のメリットや意義が理解されるものが多い。住民説明や PR を徹底したとし
ても，そもそも関心がある人，興味をもってくれる人は限定的だ。意義が理
解されたとしても行動の変容は容易ではない。

6-3-4 ウィーン

　地域の将来目標やビジョンと一体で，交通サービスのDX（デジタルトランスフォーメーション）を進めている代表都市がオーストリアの首都ウィーンだ。ウィーン市では2050年のスマートシティウィーンフレームワーク戦略を踏まえ，2025年に向けた将来の交通ビジョンを策定している。将来ビジョン「Urban Mobility Plan Vienna STEP2025」は，自動車を所有せずとも移動できる社会の実現を目指した革新的な内容である。2025年には自家用車の分担率を20％，それ以外の交通手段80％を目指すKPIが掲げられている（図6-11）。

　ウィーンのMaaSはこれら目標の実現を後押しする役目だ。ウィーンには市交通局のアプリWienMobil以外にも，フィンランド発のMaaSグローバル社のWhimをはじめ，複数のサービスが展開している。日本に例えるなら，ナビタイムやヤフー，駅すぱあとなど複数の経路検索サービスが存在していると考えるとわかりやすい。

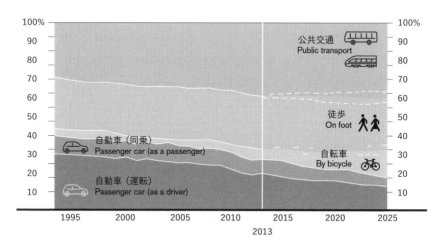

図6-11　ウィーン市の2025年の交通手段分担率の目標
（Vienna, 2015, p.22 より作成）

2017 年 6 月に市民向けにリリースされた「WienMobil」は，バス，路面電車，地下鉄だけでなく，タクシー，自転車シェアリング，カーシェアリング，レンタカー，電動キックボードなど，市内で利用可能なさまざまな移動手段が統合された次世代の移動サービスだ。リアルタイム情報にアクセスできるだけでなく，チケットの購入，予約，あるいは組み合わされた移動手段の予約，決済まで行なえるまさに「ワンストップ・モビリティ・ショップ」を展開している。サービス開始からわずか 2 年が経過した時点で 100 万人以上にダウンロードされ，市民に広く普及した MaaS の先進例である。

　また，公共交通とカーシェアリングや自転車シェアリング等を統合したモビリティハブへの投資も積極的だ。MaaS というバーチャルなサービスだけではなく，グリーンリカバリーを牽引するフィジカルな空間を創出し，市民の意識や行動を変容する政策に取り組んでいる。たとえば Simmeringer Platz 駅では，EU のプロジェクト Smarter Together により，エネルギーや物流と移動サービスとの連携した先進的な取り組みを進めている。ここには，電動アシスト自転車やカーゴバイク，カーシェアリングや充電ステーション，情報端末等が配置されている。

　自動車を保有することなく，このエリアの住民であれば，モビリティハブに来ればさまざまな移動サービスが利用でき，カーボンフリーな社会に自ら貢献できる仕掛けは，MaaS の社会的受容を高めていくうえでも参考になる取り組みだろう。

6-3-5　Uber 等の交通ネットワークカンパニー

　配車サービスの Uber（ウーバー）や DiDi（ディディ），Lyft（リフト），Grab（グラブ）は，マイカーを保有せずとも移動できる新しいライフスタイルを提案し，事業拡大を進めている。日本では Uber や DiDi が全国各地でサービスを展開している。多様な交通手段（自動車，電動キックボードや自転車，公共交通，自動運転車等）と運転手，顧客をデジタルで統合するサービスモデルであり，一般的に交通ネットワークカンパニーと呼ばれている（日

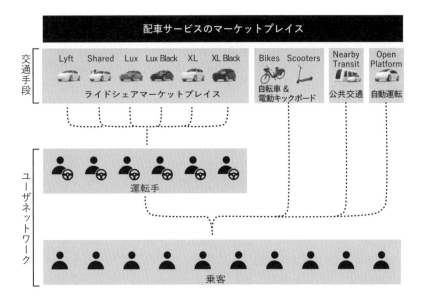

図6-12 交通ネットワークカンパニーのマルチモーダルプラットフォーム
(Lyft, 2019 より作成)

本では何故か白タクやライドシェアと呼ばれている，図6-12)。

　Uber は世界で1万都市に展開しており*1，配車サービスとは，一言で言えば，ドア・トゥ・ドアのオンデマンド型交通サービスである。いつでもどこでも，呼んだらすぐに来てくれる（オンデマンドな），「庶民のハイヤー」であり，スマホ一つで，自分のお抱えドライバーを雇った感覚だ。ドライバーと利用者を直接結び，車両や車庫，営業所などの資産をもつ必要がないため，類似のサービスであるタクシーよりも安価で利用できる。

　スマホを覗けば，自分の周辺にどの程度利用可能な車両がいるかが一目でわかり，目的地を入力し配車をオーダーすれば，呼んだ場所までの到着時間，目的地までの所要時間を知らせてくれる。事前におおよその運賃も提示され

---

*1　Uber 公式サイト　https://www.uber.com/global/ja/cities/ ［最終閲覧日：2022年2月14日]

る。その後，時々刻々と配車した車両が近づく様子が地図上で表示され，乗車中も目的地の説明の必要がなく，安心して行きたい場所まで連れて行ってくれる。到着すれば現金などのやりとりの手間や時間も費やすことなく降車できる。乗客から評価されるため，運転手の会話は軽やかで，笑顔を絶やさない。急加速や急ハンドルなどの荒い運転も少なく，目的地の前で停車してくれる。

このように我々日本人が知っているタクシーとは，似て非なるサービスであり，似て非なる UI（ユーザインターフェイス）であり，UX（ユーザエクスペリエンス）である。そのため，欧米で古くから一般的に使用されていた相乗りの呼称であるカープールと差別化した呼び方として，これら究極の交通サービスは，ライドヘイリング（hailing は「呼んで迎える」の意）が一般的に用いられる。

コロナ前のアメリカ国内での利用者像は，都市部に住む 20 〜 30 代，高学歴の人が多いことが報告されている（牧村，2021a）。

日本では，15 地域でサービスしており（2021 年 9 月時点），諸外国とは異なりプロドライバーが送迎してくれる点，相互に評価されるレーティング機能がない点などを除けば，移動体験はほぼ同じと言ってよい。

さらに，Uber はこれまで個別に提供していた自社サービスを統合した。配車サービスと料理宅配サービス Uber eats（ウーバーイーツ），公共交通機関や電動キックボード，自転車シェアリングなどを 1 つのアプリに統合し，一定の割引が受けられるサブスクリプションプランも提供し始めている。また，Uber は公共交通機関との連携を進めており，2019 年に入ってからその動きは活発だ。2019 年にはコロラド州デンバーの鉄軌道やバスのチケットが Uber のアプリから購入できるようになり，Uber のアプリからマルチモーダルなルート検索が可能となっている。デンバーの公共交通が Uber のイメージカラーに塗られた列車を背景にしたサービス開始の式典は新しい時代を感じさせる印象的な出来事であった。2020 年になり，サンフランシスコ・ベイエリアに位置するマリン郡の公共交通機関を Uber 社のソフトウェアで管理する契約を締結している。自社のソフトウェアを公共交通

事業者に提供するビジネスに参入したかたちだ。公共交通の運営に直接関わる初めてのケースである。また、2020年7月には公共交通機関にオンデマンドサービスやルート最適化などのソフトウェアを提供するRoutematch社（本社はアトランタ、従業員170名のベンチャー企業）の買収を発表した。Routematch社は、500以上の公共交通事業者に使用されているソフトウェアを開発している企業である。Uberは今後、公共交通事業者向けのSaaSプロバイダとしても、存在感が増していくことは間違いないだろう。

6-3-6　トリッププランナー

　欧米では、交通関連のオープンデータ、データ共通化が進んでおり、その結果、さまざまな企業がMaaS事業に参入している。代表例がトリッププランナーと呼ばれるIT企業だ。オーストラリア発のSkedGo社、イスラエル発のMoovit社（その後インテル社に買収されている）、Citymapper等がグローバルに展開している。彼らは、これまでの鉄道やバス、トラム等の公共交通機関に加えて、新しい移動サービスを統合し、ルート検索から決済までを一つのアプリでサービスする。

　たとえば、オーストラリア発のスタートアップであるSkedGo社は、全世界で500都市以上に導入され、自社ではTripGoという商標でマルチモーダルな移動サービスを展開している。月に3000万人以上のアクセスがあるそうだ（**6-4-1**で後述）。自分のいる場所からアプリを立ち上げれば、利用可能な移動サービスがまるでレストランのメニューのように表示され、ホテルのコンシェルジュのごとく、移動ニーズに応えてくれ、目的地まで安心してナビゲートしてくれる。個人の趣向も反映する機能も内包していることから、自分好みの手段やルートが案内されるため、日々新しい発見や気づきを与えてくれる次世代の移動サービスだ。

　Citymapper社はロンドンでは定額制のサブスクサービスCitymapper Passを展開する。地下鉄やバスだけではなく、タクシーや自転車シェア等も、たとえば週40ポンドで利用できるメニューを用意する。

また，彼らは自社開発したプラットフォームを政府や行政の MaaS アプリ
として提供しており（ホワイトレーベルと呼ぶ），大学との実証実験や民間
企業が採用するなど，さまざまなビジネスを広く手掛けている。

6-3-7　マイルート

　本格的な MaaS が日本でも始まっている。トヨタ自動車と西日本鉄道が
連携し，福岡エリアで始めた「my route（マイルート）」がその代表例だ。
2018 年 11 月から実証実験をスタートし，2019 年 11 月末からパートナーに
JR 九州も加わり，本格実施に移行，北九州エリアを含むサービスを開始した。
2020 年には宮崎に拡大，さらに横浜や愛知，富山，由布院，沖縄，糸島な
ど全国に展開している。

　実証実験から本格的な事業をスタートし，自動車会社と交通事業者がタッ
グを組んでスタートした日本型の MaaS は世界的にも類を見ないものである。
　では何がこれまでの経路案内サービスなどと異なるのだろうか？　これま
でも自動車だけを対象とした経路案内サービス，バスや鉄道などの公共交通
機関だけを対象とした経路案内サービスは存在していた。従来のサービスと
大きく異なるのは，既存の交通手段に加え，タクシーやカーシェアリング，
自転車シェアリング，駐車場予約などの新しい移動サービスを一つに統合し
た点だ。さらに地域の観光，イベントやグルメ情報などをトリガーに，行き
方の案内，予約（タクシーやカーシェアリング，自転車シェアリング），決済・
発券（バスや鉄道の電子チケット他）までを 1 つのアプリで実現している点
だろう。特に，移動だけではなく，地域で行なわれるさまざまなイベント情
報，地域のグルメ情報と移動が連携している点は，欧州にはないサービスで
はないだろうか（図 6-13）。

　1 年間の実証実験を通してサービスを利用した人の意見も好評だ。新しい
経路が発見できたり，今まで行ったことのない場所や店に行ったりという声
が続々とあがっている。また，バスの電子チケットの販売も好評のようだ。
券売機に行かなくても 24 時間券や 6 時間券が購入できるというメリットは，

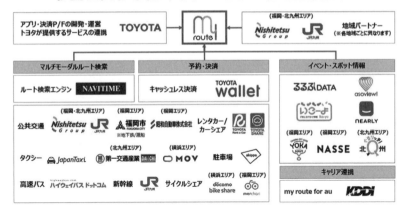

図 6-13　全国へ拡大するマイルート（TOYOTA, 2020）

従来のバス利用におけるハードルを取り除く効果が高い。企画チケットはバスセンター等の特定の施設でのみ取り扱いされている場合も多く，観光客などはそこにいくまでにバス運賃を支払うなど，笑えるようで笑えない話は日本中で散見される。デジタルチケットは改ざん防止の技術が施されており，乗降時に運転手に見せるという方法だ。昔は皆，運転手に見せて乗降していたことを思い出してほしい。スマホというツールを通して，電子チケットが発券できるというメリットは，今後曜日や時間帯でダイナミックに運賃を変動したり，雨天時などに価格を下げたりなど，いろいろな応用が期待できる。

　このような取り組みが評価され，IAAE（国際オートアフターマーケット EXPO）実行委が主催する「MaaS アワード 2020（MaaS & Innovative Business Model Award)」において，高い完成度が評価され，アプリ部門でマイルートが受賞をしている。

　自動車メーカーと交通事業者が連携した取り組みは世界的に見ても希であり，マイルートは日本型 MaaS の一つの手本となる可能性を十分秘めているのではないだろうか。

6-4

MaaS の将来展望

6-4-1 モード（交通手段）の統合

　MaaS は多様な交通手段の統合が基本であり，交通モードの統合を考えていく場合には，マルチモーダルとインターモーダルを理解しておくことが大切だ。中村（2007）によると，「マルチモーダル」はモードがマルチということであり，多様な交通手段が選択的であることを意味すると解釈することが語源的には適切であるとしている。一方，「インターモーダル」は，モードのインターすなわち「際」であり，交通手段と交通手段の間の継ぎ目，すなわち交通結節点での連続性を意味していると解釈することが望ましいと定義している。

　都市間の中長距離移動を支援する MaaS には，インターモーダルな取り組みが中心だ。たとえば，フランスのSNCFは，従来の駅間の移動支援からドア・トゥ・ドアを対象に，移動サービスを充実している。駅から（まで）の配車サービスや自転車シェア，電動キックボード等と駅間の移動をセットで一括に予約，決済できる SNCF アシスタントがウェブと専用アプリから利用できる。日本でも JAL が配車サービス Uber と連携するなどの取り組みが始まっている。

　また，都市間の MaaS と都市内の MaaS を統合，連携する取り組みが，ドイツ鉄道やスイス国鉄で進められている。日本でも，JR 西日本の MaaS アプリ「ウェスター」が地域の MaaS（setowa や広島電鉄，のりまっし金沢）との連携を始めている。

　都市内では，マルチモーダルなサービスが中心であり，多様な交通手段が選択可能なサービスが求められる。欧米では公共交通や新しい移動サービスのオープンデータやデータ標準化が進んでおり，その結果，マルチモーダルな移動支援の MaaS が次々と誕生している。たとえばフランスでは，公共交

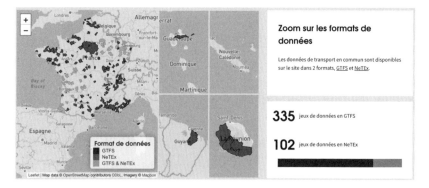

図 6-14　公共交通のオープンデータサイト*²

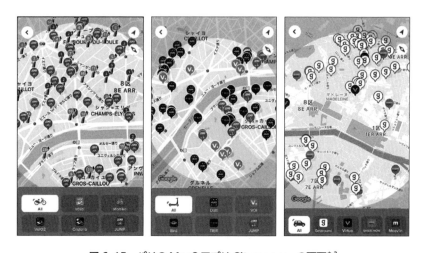

図 6-15　パリの MaaS アプリ Citymapper の画面*³
（左：自転車シェアリング，中：電動キックボード，右：カーシェアリング）

＊2　Ministère de la Transition écologique　https://transport.data.gouv.fr/stats［最終閲覧日：2022 年 2 月 25 日］
＊3　Citymapper の画面：筆者による現地調査によって入手した。

通の情報を公開している専用サイトがあり，データが公開されている都市や
そのデータ形式が一目でわかる（図6-14）。

　フランスは，GTFS（グーグルのデータ標準）とNeTEx（CENのデータ標準）
が中心だ（2021年9月時点）。自転車や電動キックボードのシェアリングで
は，北米自転車シェアリング協会（NABSA）が定めるGBFSが広く世界で
普及しており，たとえばパリ市内のヴェリブやライム（Lime），ポニー（Pony）
はこのデータ形式を採用している。

　図6-15は2020年5月12日，パリでロックダウンが解除された月曜日
朝の様子である。多様な選択肢があることが一目でおわかりいただけるだ
ろう。それぞれのデータの品質やサービスの品質は事業者が責任を負い，
Citymapperというプラットフォーム上でエコシステムとして機能しており，
MaaSの持続可能な仕組みとしても，データ標準化と合わせてオープンデー
タが重要となる。

6-4-2　運賃の統合

　MaaSは手段であり，プライシング政策は地域の政策目標を実現していく
ための重要な政策変数である。人々の行動変容を促し，また社会的受容を高
めていくうえでも，その制度設計や制度の見直しがポイントとなる。

　通勤や通学などの定期券が浸透しているわが国では，携帯電話や映画，音
楽のように使いたい放題，見放題といったサブスクリプションをどのように
設計するか，既存の交通手段と新しい交通手段との運賃の統合をどのように
設計するかがニューノーマル時代の経営を考えるうえでも重要だ。

　これまでわが国では，出発地から目的地までの区間内において，特定の
交通手段を指定し，その区間内では乗り放題というのが一般的であった。
MaaSアプリでは，たとえば特定時間（6時間や24時間）にバス乗り放題
や地域内の高速バスが乗り放題になる電子チケットが含まれるサービスが始
まっている。

　一方で，欧米で進められている新しいモビリティサービスは，区間内に交

表 6-1　MaaS による定額制の種類と代表例

種　類		代表例
特定手段の乗り放題		福岡（マイルート） 九州（サン Q パス） 渋谷，京丹後（ウィラー） 小山（おーバス）
特定区間の 乗り放題	鉄道，バス等特定手段のみ	欧米のゾーン運賃制導入地域
	既存交通手段＋ 新モビリティ	高雄（MenGo） ヘルシンキ（Whim） スイス全域（yumuv） ジュネーブ（zenGo） アウグスブルグ
乗り放題＋従量制 組み合わせ	乗り放題：既存交通手段 従量制：新モビリティ	ハノーバー ストックホルム（UbiGo）

注）各都市資料等から筆者作成

通手段を定めず乗り放題になるサービス，鉄道やバス等の既存の交通手段に加えて，自転車シェアリングやカーシェアリングの利用も乗り放題になるサービス（たとえば，高雄，ジュネーブ，アウグスブルグ），既存の交通手段に加えて，新しい移動サービスは利用した分請求されるような定額制と従量制を組み合わせたサービス（たとえば，ドイツ・ハノーバー，スウェーデン・ストックホルム）など，豊富なバリエーションが続々と生まれている（表6-1）。

　ハノーバーの場合には，電気やガス，水道の料金が月末の使用状況により課金額が決まり，後日請求されるように，カーシェアリングや自転車シェアリングを利用した場合，利用状況により後日，地域の交通事業者から請求される方法を採用しており，定期的に自分の移動手段を振り返ることで賢い移動が促される仕掛けは，興味深い。

　コロナ禍において台湾の高雄市では，公共交通と自転車シェアリングやタクシー等が乗り放題となっている。MaaS の定額制価格を半年間ほど50％オフなどにするダイナミックプライシングを実施することで緩やかに需要回復を促し，その結果，効果を上げている例が報告されている。

　また，サブスクリプション以外にも，ポイントにより行動変容を促す取り

組みも注目されている。たとえば，航空会社のマイレージサービスのように移動距離に応じてマイレージが獲得でき，徒歩や自転車，公共交通などのグリーンモードを利用するとポイントが 15 倍や 20 倍になる「マイルズ」はコロナ禍で会員を伸ばし，アメリカを中心に 35 万人以上に拡がっている（牧村，2020）。MaaS のアプリをダウンロードしても日々利用されないという課題もクリアーでき，ゲーム感覚で楽しく移動体験を促し，イベントごとのポイントサービス等により，社会的受容を高める工夫がされている。日本にも 2021 年秋に上陸し，マイルズはあっという間に 100 万ダウンロードを超え，大きな話題となっている。

　静岡地域では，静岡鉄道の混雑状況に応じたクーポンが取得できる MaaS の実証実験を 2020 年 11 月から開始，地元の商店街等の利用がお得になるといった，小売りと移動を組み合わせながら，混雑回避を促す最先端の取り組みも始まっている。また，JR 西日本では京阪神エリアを対象に Wester で駅や列車の混雑状況を提供しており，ピーク時間帯を避けた移動に対して交通系 IC カード（ICOCA）のポイントが貯まる取り組みを 2020 年 9 月からスタートしている。

　このような定額制や割引，ポイントなどが人々の行動にどのような影響を与えていくのか，まだ交通分野においての知見は少ない。2012 年，オーストリアの首都ウィーンは，年間パス（鉄道，バス，トラム対象）の運賃を 449 ユーロから 365 ユーロに引き下げた。これにより，年間売り上げが 32 万 1000 ユーロ（2011 年）から 82 万 2000 ユーロ（2018 年）と約 2.5 倍に増加するという，世界でウィーンモデルと呼ばれている成功例がある。ウィーン市民 190 万人のうち約 110 万人が年間パスを保有しているそうだ。日本では，たとえば，栃木県小山市のように 7 割引の市内乗り放題サービスを導入したことで総収入が増加した事例（おーバス noroca）も報告されており，福岡の MaaS（マイルート）では，6 時間や 24 時間乗り放題の電子チケットの販売がこのコロナ禍でも好評と聞く。

6-4-3　他サービスとの連携

　移動は派生需要であり，移動産業と異業種との連携により，MaaS 本来の
価値が創造される。移動だけのサービスに移動目的のサービスを加えること
で，社会的受容を高める効果も期待されている。

　すでにさまざまな異業種との連携が始まっており，住宅・不動産，観光，
医療・介護・ヘルスケア，小売り，電力・エネルギー，金融，保険，広告・
プロモーション，働き方，物流，災害・防災，農業など，数多くのサービス
が進められている。ここからはいくつかの先進的な取り組みを紹介したい。

(1)　住宅・不動産との連携

　世界では，MaaS を前提に駐車場のないあるいは駐車場を極力抑制した新
しい住宅開発が始まっている。集合住宅に付帯する駐車場を抑制できれば，
不動産会社にとっては，その分，居住面積や共有面積を充実できる。交通事
業者にとっては，新規需要の開拓につながり，行政としては持続可能な社会
の実現に貢献ができる，まさに三方よしの政策である。

　たとえば，スウェーデンのイエテボリでは，カーフリーリビングという
新しい概念の集合住宅が 2019 年 3 月に誕生している。EC2B 社の MaaS ア
プリを通して，居住者は公共交通の電子チケット，自転車シェアリングや
カーシェアリングが利用できる。また，居住者向けにはアプリの提供だけ
ではなく，新しい移動サービスの利用方法やその意義などを講習する活動
も行なうほか，新しい移動サービスを提供したい企業と地域を結ぶ役割も
EC2B 社が担っている。新しい移動サービスの浸透には人によって時間もか
かり，受容を高めるうえでも必須のサービスだろう。イエテボリの取り組み
は EU のスマートシティプロジェクト IRIS とも連携しており，政府機関な
どの支援も受けている。カーフリーリビング住民 1 人あたりの自動車所有
台数は 0.18 台，イエテボリの平均 0.28 台／人よりも低くなっているそうだ。

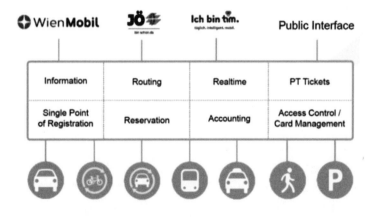

図6-16　ウィーン市の MaaS プラットフォーム概念（オープンバックエンドプラットフォームと呼ぶ）（Neumayer, 2018, p.7）

(2) エネルギーとの連携

6-3-4 で紹介したオーストリアの首都ウィーンの MaaS のデータ基盤を担っているのが，市交通局が 51％，市電力会社（シュタットベルケ）が 49％出資で設立しているスタートアップの Upstream 社である。Upstream 社は，市内のすべての移動サービスを一元化したプラットフォームを構築し，交通事業者と MaaS オペレータをつなぐ役割を担っている（オープンバックエンドプラットフォームと呼ぶ；図6-16）。設立当初6人の従業員からスタートし，その後，事業を拡大，50人を超える従業員が MaaS の B2B ビジネスに取り組んでいるそうだ。交通事業者と地元電力会社が連携し，移動とエネルギーを融合した次世代のエコシステムへの挑戦が始まった注目の取り組みである。

(3) 保険との連携

新しい移動サービスの導入が先行している欧米では，地域への参入において，事業者に保険の加入を義務づけることが一般的になっている。たとえば，

Uber に代表される配車サービスに対してアメリカでは，州ごとに異なるものの，ドライバーに保険の加入が条件となっている。また，自転車シェアリングやカーシェアリング，電動キックボード等を地域で運営する場合，アメリカでは許可条件として保険の加入が義務づけられているところが一般的である。

　日本でも新しい移動サービスが登場するなか，利用者への移動の安心を担保するための新商品が次々と生まれている。コロナ禍においては，移動において感染が心配される人もいることから，2021 年 3 月から糸島地域でスタートした MaaS（コロナお守りパックつき）では，新型コロナウイルス感染症一時金特約つきの 1day フリーパスを導入している。乗車券を利用開始した日を旅行開始日とし，旅行中または旅行終了後 14 日以内に新型コロナウイルス感染症を発病した場合に保険金を支払うものである。また，「医療相談サービス」が付帯しており救急医療の第一線で活躍している現役の救急専門医と経験豊富な看護師が 24 時間 365 日お客様の健康をサポートするサービスとなっている。

　新しい移動サービスのリスク分析や安全を高めるための取り組みも保険業界に期待されている分野である。膨大なビッグデータからこれまで培った安全やリスクの分析評価のノウハウを，他の移動サービスに応用することで，移動全体のリスク低減に大きく貢献できると考えられる。今後デマンド型交通サービスが大都市部や地方部にさらに普及していくことが想定され，また，自家用有償などの共助型の移動サービスの役割も地方部を中心にいっそう高まっていくと考えられる。すでにデマンド交通などの実証に保険会社の車載器を登載する取り組みやデマンド交通専用保険も始まっており，自家用有償専用の保険や保険会社自らが相乗り通勤等の実証に取り組むなど，実証を通してノウハウの蓄積が進められている。

　自動運転が進展し，MaaS と融合した移動サービスが一般的に普及した社会においては，従来の自動車などの保有に対する保険だけではなく，MaaS つき保険が一般的になるかもしれない。気象条件や地域の条件等に対して，事故リスクの低い移動手段や組み合わせを推奨したり，事故発生時の新しい

移動支援のサービス等が商品開発されていくことが想定される。また，住宅とMaaSが一体になったサービスが普及すれば，賃貸契約や住宅購入時に新しい保険サービスの加入が常識になるかもしれない。すでに歩くことによる健康増進と連動した保険商品も一般的になりつつあり，カーボンフリー社会や健康社会を後押しするような持続可能な社会を牽引する保険商品も生まれてくると考えられる。

6-4-4　社会的受容からみた課題

　今やルート検索は広く社会に受け入れられ，交通系ICカード等による利用や決済も都市部では当たり前の光景になりつつある。では，MaaSが今後，広く社会に受け入れられるために，どのようなことが課題になるだろうか？
　一つは，MaaSによってさまざまな交通手段が統合されることの価値が共有され，利用者がその価値を享受できることが大切である（図6-17）。最終電車で降車した駅には，バスやタクシーが接続されていることはもとより，

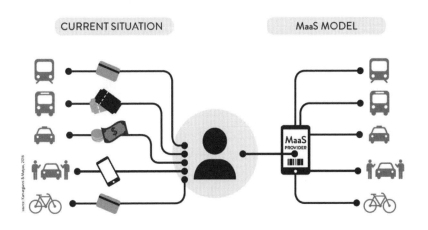

図6-17　MaaSの価値（UITP; EARPA Autum Meatings 2019, 2019, p.16）
さまざまな交通手段がICTで統合されることで新たな移動の価値が生まれる

SCENE 4

近未来にわくわくチャレンジ

【これまで】①職場がまちなかにあるため、まちなかの狭い住宅で一人暮らし。

【これから】②自然豊かな郊外の移動サービス付き住宅に一人暮らし。
鉄道、バス、タクシー等の移動サービスが使い放題なので、まちなかに気軽に移動。
③まちなかには、多様なモビリティ。気の向くままに、まちなかを探検。
④まちなかのいたるところで多様なイベントが。イベントに気軽に参加し、新たな出会いが。

図6-18　静岡地域の MaaS ビジョン*4

異なる交通手段を乗り継ぐ際の運賃の統合も重要な要素である。単に今の交通手段をデジタルで統合しただけでは，本来の価値は十分発揮されないままになる恐れがある。

　また，MaaS の普及が，社会が抱える課題の改善や解決に寄与するという社会的な意義を示していくことが重要である。そのためには地域が目指すビジョンを提示し，ビジョンの実現には必要不可欠なサービスの一つということをメッセージとして市民に提示していくことも大切だろう。企業の中期経営計画に MaaS が位置づけられる例が一般的になりつつある昨今においては，行政の DX 政策の一つとして，MaaS を重要な交通政策テーマに据える自治体が着実に増えている。たとえば，横須賀市や静岡市（図6-18），仙台市，金沢市等では，MaaS の将来ビジョンが提示され，重要な政策テーマに位置づけられている。市民との対話を通して，将来のビジョンとその実現のため

---

*4　しずおか MaaS 公式サイト（s-maas.jp）内，「しずおか MaaS 将来ビジョン・中長期計画」p.13　https://s-maas.jp/wp-content/uploads/2020/07/d38fd009 5d3fd6688dbe8a9e02da6767.pdf［最終閲覧日：2022 年 2 月 14 日］

の政策の受容を一体で高めていくことが大切である。

　サービスに対する信頼も重要である。個人情報の取り扱い，決済情報の管理，不具合などへの迅速な対応など，ICT 自体が抱える課題に対して，運営主体の役割は大きい。MaaS においては，スモールスタートから始め，徐々にサービスをアップデートしていく取り組みも多くあり，利用者からの意見や問い合わせなどの対応も今後重要なサービスの要素であろう。MaaS を通して直接利用者からの声を収集することができ，これら利用者からの意見は貴重な財産であるという発想の転換も今後ますます重要視されていくことだろう。

　広く社会に普及していくうえでは，デジタルデバイドへの対応もいっそう重要視されることになる。欧米など広く普及しているパラトランジットサービスの場合には，電話で配車予約を行なうことから，「ダイヤル・ア・ライド」とも呼ばれ，ICT の進展にともない，ウェブからの予約や最近ではスマホからの予約等も可能なものが多い。高齢者や障がい者等の方の中には，スマホのほうがコミュニケーションを取りやすい人もおり，一概にスマホのサービスがデジタルデバイドを助長するということでもない点に留意が必要だ。MaaS 以前に特定の属性しか利用できない交通サービスが地域に存在する場合には，その改善が求められる。いずれにおいても，誰もが移動を諦めないという世界，「ユニバーサル MaaS」の発想が非常に重要だ。

　行政と民間が連携し，地域住民に何度も説明会を開催し，スマホの使い方，新しい移動サービスの利用方法などを紹介する取り組みが効果を上げている例も生まれている。MaaS の多言語アプリも実装され始めており（たとえば，福岡のマイルート），外国人への対応も進められている。

　さらに，地域に根ざしたサービスとして浸透していくためには，便利さだけではない顧客体験の提供が課題である。特に短期的な実証実験においては留意が必要だ。市民が一度利用した経験は，再度同一地域で実験や実運用する際に大きなネックになる場合がある。MaaS 実験の対象エリアでデジタルチケットを駅員にみせたときのちょっとした反応，駅員への質問への対応などは，利用者が交通サービスを提供する事業者との直接の接点として，大切に

図 6-19　アメリカで普及している Miles（マイルズ）[5]
環境負荷の小さい移動には高い倍率でマイルが貯まる MaaS

しておきたい UX の一つである。筆者がこれまで体験した観光地での MaaS 実験では，いずれも教育が徹底され，通常の乗車体験以上のものばかりであった。

　日常生活での普段使いのサービスとして MaaS が定着するためには，さらにいっそうの工夫が必要となるだろう。移動距離によるマイレージサービスとの組み合わせ，イベント時等のポイント連動など，地域が目指す課題に照らしつつ，アプリを定期的に立ち上げる動機づけも重要だ。カーボンニュートラルの都市を実現していくために MaaS を活用するならば，環境負荷の小さい移動手段へのマイレージのインセンティブやポイント付与などが効果的であり，すでに先進諸国などでは効果をあげつつある（図 6-19）。貯まったマイルを地域の社会貢献に寄附できるなど利他的な行動と紐づけされたサービスも注目されている（2021 年秋から日本でもサービス開始）。

　MaaS を通して普段利用している交通手段が環境面でどのような影響を与えているか，自分の日常の CO_2 排出量などを知ることができ，また代替手段ではどのような負荷になっているのか比較することも可能だ。地球温暖化に対してモビリティ分野が与える影響についてのファクトを知るといった

　＊5　Miles ホームページ　https://www.getmiles.com/［最終閲覧日：2022 年 2 月 14 日］

教育的な効果も期待できるだろう。日常の CO_2 排出量を削減できた場合に，その削減分を個人間で取り引きするような排出権取引への応用も期待されている。個人の行動が地域や社会に貢献していることを見える化することで，市民の幸福度を上げていくようなツールとして有効に機能すれば，いっそう，MaaS の社会的受容は高まっていくだろう。

　90 年代に入り，全国各地でモビリティ・マネジメント（MM）が普及し，市民とのコミュニケーションを通して行動変容を促していく交通政策が都市の経営，マジメントの手法として浸透してきている。行政や交通事業者等の社会的受容の高い政策の一つといってよいだろう。これまでの MM によるコミュニケーションはウェブなどの活用は見られたものの多くは紙などのアナログが中心であった（MM の概要については，藤井・谷口・松村，2015）を参考にされたい）。MM で用いられるツールには，動機づけ冊子，地図，

図 6-20　2019 年に EU のグリーン首都を受賞したフィンランド・ラハティ[*6]
「CitiCAP」という MaaS プロジェクトでは，環境負荷に小さい交通にシフトするとさまざまな特典が用意される

　＊6　EU Green Capital　https://www.ubc-sustainable.net/news/lahti-european-
　　　green-capital-2021［最終閲覧日：2022 年 2 月 14 日］

6-4　MaaS の将来展望　　**199**

マイ時刻表，行動プランの作成支援，日々の交通行動のフィードバック，ニューズレター等があり，動機づけや地図，マイ時刻表，交通行動のフィードバック等では，MaaS との親和性が高い。個々人に寄り添ったコミュニケーションが MM の基本であり，MaaS の基本理念とも合致する。MM の効果は全国各地で実証済みであり，MM と MaaS をうまく組み合わせることで，MaaS の社会的受容がいっそう高まることが期待できるだろう（牧村，2021c）。

第 **7** 章

モビリティ技術における
イノベーションの社会的受容

　これまでの章で，イノベーションやモビリティ技術の社会的受容について，多様な観点からの議論を概観した。第1章では，イノベーションの歴史を振り返った後に，イノベーションという現象をどのように理解できるのかに関するさまざまな理論を紹介した。第2章以降では，モビリティ技術にクローズアップするかたちで，社会的受容との関連から議論を行なった。自動運転システムの社会的受容については，第2章で多角的な検討が行なわれた。自動運転システムに対する社会的受容の定義や，国内外での調査と実証実験に基づく人々の社会的受容の評価，メディアの報道が社会的受容とどのように関連するのかについて議論があった。第3章では，社会的受容に対する社会学的な概念と理論について概観した後，個人の認知を扱う心理学の視点から，モビリティ技術の社会的受容に影響する要因について紹介した。第4章では，さらに個人の意思決定の詳細に踏み込み，自動運転技術の利用を選択するということにおける哲学的な分析が，関連する他分野の豊富な知見を踏まえたうえで行なわれた。社会的受容を合理的に促進することの限界と可能性については，今後の展開にとって重要な指摘である。第5章においては，モビリティ技術の発展に欠かせない通信技術の歴史を振り返った後，実空間の移動との対比でサイバー空間の特徴を詳細に検討した研究成果が報告された。本章の執筆時（2021年10月上旬），新型コロナウイルスに関連する実移動の制限はコロナ以前に完全に戻ってはおらず，実空間活動とサイバー活動の特徴に関する議論は，モビリティ技術の社会的受容にとっ

て示唆に富む。第6章では，MaaSにおける国内外の取り組みが，多くの事例に基づき紹介された。MaaSは単体の技術開発とは異なり，多様なステークホルダーと社会の仕組みを巻き込んだ非常に複雑な構造をしているということと，それを社会に円滑に導入する手法も各国や地域で多岐にわたることが示された。このように最新の状況について確認することは，モビリティ技術における社会的受容を学術的に理解する点で不可欠である。

　本章では最初に，以上の議論を振り返り，モビリティ技術によるイノベーションを，社会的受容という視点で改めて俯瞰的に理解することを試みる。もちろん，ここでの議論のみで，焦点となっているモビリティ技術のイノベーションや，そこにおける社会的受容を完全にかつ包括的に記述することはできない。たとえば，社会的受容にとっては，法制度整備という本書では扱っていない視点も必要になるであろうし，製品・サービスを導入するための行動経済学的な議論も重要であろう。したがって，本章では，モビリティ技術におけるイノベーションの社会的受容については，本書における議論に基づいて考察するにとどめ，さらなる学際的，あるいは国際的な展開は今後に期待することとする。

　また，これまでの章での議論とは別の視点として，より長期的に考えた場合に，技術が社会に受容されるということに，どのようなポジティブな価値があるのかを考察したい。すなわち，現時点では時期尚早であり，可能性の域を出ない議論ではあるものの，これらの技術が人々の幸福に資するものなのかどうかという視点から考察してみることも重要であるように考えられる。特に，モビリティ技術の開発は，高齢化が進む日本においては，高齢者の移動を支援し，高齢者が元気や幸福を維持・向上できることを目指すという背景で行なわれていることも事実である。したがって，本章の後半では，高齢者を事例とした場合に焦点を当てて，高齢者の幸福とモビリティ技術の関係について考察を試みる。

7-1

社会的受容における多様性

　これまでの議論で明らかとなった重要な点は，社会的受容に対する考え方の多様性であると言える。各章の議論は，交通工学や ICT 分野，社会学，心理学，哲学など，多様な分野にまたがっており，それぞれで捉えられている社会的受容の特徴が明らかになった。重複する部分も多いにある一方，分野に独特の考え方もあるようである。

　第2章における自動運転システムに対する社会的受容は，一般の人々に対するインタビューに基づいて定義されており，購入意図（買いたい）や利用意図（使いたい）ではなく，「自動運転システムが実現した社会への賛否意識」という枠組みで捉えるという点が強調されている。自分が自動運転車を購入するかどうかよりも，社会に自動運転車が存在してもよいと思うかどうか，が重要ということである（ただし調査の際には，自動運転システムに対する賛否だけでなく，利用意図や購入意図も検討している）。第3章の後半部分（個人の認知としての受容）と第4章においては，基本的には，自分自身が自動運転を利用するかどうかという視点で受容の議論が展開されている。たとえば，第3章の後半で紹介された主要な技術受容モデルである TAM の最終変数は，個人の「行動」であり，したがって，自動運転などの技術を「自分が利用する」かどうかが主眼となっている。第4章においても，自動車の運転を習熟するということは，その後の変容した自己の判断を予測できないうえでそもそも非合理的であって，自動運転車を選択するように合理的に促進することの限界が述べられており，ここにおいても受容する主体は当人であると想定できる。また，第5章においても，たとえば ICT における社会的存在感やリスク，効用の評価といったものは，社会一般的にどう認識されていると思うかではなく，個人がどう思うのかが評価されている。しかしながら，モビリティ技術におけるイノベーションの社会的受容を考える場合，双方の視点を統合的に捉える必要があることをここで改めて確認する必要がある。

すなわち，いずれにおいても個人の視点での評価ではあるものの，「自分なら利用するか」だけではなく，「移動に困っている他の人」や「自分の住んでいる地域社会」が，自動運転などの先進的なシステムを取り入れるべきかどうかも，評価として考える必要がある。このことは第2章で特徴的に指摘されており，非常に重要な視点である。

　ただし，いくつかの章で指摘されている NIMBY のように，自分が不利益を被らないのであれば，社会に取り入れてよいという利己的な人が多い場合に，この他者（あるいは社会）視点に立った自己評価に過度に依存することが問題となる可能性がある。困っている人が利用したいのであれば，社会に自動運転システムを入れてもよいと回答する人が大多数であったとしても，その人々が利己的で，自分の運転する車の邪魔になる場合には実質的には受容につながらない。また，「社会に取り入れてよい」の「社会」像は，個人によって異なる可能性が高い（むしろ正確に統制することは困難）ため，自分が関与しないどこか遠い社会を想定している場合には，本当に「取り入れてよい」と思っていることにはならない。想定されている社会の範囲を何らかのかたちで提示する必要はあるであろうし，自分がその社会の一員として，自動運転システムを導入するために負わなければいけない将来のコストや責任がどのようなものなのか，自動運転ではない車と自動運転車が混在する社会で生じる新たな問題がどのようなものなのかなどを，個々人が理解したうえでの評価となることが望ましい。また，「他者」が自動運転を使う必要があるのであれば受け入れるという評価も，その他者が自分にとってどのような他者なのかによって，大きく評価が変わってくる。社会像の問題と同様に，日本社会の平均的な他者といった漠然としたイメージであれば，人によってその内容は異なる。また，自分にとって重要な他者であったり，実際に移動に困っている知人を想定している場合は，結果的に受容の評価がポジティブに偏ることは容易に想定できる。先進的なモビリティ技術の社会的受容を考慮する際に，検討する必要のある社会像や他者像とはどのようなものなのかについて，詳細に議論することも重要であろう。

　あるいは，これらの視点の違いは，受容の程度差として考えることもで

きるかもしれない。第3章の図3-1に，受容を評価と行動の2次元で表現した図を示した。この図の説明として，「このプロジェクトの報告書でSchweizer-Ries らは，受容の条件には，事業者側の視点である『抵抗がなければ受容されたことになる』というものから，市民活動の視点として議論される『住民が明確に承認し，積極的に支援して初めて受容されたことになる』というものまで多様であり，受容を『評価（ポジティブなものからネガティブなものまで)』と『行動（積極的なものから受動的なものまで)』の2つのレベル」（74-75 頁）で表わしていることが指摘されている。この図のうち受容を表わすのは，評価が肯定的な上の2象限であるが，このうち左上の象限である「擁護」に相当する部分が，他の人（あるいは地域社会）が必要であれば受け入れることに関連しており，右上の象限である「サポート／コミットメント」の部分が自身自身も含めた積極的な受容として位置づけられるとも考えられる。また，社会学と心理学の橋渡しとしての社会的受容の定義として，Upham らは，「受容とは，ある社会的単位（国や地域，コミュティや町，家庭，組織）の構成員による，提案された，または現場で使用されている技術や社会技術システムに関する好意的または肯定的な反応(態度，意図，行動，適切な場合では使用を含む）のことである。そして，反対の反応がないなどの受動的な意味合いは受容に対する最も単純な理解であって，受容には，支持，関心，賞賛などの強い肯定的な次元があることを指摘している」（81-82頁）とも述べている。以上のことからすると，社会的受容における個人の視点からの評価としては，自分自身が当該技術を積極的に利用しようとする非常に強い肯定的なレベルから，あえて反対はしないし自分が使うことはないが，周囲や他者のためにその技術の実現を擁護するといった弱いレベルまで，幅広いレベルがあり，そのレベルが低下するほど，受容の主体が自己から他者へとずれて評価していくのかもしれない。

　次に，社会的受容を扱ううえで，個人による何らかの評価の集計を，「社会的」受容と呼んでよいのか，という問題もある。第3章の前半におけるWolsink の GR（Gaede と Rowlands）への批判のとおり，「社会的受容とは，無数の研究課題を含んだ，複雑で多層的な複数の中心が存在するプロセスで

あり，時間をかけて展開される一連の活動として理解されなければいけない」（86頁）。そこでは，分析のレベルとして，社会的・政治的受容，地域の受容，市場の受容という3レベルの分類が存在し，各レベルでのアクターが時には流動的に移動しながら，社会的受容を構成していくことが指摘されていた。さらに，「GRは単なるアクターとしての受容に焦点を当てた研究を多数取り上げ，政治的な観点から心理的な問題としての社会的受容に研究の中心が変化していると考察しており，これはWolsinkによると1980年代に生じた当初の研究テーマであるパブリックの受容への後退とも考えられ，致命的な判断」（90頁）という指摘もあった。すなわち，自分や他者がその技術を使うと思うか，といった個人視点での判断だけではなく，社会全体の構造やマルチアクターの存在を射程に入れた検討も行なう必要性があることが指摘されている。あるレベルのみを扱っている研究においても，他のレベルとの連動性を考慮しなければ，その成果を理解することは難しいという指摘もあった。第1章で概観したイノベーションの理論においても，Rogersの拡散理論やChristensenらのジョブ理論のように，採用者の視点を重視する理論もあるが，顧客と複数の市場の動向を理論化した破壊的イノベーションの理論や，ダイナミックな技術的変遷に対するマルチレベルのモデルにおいては，やはり社会の中での多層性と各層の間での相互作用が取り上げられていた。すなわち，イノベーションという現象が実現する，すなわち社会に変遷が起きることを理解するには，顧客やユーザだけでなく，社会に関する概念的フレームワークを提示したうえで検討を重ねることが重要になる。しかしながら，社会学的にこのような概念が整理されてきたことは非常に示唆に富む一方で，これらを，実証研究にどう落とし込めるのかについては，方法論的な課題が多く，この点については今後ますます異分野間の協力が必要であろう。

　一方，第6章で示された各地域や各国のMaaSの取り組みは，社会的・政治的受容や，地域の受容，市場の受容のそれぞれに深く関連する議論であった。紹介されていたフィンランドやフランスにおける法改正は，まさに社会的・政治的受容に関連する取り組みであり，国家や地域の戦略が，先進的な

サービスの導入に欠かせないことを示している。自治体が主体となって行なったアンケートは，地域の受容を反映していると考えられるし，各国の先進的な取り組みは市場の受容が MaaS の導入の大きな促進力となっていることを意味している。たとえば，MaaS の中期戦略計画（ダラス）やアメリカの MOD（Mobility on Demand）プロジェクト，ウィーンの交通ビジョンであるビジョン「Urban Mobility Plan Vienna STEP2025」などの社会的・政治的受容と，市場が公開するアプリのダウンロード数や推移，利用者数といった客観的な数値，また，期待や満足といった個人の評価など，3つのレベルの包括的な検討の必要性が具体的に示されていた。これらの知見は3つのレベルの社会的受容を包含している事例として非常に重要である。一方で，前述の社会学的な視点での指摘にあるように，レベル間でのアクターの移動や，相互のレベルの時間的な影響についても，今後検討を進める必要があろう。MaaS は，個人が利用するかどうか決断することで実現されるというよりは，導入される地域全体が関わるサービスであり，必然的に多様な利害関係者が互いに連携することとなるため，社会的受容を学術的に検討するうえで，今後ますます注目されると考えられる。

　第4章での意思決定の非合理性の議論は，社会的受容に関して，個人が技術をどのように受容するか，と，外部の社会が個人の受容をどう促進するか，の2側面の違いを考えるうえで興味深い。個人が自動車を受容する（運転に習熟することを選択する）のは，主体性の感覚の拡張をともなう変容的な経験を選択するということであり，結果的に変容した後の自分の価値観による評価を予測しきれないため，非合理的な選択である（自己変化への選好に動機づけられる場合を除く）。一方で，「自動運転車の社会的受容の条件については，社会学・心理学などの分野でも研究されている。これらの研究は基本的に，自動車に関わる道具的価値と象徴的価値を低下させつつ，自動運転車に関わる道具的価値と象徴的価値を上昇させるとともに，自動車に関わる感情的価値に由来する自動運転車への感情的抵抗を減少させるための方針を探す」（133-134頁）と指摘している。すなわち，自動車よりも自動運転車を選択する合理性を高めることで，自動運転車の社会的受容を高める取り組み

がされているということである。そしてここでの指摘は，そもそも，自動車の運転を選択することが非合理的であることを考えると，合理的な情報提供による外部からの受容の促進には限界があるという点にある。一つ確認しておきたいこととして，第4章の論調としては従来の自動車と自動運転車の価値が対比されているが，第6章の冒頭で強調されているとおり，MaaSの場合は「自動車という伝統的な交通手段に加えて，新たな選択肢を提供し，自家用車という魅力的な移動手段と同等かそれ以上に魅力的な移動サービスにより，持続可能な社会を構築」（167頁）することを目指している。すなわち，先進モビリティ社会において，自動車を積極的に排除することのみで自動運転車を導入しようとしているわけではない点は確認しておきたい。

　運転に習熟することは自己を変容させる経験である，という点と，それを選択することが非合理的であるという指摘は，哲学における論理的な分析であるからこそ示された非常に斬新で興味深い議論である。一方で，このような自己変容を選択するという非合理的な意思決定は，車の運転だけでなく，他の事象においても行なわれているのかもしれない。バレーボールに習熟してチーム一体として動けるようなることや，バイオリンに習熟してオーケストラとして一流の演奏ができるようになることは，そうなった後の自分の主体的な感覚（ボールや楽器を自己の延長のように扱い，周囲の他者と自然と協調行動を取るようになる）を想定できないにもかかわらず，時に人々はそのような活動を好んで選択する。ところで，その非合理性について，我々自身は意識できているのであろうか。第4章での指摘が斬新に思える理由の一つに，非合理的な選択を日常的にしていながら，当人はその非合理性に気づいていないケースが多いから，ということが考えられるのではないだろうか。

　免許を取得する前に想定していた「車を運転していろいろなところへ行きたい」という自分と，実際にそうなった（すなわち運転に習熟して自己が変容した）場合の自分が，主体性の感覚が拡張したという点で以前の自己とは乖離したことについて意識するよりも，実際に運転していろいろなところへ行くことができていることに，ただただ満足していることのほうが多そうである。すなわち，その選択がいかに非合理であったとしても，現実的にはそ

の選択に満足しているという可能性があり，個人が技術を受容する意思決定における非合理性は，必ずしも受容した後の感情的な満足を妨げないのかもしれない。第5章においても，「実際の人間は必ずしも合理的ではなく，『オンラインは嫌いだ』『ICT のほうが好きだ』などの感情的選択や，過度にリスクを怖がって移動や ICT 利用を忌避するなどの行動もよく見聞きするので，人の完全合理性を仮定しない分析フレームワークの検討も重要」（160 頁）と指摘されている。自分自身がある技術を使用するという選択を行なう際には，その選択が合理的かどうかという問題が，事後的な感情的な満足や達成感などによって打ち消されたり，あるいは非合理的な選択をしているときに思い浮かべている仮想的な満足感のほうが，合理性より優先される可能性もある。

　とはいえ，他者や外部の組織から，たとえば自動運転車を利用するように推奨される場合は別である。他者からの説明に非合理性があれば，利用を勧められている本人が納得しないというのは当然であろう。第3章の後半で紹介したように，自動運転の利用意図に関しては，認知された有用性や，認知された使いやすさが重要な要因であることなどが，さまざまな研究で明らかとなってきているが，これらの要因の関連性は極めて合理的であり，これは，社会的受容を何らかの手法で推し進めるには，合理的な理屈がなければ困難だからである。その点で改めて，自分が技術を受容する（運転に習熟する経験を選択する）ことの非合理性を考えると，第4章で指摘されている社会的受容を高める合理的な導入の限界がよく理解できる。個々人は非合理的に何らかの技術の利用を選択する一方で，周囲から社会的受容を促進するためには合理的な手段しかないという状況については，現状のままでよいのか，あるいは問題や解決方法があるのかについて今後議論する必要がある。

7-2

社会的受容と信頼

　社会的受容に関連して，いくつかの章では信頼について言及がされていた。第２章では，自動運転の技術は信頼できると思うかや，自動運転に関する「社会的な仕組み」をつくる行政・企業は信頼できると思うかについて，社会的受容の観点から検討が行なわれていた。また，第３章においても，社会学的な社会的受容の議論の中で，地方自治体の分配の公正さと信頼が重要であったり，市場規制への信頼（図3-3）が取り上げられている。また，個人の認知の受容としては，自動運転技術の利用意図を予測する重要要因の一つに，技術に対する信頼が示されていた。第４章では，自動車に関する移動手段の選択に関わる価値として，予定どおりに目的地に到着する信頼性があげられており，これも技術に対する信頼を意味していると言える。第５章においては，ICT 利用によるサイバー業務活動に対して，人々が信頼性を感じていることが議論されていた。MaaS について考察した第６章においても，個人情報の取り扱い，決済情報の管理といった，サービスに対する信頼が，社会的受容との関連で重要であることが指摘されている。すなわち，導入されようとしている技術やサービスそのものへの信頼に合わせて，それらを製造し運用し統括している組織や政府に対する信頼が，社会的受容の促進に重要な機能を果たしていることが考えられる。

　自動運転車やサービスなどの技術的な側面での信頼が，社会的受容にとって重要であることは当然と思われる。第２章で議論されていた，Uber による事故前後での人々の認識の違いや，リスク認知の研究からも明らかであろう。技術的な信頼性については，工学的なアプローチによって向上していくことが期待される。一方で，行政や企業に対する信頼は，多角的に検討が行なわれているようである。社会心理学においては，社会的認知の普遍的な２つの次元，すなわち「温かさと能力」が個人・集団レベルで確認されており，温かさの次元に信頼が関連しているとされている。社会性のある動物は，同

種の生物と遭遇した際に，その相手が敵か味方か（つまり，善意か悪意か）を即座に判断し，次にその相手がその意図を実行する能力をもっているかどうかを判断しなければならないことから，信頼に関連する温かさの認知は，極めて重要な判断次元である。実験的には，同じ顔刺激を時間的に制約された状態（100ms の露光時間後）で判断した場合と，時間的に制約されていない状態で判断した場合の相関を測定した場合，温かさの相関関係が高く，次いで能力を高く判断することが明らかとなっている（Willis & Todorov, 2006）。すなわち，人々は相手が自分に対して善意をもっており，信頼できる人なのかどうかは，極めて素早く判断する。このことからも，他者や他集団が信頼できるかどうかは，社会の中での共存を実現する最も重要な要素のうちの一つであることが考えらえる。

　これまでの章で議論されてきた信頼のうち，行政や地方自治体，市場に関わる企業や組織に対する信頼は，以上の社会的認知における温かさの次元と関連するものであろう。Fiske, Cuddy と Gllick（2007）では，個人に対する認知の場合は，人は一般的にある個人が評価の面で一貫していることを期待するため，温かさと能力の 2 つの次元は（わずかではあるが）正の相関を示すことが多い一方で，社会集団に対する認知の場合，温かさと能力は負の相関を示すことが多いと指摘されている。Fiske と Dupree（2014）では，最高経営責任者，エンジニア，会計士，科学者，研究者などは，一般的に能力が高いため尊敬されるが，温かさが低く信頼されていないことが示されている。このことから，専門家と一般人との円滑なコミュニケーションを実現するには，地位や専門知識（能力）だけでなく，信頼性（温かさ）も必要であることを考慮すると，これは問題であると指摘している。そのうえで，一般の人々は説得的な議論よりも，公平性を信頼するため，専門家などの科学コミュニケーターは説得を重視するかもしれないが，公平な議論を心がけるほうがよく，特に，不確実性を伝えることは信頼性の構築に不可欠と結論づけた。一方で van der Bles らは，確かに不確実性を伝えることは信頼に重要であるものの，現実的には不確実性の提示はソースに対する信頼性などをわずかに低下させることを確認したうえで，この効果は言語（「多少高くなる」

など）を使った不確実性の提示によって起こることを実験的に示している（van der Bles, van der Linden, Freeman, & Spiegelhalter, 2020）。そのため，メディアにおける基本的な事実や数字にまつわる不確実性の伝達は，点推定値をともなう数値範囲によって行なうのが最適であると提言している。

　若干話が逸れるが，温かさと能力の次元が，コンピュータに対する認知にも移行することを示唆する研究がある。Kulms と Kopp（2018）は，信頼は温かさの次元に含まれているものの，温かさと能力の両方と関連する要素であると考えた。なぜならば，技術的なシステムが正確に高性能なパフォーマンスを行なうという能力の高さは，その技術の信頼性を反映しているからである。実験では，参加者がコンピュータエージェントとテトリスのようなゲームを一緒に行なう。両者は交互にブロックを置き，2種類あるブロックのうち，難しい U 字を選択すれば，どの位置に置こうともそのプレイヤーには高いポイントが入る。一方，簡単な T 字ブロックを選択すれば，得られるポイントは低い。テトリスのように一行を消去できれば，両者にボーナスポイントが入る。各ラウンドで参加者はエージェントにいずれかのブロックを選択するように提案し，その後コンピュータエージェントが，2つのうち1つを配置し，もう1つは参加者に任せる。実験的にはこのコンピュータエージェントの振る舞いを操作しており，有能／無能なエージェント（ブロックの可能な位置と回転に基づき，効率的な配置をするか，しないか）と，温かい／冷たいエージェント（参加者のアドバイスに従い，利己的に U 字ブロックを選択しないか, するか）となっている。このようなゲームを行なった後，参加者がコンピュータを相手に Give-Some Dilemma というタスクを実施し，これによりコンピュータをどの程度信頼しているのかを，行動のレベルで測定した。あわせて，温かさや能力などの主観的な評価も行なっている。

　その結果，温かさの評価は，エージェントが利己的かどうかと，エージェントに対する信頼の関係を媒介しており，温かさをコントロールした後は，利己性は信頼の有意な予測因子ではないことが示された。また，能力の評価は，パズルを解く効率性によって増加するが，エージェントに対する信頼を予測しておらず, パズルの効率性から信頼への直接効果は, 能力をコントロー

ルしても有意であった。すなわち，コンピュータエージェントという非人間的な存在であっても，利己的であれば温かさの評価を低下させ，信頼の低下につながるし，エージェントの実際の能力が高ければ，信頼できるという判断を行なうことが示された。この実験におけるコンピュータエージェントは，参加者のアドバイスに従うかどうかを意図的に判断しているように設定されているため，ある程度擬人化された存在である。そのため，自動運転やMaaSなどのモビリティ技術にそのまま拡張できるわけではないが，モビリティの支援を行なうパーソナルロボットなどの場合には，以上の温かさと能力という視点で，信頼を検討する必要が出てくるかもしれない。

　政治的信頼に関しては，Hammらが関連する心理的メカニズムについて検討している（Hamm, Smidt, & Mayer, 2019）。彼らの議論によると，政治のパフォーマンスに関する満足度の変動が，政府に対する信頼のレベルの変動と関連するという仮説があるが，このような傾向は一貫して観察されていない。政治的信頼は複雑な構成要素であり，多くの評価があるものの，それ自体が泥沼化していて何を意味しているのかは極めて不明確である。そこで彼らは，組織科学に関する心理学において提案された信頼モデル（Mayer, Davis, & Schoorman, 1995；MDSモデル）を政府への信頼へ適用した。このモデルでは，他者の行動が個人に害をもたらす可能性があることを想定しており，信頼とは，その可能性を受け入れる認知者側の意思としている。信頼は，信頼傾向（認知者が他者を一般的に信頼する特性レベルの要因）と，信頼性（信頼される相手の価値に関する認知者側の多次元的評価）によって影響を受け，信頼性には「能力」「善意」「誠実性」の3つの次元があるとしている。能力とは，信頼のターゲットとなる相手が，認知者が期待していることを実際に達成するために必要な能力を保持しているかどうかに関する認知者の主観的な評価である。善意とは，相手が認知者の幸福を気にかけていて，それを守るために努力するだろうと認知者が信じる程度のことである。誠実性とは，相手が，認知者にとって受容できる価値観に従っていると思うかどうかを意味する。政府のパフォーマンスが信頼と直結しない一つの要因として，両者の関係があまりに遠いことを指摘しており，前述の信頼性の3

次元が両者を媒介することを議論している。

　政府や自治体，企業といった集団や組織に対する信頼は，不確実な情報を客観的な数値を用いて公開したり，公正なコミュニケーションの機会を積極的につくることで構築が可能かもしれない。また，政府などの組織への信頼に関するより妥当性の高い評価手法も確立していく必要がある。行政や企業が，人々の期待に応えようとしていて，その能力があるかどうかをわかりやすく伝える工夫はいっそう必要であろう。社会的受容を科学的に検討するうえで，客観的に評価可能な技術そのものの信頼性と，政治や市場や地域の人々といった多様なステークホルダーが，相互にどの程度信頼し合っているのかについて，定量的に評価あるいは記述するための検討が今後重要となる。

7-3

社会的受容と人々の幸福

　各章で共通して言及されていた視点の一つに，自然環境や地球温暖化の議論があった。第2章では，新聞で扱われてきた自動運転システムの記事に，自然環境保護の話題が含まれていたり，第3章では社会的受容は人間社会に閉じた問題ではなく，自然環境との長期的な調和を実現するための課題であることが指摘された。第4章では，自動運転車のもつ合理的な価値の一つに環境保護があることが議論されていた。第5章では「2020年から運用開始した，気候変動問題に関する国際的な枠組み『パリ協定』をはじめ，日本を含む124か国と1地域が，2050年までのカーボンニュートラル実現を表明しているなか，モビリティにおいてもICT利用においても環境負荷への考慮は欠かせない」（157頁）と明言している。第6章においても同様に，「地球温暖化への対応は待ったなしであり」（169頁），「地球温暖化に対してモビリティ分野が与える影響についてのファクトを知るといった教育的な効果」（198-199頁）などについて議論されていた。これらのことからすると，

社会的受容を便利な技術の一時的な普及率の向上と捉えるのは，やや近視眼的な観点なのかもしれない。それ以上に社会的受容とは，その技術を利用する人々の幸福を下支えしながらも，だからと言って人間社会の効率性だけを視野に入れるのではなく，それが地球環境をこれ以上破壊しない範囲において持続することを前提とした，長期的な課題として捉える必要がある。社会的受容について，ある技術やサービスが社会に受容されればそれでよいと考えるのは，むしろ非常に危険な考え方ではないだろうか。人間社会の豊かさだけを足るを知らずに追求し続けるのであれば，有限である地球の資源は枯渇してしまい，持続可能な発展は不可能になる。これをさらなる技術的進歩で克服できると考えるのか，あるいは個々人の生き方を考え直す時期に来ているのか，などについても，多様なステークホルダー間での議論が必要である。いずれにせよ社会的受容とは，技術的な進歩の中に，これまで人間が破壊してきた自然に対する深い反省の念を基礎づけたうえで，自然環境と人間社会が調和する方向性を探ることでもあり，それがひいては将来の人間社会にとっての幸福につながるのではないだろうか。

　モビリティ技術も，経済性や利便性だけが近視眼的に追求されるのではなく，第5章や第6章で指摘されているように，技術的には環境問題に配慮した開発を進めることが必須であろう。また，組織としての利益や成果を求めるあまり，人々の幸福や環境問題についてついつい軽視してしまっていないかについても，常に反省的でいる必要がある。非常に便利な移動支援技術であっても，支援しすぎることで，移動の自律性や自発的な移動を損なうようなことがあってはならない。日本においては特に高齢化が進んでいることから，高齢者の元気や生活を支援するためのモビリティ技術の開発が注目されている。これらの取り組みにおいても，高齢者にとっての元気や生活における良い状態がどのようなものかを理解したうえで，技術の運用を行なう必要があると考えられる。もちろん，人間にとっての幸福な状態を視野に入れた技術運用であるからといって，そこに持続可能性への配慮が欠けていれば問題である。モビリティ技術の社会的受容にとっては，これまでの章で指摘されてきた利便性などの促進条件を担保することを目指しながらも（第4章で

指摘されたその合理的促進の限界についてもさらに検討を重ねる必要があるが，その技術を使う人々の生活における幸福にとっての一助となりつつ，環境問題とのバランスを保つことが重要となる。したがって，ここで最後に，人々の幸福に焦点を当てて，モビリティ技術はどのような支援ができるのかについて概説する。すでに述べたとおり，高齢者に対するモビリティ技術による支援に高い期待が集まっていることから，高齢者が各章で議論されたようなモビリティ技術を使うケースを想定した議論を行なう。

　ここで幸福の議論に移る前に，関連する持続可能性について確認しておくと，持続可能性の一般的な定義とは，1980 年代の「環境と開発に関する世界委員会（WCED）」にさかのぼる（Miceli, Hagen, Riccardi, Sotti, & Settembre-Blundo, 2021）。持続可能性とは，将来の資源を損なうことなく現在の世代のニーズを満たし，経済，環境，社会の微妙なバランスを維持することであると定義されている（Keeble, 1988）。国連は，「2030 持続可能なアジェンダ」において，持続可能性を今日の産業の発展と戦略の主要な推進力の一つとした（United Nations, 2015）。持続可能性という考え方は学術的な研究とも結びついており，たとえば Di Fabio と Rosen（2020）は，持続可能な開発と持続可能性の心理学に注目している（Di Fabio & Rosen, 2018; Di Fabio, 2017a; Di Fabio, 2017b）。彼らによると，これは比較的新しい研究分野であり，自然環境に適用可能な心理学的視点が，持続可能性科学の学問的輪郭を強化することなどが議論されている。また，この分野の中心概念はウェルビーイングであり，国連の持続可能な開発目標（United Nations, 2018）を達成するための，心理的側面の評価に焦点が当てられている。このような世界的に定義された目標に関連する心理的側面を特定することは，それらの目標がどの程度達成されているかを理解するのに有用であろう。一方で持続可能性とは，将来の資源を枯渇させることなく今日のニーズを満たすことであることを考えると，以下で概説するように，我々人間が心理的に満たされている状態や，そこに関連してくる要因を確認しておくことも，一つの重要な視点となりそうである。

　前述のとおり，持続可能な開発と持続可能性の科学的研究の中心にあるの

はウェルビーイングという概念である。もちろんここでの指摘は，人間の
ウェルビーイングという意味だけでなく，地球環境全体における良い状態を
意味しているとも考えられるが，人間のウェルビーイングに焦点を当てた場
合，これは一般的な幸福と関連する概念として知られている。ただし，ウェ
ルビーイングを幸福と訳すことで，快楽的な幸福と同義とする誤解を生む
可能性がある点については，注意する必要がある。すなわちウェルビーイ
ングとは単純な快適さだけではなく，心理的な機能が十全に働いている状
態をも含む概念なのである（Ryan & Deci, 2001）。世界的に高齢化が進むな
か，高齢者のウェルビーイングに関する研究はますます増加してきた。主観
的なウェルビーイングは，しばしば人生満足度という心理尺度によって評価
され（Diener, Emmons, Larsem, & Griffin, 1985），サクセスフルエイジング
の重要な側面とされている（Poon & Cohen-Mansfield, 2011; Rowe & Kahn,
1997）。人生満足度の尺度は5項目であり，「私は自分の人生に満足している」
「私の人生は，ほぼ私の理想どおりだ」「これまでの人生で，私は求めていた
大切なことを実現できた」「私の人生は非常に恵まれている」「もう一度人生
をやり直せるとしても，何も変えたいとは思わない」となっており，自分の
視点で人生や生活全体への満足度を主観的に測定する内容となっている。項
目の内容を見てわかるように，人生満足度は，ウェルビーイングのうち，心
的機能の十全さというよりも，快楽的な側面を特に評価すると考えられるこ
ともあるが，心理学分野では広く用いられている。
　人生満足度に関連する要因については，多くの証拠が蓄積されてい
る。高齢者のさまざまな側面，たとえば，パーソナリティ特性（Butkovic
Brkovic, & Bratko, 2012, Gomez, Allemand, & Grob, 2012, Kandler,
Kornadt, Hagemeyer, & Neyer, 2015, Melendez, Satorres, Cujino, & Reyes,
2019, Park et al., 2016, Potter et al., 2020, Steenhaut, Rossi, Demeyer,
& De Raedt, 2020），身体的健康（Farriol-Baroni, González-García, Luque-
García, Postigo-Zegarra, & Pérez-Ruiz, 2021, Gopinath, Kifley, Flood, &
Mitchell, 2018；Herdman, Badia, & Berra, 2001；Kimm, Sull, Gombojav, Yi,
& Ohrr, 2012；Rejeski & Mihalko, 2001；Won, Bae, Byun, & Seo, 2019），

教育レベル（Arpino & Sole-Auro, 2019；Kahneman & Deaton, 2010；Lee, Kawachi, Berkman, & Grodstein, 2003），経済状態（Chaurasia, Srivastava, & Debnath, 2021; Foong, Haron, Koris, Hamid, & Ibrahim, 2021; Hansen, Slagsvold, & Moum, 2008；Kahneman & Deaton, 2010；Lim, Min, Thorpe & Lee, 2016; McMaughan, Oloruntoba, & Smith, 2020; Muhammad, Srivastava, & Sekher, 2021; Ng, Tey, & Asadullah, 2017; Shahar, Vanoh, Ludin, Singh, & Hamid, 2019; Singh & Singh, 2008; Williams & Kemper, 2010; Yeo & Lee, 2019），社会参加（Anaby, Miller, Jarus, Eng, & Noreau, 2011; Han, Tavares, Evans, Saczynski, & Burr, 2017; Sagherian, Rose, Zhu, & Byon, 2021; Serrat-Graboleda, González-Carrasco, Casas, Malo, Cámara, & Roqueta-Vall-Llosera, 2021; Yeo & Lee, 2019），地域の社会環境（Farriol-Baroni et al., 2021; Padeiro et al., 2021; Patrick, Cottrell, & Barnes, 2001; Su, Zhou, Wang, & Xing, 2021; Zhang, Tian, & Lu, 2021; Zhang, Wu, & Zhang, 2021）などが検討されてきている。また，アジアの高齢者の人生満足度に影響を与える要因を検討したところ，心身の健康（健康状態，認知能力，抑うつ状態，睡眠の質と時間），経済状態（教育水準，保険），社会状態（社会的機能，社会的支援，子どもと配偶者の有無）など，多くの主要な要因が明らかになっている（Khodabakhsh, 2021）。高齢者のウェルビーイングに関連する主要な要因を検討する際には，身体的な健康状態などとともに，パーソナリティ，経済・教育状態，社会的活動や環境などの側面を考慮することが重要と思われる。

　一般的にウェルビーイングと関係のある要因は，パーソナリティ特性に関連した遺伝的要因，生活環境の要因，意図的な活動の３つであることはよく知られており，これまでたびたび議論されてきた。これらの要因は，歴史的に幸福に関する文献の中で最も注目されてきたことが指摘されている一方で（Lyubomirsky, Sheldon, & Schkade, 2005; Sheldon & Lyubomirsky, 2021）。この３要因に関する議論は，各要因が幸福を説明する比率や解釈の点で批判されている（Brown & Rohrer, 2020）。しかしながらこれまでの研究では，パーソナリティ（Butkovic et al, 2012; Gomez et al., 2012; Kandler et al., 2015; Melendez et al., 2019; Park et al., 2016; Potter et al., 2020; Steel,

Schmidt, & Shultz, 2008; Steenhaut et al., 2020）や，他者からのサポート・社会的結束などの状況的要因（Farriol-Baroni et al, 2021; Lara, Vazquez, Ogallar, & Godoy-Izquierdo, 2020; Padeiro et al., 2021; Patrick et al., 2001; Su et al., 2021），経済的・教育的地位（Arpino & Sole-Auro, 2019; Foong et al., 2021; Hansen et al., 2008; Kahneman & Deaton, 2010; Lee et al., 2003; Lim et al, 2016; McMaughan et al., 2020; Shahar et al., 2019; Singh & Singh, 2008）および活動（Anaby et al., 2011; Gopinath et al., 2018; Han et al., 2017; Molinero, Salguero, & Marquez, 2021; Rejeski & Mihalko, 2001; Sagherian et al., 2021; Yeo & Lee, 2019）が，ウェルビーイングと関連することは確認されている。また，主観的幸福についての広範なレビューでは，パーソナリティや人口動態などの内的特性と外的状況が，幸福の予測因子として議論されている（Diene, Lucas, & Oishi, 2018）。これらの議論では，個人内や個人間の変化を予測する要因が別に議論されている点に留意する必要があるが，高齢者の人生満足度については，パーソナリティ特性，対人関係や社会的結束力などの社会環境，経済的・教育的地位，活動などに注目する必要があることが示唆される。当然のことながら，これらの要因は互いに独立したものではなく，複雑に関連している。たとえば，後に示すように，外向性のパーソナリティは社会的行動と関連し，経済的満足度は社会参加と関連する。この点を確認したうえで，次項からは，ウェルビーイング（特に，人生満足度）に関連する要因について概観し，モビリティ技術がウェルビーイングに資する可能性について考察する。

7-3-1　パーソナリティ

　パーソナリティ特性とウェルビーイングとの直接的な関係は，これまでにたびたび検討されてきており，メタ分析の結果，ビッグファイブと呼ばれる基本的なパーソナリティ特性（開放性，誠実性，外向性，協調性，神経症的傾向）のうち，外向性と神経症的傾向が人生満足度と最も強く相関することが示された（Steel et al., 2008）。調和性と誠実性も人生満足度と関連して

いたが，相関は弱かった（Steel et al., 2008）。他の研究でも，外向性と神経症的傾向が高齢者のウェルビーイングの予測因子であることが明らかになっている（Butkovic et al., 2012, Kandler et al., 2015, Melendez et al., 2019, Park et al., 2016, Potter et al., 2020）。パーソナリティは，状況に対するオープンな心理的柔軟性や内発的に動機づけられた目標と関連することで，高齢者のウェルビーイングと相関することが示されている（Gomez et al., 2012; Steenhaut, Rossi, Demeyer, & De Raedt, 2019; Steenhaut et al., 2020）。しかしながら，パーソナリティを技術的な手段で変容することは非現実的で可能性は極めて低いし，倫理的にも問題であろう。モビリティ技術の利用にオープンなパーソナリティを検討するなど，他の方向性から検討することが望ましいと考えられる。

7-3-2　活動内容

　パーソナリティとウェルビーイングの媒介変数に関する前述の議論に加えて，Diener ら（2018）は，パーソナリティがウェルビーイングにつながる可能性のある行動メカニズムについて議論している。外向的な人は社交的であるため，より多くの社会的活動を行ない，それがポジティブな感情につながる。ボランティア活動を行ない，社会参加を増やす高齢者は，単に外出したり運動したりするだけでなく（Anaby et al, 2011; Gopinath et al., 2018; Molinero et al., 2021; Ono & Asakawa, 2022; Rejeski & Mihalko, 2001; Sagherian et al., 2021），ウェルビーイングが有意に高いことが明らかとなっている。日本の高齢者においては，ボランティアグループ，スポーツグループ，趣味の活動，勉強会，文化活動，特定の技能を教える活動などへの参加が，重要な社会活動であると報告されている（Saito et al., 2017）。第 2 章で紹介された自動運転システムや，第 6 章での MaaS の取り組みは，まさに高齢者の外出を促進する技術としての期待が高く，結果的に高齢者のウェルビーイングを促進できる可能性があると言える。第 5 章では「徒歩での移動や自動車の運転による疲労，バス・地下鉄内で立ったままでの移動による身体的疲

労も交通機関選好に影響を与えること，その傾向は年齢が高くなるにつれ顕著になること」（151 頁）が指摘されているため，高齢者に対しては，外出での身体的疲労をできるだけ感じないような手段を考慮し，支援することが重要であると思われる。

7-3-3　経済状態と教育

　貧困は，社会的排除，健康，その他の問題とともに，高齢者の全般的なウェルビーイングに悪影響を及ぼし（Singh & Singh, 2008），経済的満足度は高齢者のウェルビーイングに影響する（Hansen et al., 2008）。高齢者の経済的満足度は，健康的なライフスタイル（Shahar et al., 2019），認知能力の維持（Foong et al., 2021），社会参加（Yeo & Lee, 2019）などさまざまな要因と関連しており，結果的にウェルビーイングの予測因子となっている。したがって，経済的満足度は，健康に対する満足度などと並んで，高齢期の人生満足度の本質的な属性の一つであると指摘されている（Lim et al., 2016）。十分な収入があることは，健康的なライフスタイルを維持し，社会参加を継続するうえで，現実的に役に立つ。また，経済的に余裕のある状態がウェルビーイングが直接的に人生の満足度に関係している可能性も考えられる。
　社会経済的に恵まれない高齢者にウェルビーイングの低下が集中しており，それは教育状況と大きく関係していることが報告されている（Chaurasia et al., 2021）。経済的地位だけでなく，教育も人生満足度の評価とより密接に関係しているのである（Kahneman & Deaton, 2010）。高齢者で教育を受けている人と受けていない人の間の健康格差は，社会参加などのアクティブエイジング活動への関与の違いと関連しており（Arpino & Sole-Auro, 2019），教育レベルは高齢期の認知的な活力の最も強い予測因子の一つとなっている（Lee et al., 2003）。
　経済状態や教育レベルを，技術的に促進するということは現実的には難しい可能性が高い。むしろ，高齢者の経済状況や教育に応じた技術の支援のあり方を検討することが必要であろう。第 5 章では CASE による実空間活動

の費用削減について触れられており，第6章でもMaaSを利用するための定額制のサブスクリプションサービスなどが紹介されている。貧困でウェルビーイングが低下している場合に，先進的なモビリティ技術を経済的な負担を課すことなく利用してもらう方法が提案されれば，ウェルビーイングの支援にもつながるかもしれない。これについては，政治的なレベルや市場のレベルでの協力が欠かせないであろう。

7-3-4　家庭環境，社会的結束，互恵性

　高齢者を取り巻く対人環境もまた，ウェルビーイングを得るための重要な要件である。高齢者が適切なサポートネットワークをもっているという認識は，情緒的な安定や他者からケアされるという経験につながることから，社会的サポートも高齢者の幸福の重要な要因の一つとなっている（Patrick et al., 2001）。特に，重要な他者からの情緒的・道具的支援は，ストレス要因の身体的・感情的影響を軽減する（Thoits, 2011）。家族の絆，主に配偶者と成人の子どもは，高齢者の社会的ネットワークの重要な構成要素であり（Connidis, 2010），彼らの存在は，人生の後半でのストレス状況を緩和する（Agree & Glaser, 2009）。また，配偶者や子どもの存在は，間接的に健康的な生活習慣に影響を与え，後年の精神的健康を高める（Umberson, Thomeer, & Williams, 2013）。このように，配偶者をもつこと（Haringhidore, Stock, Okun, & Witter, 1985; Quashie & Andrade, 2020; Wood, Rhodes, & Whelan, 1989）や子どもをもつこと（Li & Zhou, 2021）は，心理的な幸福にとって有益であることが報告されている。

　高齢者を支える要因を検討するうえで，社会的結束はかなり注目されている（Yen, Michael, & Perdue, 2009; J. Y. Zhang et al., 2021; Padeiro et al., 2021; K. Q. Zhang et al., 2021）。社会的結束には，近隣の支援資源，社会参加，近隣社会を結びつける社会的つながりなどが含まれる（Kawachi & Berkman, 2015）。これは，社会の構成員が生存と繁栄のために互いに協力し合うことを意味する（Stanley, 2003）。また，住民が互いを信頼し

て共通の利益のために介入するという特徴も指摘されている（Kim, Chen, Kawachi, & VanderWeele, 2020）。高齢者にとって近隣との社会的関係が重要なのは，高齢になると環境が自宅などの近隣に縮小する傾向があるからである（King, 2008）。高齢者が社会的結束の低さを経験すると，抑うつ症状の増加も経験する可能性がある（Miao, Wu, & Sun, 2019; Ruiz, Malyutina, Pajak, Kozela, Kubinova, & Bobak, 2019）。また，社会的結束は，高齢者の心理的健康と幸福を達成する能力と関連する（Engel, Chudyk, Ashe, McKay, Whitehurst, & Bryan, 2016; Gan, Fung, & Cho, 2021; Kim et al., 2020; Salvatore & Grundy, 2021）。このような近隣の状況は，心理的側面だけでなく，社会参加（Cuevas, Kawachi, Ortiz, Pena, Reitzel, & McNeill, 2020; Latham & Clarke, 2018; Sampson, 1988）や身体的障害（Beard et al., 2009）にも関係する。高齢者の近隣における社会的結束は，食事や着替えなどの日常生活活動や，買い物や請求書・銀行の処理などの手段的活動における制限を軽減する予測因子である（Qin, Wang, & Cho, 2021）。このように，近隣の社会的結束は，社会的・心理的サポートを提供し，健康関連情報の発信を増やすことで，健康を促進することが明らかとなっている（Kawachi, 2000; Kawachi, Subramanian, & Kim, 2008）。

　近隣の社会環境は，高齢者に社会的資源（Cagney, Browning, & Wen, 2005; Caldwell, Lee, & Cagney, 2019）やサービスへのアクセスを提供することで，高齢者に実質的な健康上の利益をもたらすことを考慮すると（Menec, 2017），高い社会的結束により，移動に困難を抱える高齢者が，モビリティ技術に触れる機会をより多く得る可能性もある。近所のコミュニティは，高齢者にとって最も重要な実践の場となりうるため（Glicksman, Clark, Kleban, Ring, & Hoffman, 2014; Greenfield, Black, Buffel, & Yeh, 2019），必要な移動支援に関する情報や理解を得る機会につながるかもしれない。あるいは，個々人が独立にモビリティ技術を使うのではなく，第6章で示されたMaaSの取り組みのように，地域社会全体にサービスを提供することで，社会のつながりを促進することが，高齢者のウェルビーイングにとって有益になることも考えられる。そもそも高齢者は先進的な自動車技術への関心が低いことが報

告されている（Owens, Antin, Doerzaph, & Willis, 2015）ため，地域の社会環境や人々の心理的なつながりを視野に入れた支援が期待される。

7-3-5　身体的健康

　身体的健康が高齢者のウェルビーイングの大きな要因であることは容易に推測できる。自己申告による健康，あるいは健康全般に関する認識は，生活の質の一般的な指標として研究されてきた（Herdman et al., 2001）。高齢者の人生満足度は，健康状態や死亡率との関連性が高く（Kimm et al., 2012），身体的な良好さは最も重要な要素であり，高齢者の心理的，社会的，物質的なウェルビーイングに良い影響を与えるとされている（Won et al., 2019）。加齢にともない，運動機能は低下する傾向にあり，日常生活での運動能力が低下すると，高齢者の生活の質も低下する（Rantakokko, Portegijs, Viljanen, Iwarsson, Kauppinen, & Rantanen, 2016）。身体的な健康が維持されなければ，高齢者の生活の質，ひいては人生満足度が低下する可能性が指摘されている（Rejeski & Mihalko, 2001）。一方で，高齢期に定期的な身体活動を行なっている人は，不定期または断続的に行なっている人よりも，サクセスフルエイジングを享受する可能性が高いとも報告されている（Gopinath et al., 2018）したがって，高齢者の人生満足度を検討する際には，知覚された身体的健康と運動機能が必須の考慮事項となる。

　モビリティ技術の中には，高齢者の身体能力や歩行能力を支援する歩行支援ロボットも存在する（岡田ら，2018a, 2018b, 2018c, 2019a, 2019b, 2019c）。移動による身体的な負担を軽減する支援がありうる一方で，高齢者の身体能力をますます維持・向上するための技術のあり方は，極めて重要である。人間のもつ可能性を十分に発揮するための機会や手段を，先進的な技術で支援する方法を今後も考える必要がある。

7-3-6 ウェルビーイングに関連するその他の要因

　前述の変数に加えて，その他の状況要因もウェルビーイングに関連する。年齢，性別，地理などの変数は，その例として定義されている（Lyubomirsky et al., 2005）。「幸福のパラドックス」とは，高齢者が加齢にともなう社会環境の変化や身体的な衰えにもかかわらず，高いウェルビーイングを維持しているという現象であり，この幸福のパラドックスは GDP の高い国で観察される（Swift, Vauclair, Abrams, Bratt, Marques, & Lima, 2014）。怒りや心配などのネガティブな感情を経験する頻度は加齢とともに低下し（Stone, Schwartz, Broderick, & Deaton, 2010），加齢とウェルビーイングには関連性があることが示されている（Carstensen et al., 2011; English & Carstensen, 2014; Scheibe & Carstensen, 2010）。高齢者では，年齢の上昇が社会的支援の認知を正に予測し，それがウェルビーイングの経験や自分の健康に関する一般的な認知と関連している（Farriol-Baroni et al., 2021）。しかし，加齢とウェルビーイングの関係については，一貫した結果が得られているわけではない。成人期から60代，70代にかけて，ウェルビーイングの U 字型のパターンが明らかにされているが（Blanchflower & Oswald, 2008），他のデータではそのようなパターンは見られないこともある（Baird, Lucas, & Donnellan, 2010）。

　また，ウェルビーイングに関連して，ジェンダーの違いも注目されている（Graham & Chattopadhyay, 2013; Meisenberg & Woodley, 2015）。人生満足度やポジティブな感情に関しては，女性にとって適度に有利な条件が整っている国では性差が最も大きく，伝統的な社会や，逆に女性が最も進歩している国では性差が最も小さいと報告されている（Zuckerman, Li, & Diener, 2017）一方，東アジア・南アジア諸国では，高齢男性が高齢女性よりも収入が多いと報告しているものの，主観的な経済的満足度に関しては男女差が見られない（Ofstedal, Reidy, & Knodel, 2004）。したがって，性差もウェルビーイングの要因の一つとして考慮する必要がある。ただし，年齢や性別といった要因は，ウェルビーイングに影響を与える要因であるものの，やはり技術によって支援する対象としての要因ではなく，技術を導入する際に考慮する

要因として考えることが適切であろう。また，65歳以上が高齢者，75歳以上が後期高齢者と呼ばれてはいるものの，一概にひとくくりにできるわけではなく，高齢者の多様性に配慮した技術の運用を進めることが重要となる。

　また，高齢者を取り巻く物理的環境もウェルビーイングに関係している。中高年が深刻な環境ストレス要因に直面すると，屋外での余暇活動が少なくなり，その結果，ウェルビーイングが低下する（Yuan & Wu, 2021）。興味深いことに，ウェルビーイングに関連して農村部と都市部の比較についても検討がされている。都市部に住む高齢者は，経済的困難や低い教育達成度のために，精神的苦痛を受けるリスクが高い（Alcaniz, Riera-Prunera, Sole-Auro, 2020）。また，農村部で孤立して生活することの悪影響が議論される一方で（Eckert, Taylor, Wilkinson, & Tucker, 2004），農村部の環境が精神的な幸福にプラスの影響を与えることも示唆されており（Easterlin Angelescu, & Zweig, 2011; Nepomuceno, Cardoso, Ximenes, Barros, & Leite, 2016; Requena, 2016），結果は一致していない。都市部と農村部という物理的な環境の分け方がウェルビーイングと関連するという知見は興味深いものの，各地域における交通機関や施設の充実度，気候的な環境など，関連要因は多岐にわたるであろうし，日本においても，各地域の特徴を検討したうえで，モビリティ技術の運用の仕方を丁寧に考える必要がある。

　以上のように，高齢者の人生満足度は，パーソナリティや属性（年齢や性別）などの個人的な要因から，社会的・物理的な環境やそこでの活動まで，多くの要因と複雑に関連していると考えられる。また，これらの要因以外にも，宗教（Tay, Li, Myers, & Diener, 2014），文化（Oishi & Gilbert, 2016），ニーズ（Tay & Diener, 2011）など多岐にわたる要因がウェルビーイングと関連しているようである（Diener et al., 2018）。ウェルビーイングを取り巻く多様な要因を考慮しながら，モビリティ技術が支援する方法や手段を考えることは，一時的な技術の有効活用というよりも，人間に対する持続的な影響を考えることにつながる。一部の人間が楽をするための便利で儲かるイノベーションではなく，高齢者の可能性を支援し，さまざまな幸福のかたちが調和し共存するための技術的支援について考えることが重要であろう。また，持

続可能性の議論のとおり，やはり人間の幸福だけが最終のゴールになっては
ならない。我々人間の幸福とは何かを理解しながらも，本当にさらなる豊か
さが必要なのか，これで十分ではないのか，といった反省的な視点とともに，
地球環境に生かされている立場としての技術開発を目指す必要がある。

7-4

まとめ

　これまでの議論に基づき，モビリティ技術のイノベーションにおける社会
的受容を図7-1にまとめた。基本的には第3章で引用したWolsink（2018）
による自然エネルギーのイノベーションの社会的受容の3つの次元の図をも
とに，モビリティ技術に適用するように改変し，さらに本章で議論した要素
を追加し，今後の課題を整理した。プロシューマーとは生産も行なう消費者
のことであるが，エネルギー分野だけでなくモビリティ技術の場合にも，ラ
イドシェアなどのプロシューマーに相当する人々がいる。また，今後さらに
さまざまなプロシューマーが出てくる可能性があるため，図7-1にも示した。
　各章で議論されてきたように，モビリティ技術においても，エンドユーザ
といった地域の受容だけでなく，技術開発を担う組織が含まれる市場の受容
と，モビリティ技術の政策を考案する社会的・政治的な受容が重要である。
そのうえで地域のレベルにおいては，個々人の受容の認知に関連して，受容
する主体が自分という想定だけではなく，移動に困っている高齢者や地域の
人々も視野に入れた評価を行なう必要が確認された。また，市場や社会的・
政治的レベルにおいては，自動運転車などのモビリティ技術の価値を合理的
に説明することで受容を促進しようとするが，そこにおける限界について哲
学的な分析からの指摘があった。また，各章において信頼が注目されており，
人々が技術を開発する企業や組織，または，運用上の政策を提案する行政に
対して信頼できているのかどうかが，社会的受容にとっての鍵となっている

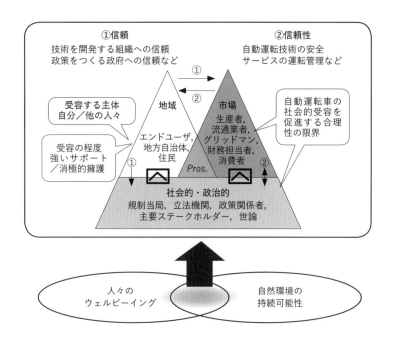

Pros. プロシューマー：生産と消費を合わせたもの
制度的フレーム，地域と市場の受容の形成
情報の流れ

地域：プロジェクトとインフラの決定，投資，共同生産，適合消費
　…信頼，分配の公正さ，プロセスの公正さ

市場：投資，市場規制への信頼，関税構造，税金

社会的・政治的：制度の変更，効果的な政策
　…共同生産の促進，コミュニティと市場の受容

今後の課題
・受容する主体としての他者や社会の具体像の解明
・社会的・政治的レベル，地域レベル，市場レベルの流動性や関連性を評価する手法の確立
・自動運転車の社会的受容を促進する合理性の限界についての問題整理と解決案の提案
・人々のウェルビーイングと自然環境の持続可能性のバランスをどう取るのかについての考
　察　など

図 7-1　モビリティ技術におけるイノベーションの社会的受容

ことが示唆された。これは，図7-1において，地域レベルから，市場レベル
と社会的・政治的レベルに対する矢印の「①信頼」として示した。同時に，
信頼できる自動運転技術やサービスの運用管理の安全性などを実現し，それ
らに関する不確実性などの情報を数値で的確に開示しながら，社会に信頼性
を伝えることも重要であることが議論された。これは市場レベルから，地域
レベルへの矢印の「②信頼性」として示した。また，技術やサービスの信頼
の認証については，生産者側だけの問題ではなく，制度的な問題でもあるこ
とから，「②信頼性」の矢印は市場レベルと社会的・政治的レベルの双方向
の矢印としても示している。

　また，社会的受容は長期的な視点で捉える必要があり，モビリティ技術が
人々のウェルビーイングを下支えしつつも，将来の自然環境を損なわず，む
しろ環境問題を解消する持続可能な方向性を真摯に考え，そのバランスに
よって構築されていく必要がある。この点については，図7-1の下部に示し
た。

　図7-1に示されている内容には現時点でも実は間違いがあるかもしれない
し，革新的な技術の進歩によってまったく異なる図が描かれることになる可
能性も高い。特に技術の信頼性に関しては日進月歩であり，また，第6章で
示されたとおりMaaSの取り組みは各国でかなり先進的に進んでいる。本書
が出版された1年後には，社会的受容に関する新たな課題や視点が出てきて
いることも想定できる。今後もモビリティ技術のイノベーションにおける社
会的受容は，現在進行形のかたちで変化していくであろう。本書では交通工
学や心理学，哲学といった重要な関連分野から議論の基礎を提示したが，よ
り学際的に，そして国際的に，先進的な技術の社会的受容について考察を続
ける必要がある。

References

第 1 章

Barnett, H. G. (1953). *Innovation: the basis of cultural change*, New York: McGraw Hill.

Bower, J. L., & Christensen, C. M. (1995). Disruptive technologies: Catching the wave. *Harvard Business Review, 73*(1): 43-53.

Christensen, M. C. (1997). *The innovator's dilemma: When new technologies cause great firms to fail*. Boston: Harvard Business School Press. (クリステンセン, M. C./玉田俊平太（監修） 伊豆原 弓（訳）(2001). イノベーションのジレンマ増補改訂 翔泳社)

Christensen, M. C., & Raynor, M. E. (2003). *The innovator's solution: Creating and sustaining successful growth*. Boston: Harvard Business School Press. (クリステンセン, M. C.・レイナー, M. E./玉田俊平太（監修） 櫻井祐子（訳）(2003). イノベーションへの解：利益ある成長に向けて 翔泳社)

Christensen, C. M., Anthony, S. D., & Roth, E. A. (2004). *Seeing what's next: Using the theories of innovation to predict industry change*. Boston: Harvard Business School Press. (クリステンセン, M. C.・アンソニー, S. D.・ロス, E. A./玉田俊平太（解説） 櫻井祐子（訳）(2014). イノベーションの最終解 翔泳社)

Christensen, C. M., Hall, T., Dillon, K., & Duncan, D. S. (2016). *Competing against luck: The story of innovation and customer choice*. New York: Harper Business. (クリステンセン, M. C.・ホール, T.・ディロン, K.・ダンカン, D. S./依田光江（翻）(2017). ジョブ理論：イノベーションを予測可能にする消費のメカニズム ハーパーコリンズ・ジャパン)

Clifford, H. (1999). Concepts of invention, identity and imitation in the London and provincial metal-working trades, 1750-1800. *Journal of Design History, 12*(3): 241-255.

Cooper, C. C. (ed.).(1991). Patents and invention. *Technology and Culture, 32*(4): special issue.

Dziallasa, M., & Blinda, K. (2019). Innovation indicators throughout the innovation process: An extensive literature analysis. *Technovation, 80-81*: 3-29.

Geels, F. W. (2002). Technological transitions as evolutionary reconfiguration processes: a multi-level perspective and a case-study. *Research Policy, 31*(8-9): 1257-1274.

Godin, B. (2008). Innovation: The history of a category. Project on the Intellectual History of Innovation Working Paper No.1. Montreal: INRS.

Granstrand, O., & Holgersson, M. (2020). Innovation ecosystems: A conceptual review and a new definition. *Technovation, 90-91*: 102098.

Latour, B. (1991). *Nous n'avons jamais été modernes : essai d'anthropologie symétrique.* Paris : La Découverte. (ラトゥール, B.／河村久美子 (訳) (2008). 虚構の「近代」: 科学人類学は警告する　新評論)

Long, P. (2001). *Openness, secrecy, authorship: Technical arts and the culture of knowledge from antiquity to the renaissance.* Baltimore: Johns Hopkins University Press.

Machiavelli, N. (1532/1961). *The Prince* (trans. by George Bull). Baltimore: Penguin Books. (マキアヴェリ／池田 廉 (訳) (2018). 君主論　中央公論新社 (中公文庫))

Myers, A. M., Cyarto, E. V., & Blanchard, R. (2005). Challenges in quan-tifying mobility in frail older adults. *European Review of Aging and Physical Activity, 2*: 13-21.

野中郁次郎・勝見 明 (2004). イノベーションの本質　日経BP社

野中郁次郎・勝見 明 (2007). イノベーションの作法　日本経済新聞出版社

野中郁次郎・勝見 明 (2010). イノベーションの知恵　日経BP社

野中郁次郎・西原文乃 (2017). イノベーションを起こす組織　日経BP社

Ogburn, W. F. (1922). *Social change with respect to culture and original nature.* New York: The Viking Press.

Pigeon, C., Alauzet, A., & Paire-Ficout, L. (2021). Factors of acceptability, acceptance and usage for non-rail autonomous public transport vehicles: A systematic literature review. *Transportation Research Part F: Traffic Psychology and Behaviour, 81*: 251-270.

Polanyi, M. (1958). *Personal knowledge: Towardsa post-critical philosophy.* The University of Chicago Press. (ポランニー, M.／長尾史郎 (訳) (1985). 個人的知識：脱批判哲学をめざして　ハーベスト社)

Polanyi, M. (1966). *The tacit dimension.* Gloucester: Peter Smith. (ポランニー, M.／高橋勇夫 (訳) (2003). 暗黙知の次元　筑摩書房)

Popplow, M. (1998). Protection and promotion: Privileges for inventions and books of machines in the early modern period. *History of Technology, 20*: 103-124.

Rip, A., & Kemp, R. (1998). Technological change. In S. Rayner & E. L. Malone (eds.), *Human choice and climate change, vol 2.* (pp. 327-399). Columbus: Battelle Press.

Rogers, E. M. (1962). *Diffusion of innovations.* New York: The Free Press. (ロジャーズ, E.／三藤利雄 (訳) (2007). イノベーションの普及　翔泳社)

佐藤 光 (2010). マイケル・ポランニー　「暗黙知」と自由の哲学　講談社選書メチエ

Schade, J., & Schlag, B. (2003). Acceptability of urban transport pricing strategies. *Transportation Research Part F: Traffic Psychology and Behaviour, 6*(1): 45-61.

Schot, J. W. (1998). The usefulness of evolutionary models for explaining innovation. The case of the Netherlands in the nineteenth century. *History Technology, 14:* 173-200.

Schuitema, G., Steg, L., & Forward, S. (2010). Explaining differences in acceptability before and acceptance after the implementation of a congestion charge in Stockholm. *Transportation Research Part A: Policy and Practice, 44*(2): 99-109.

Schumpeter, J. A. (1928). The instability of capitalism. *The Economic Journal, September.* 361-386.

Schumpeter, J. A. (1947). The creative response in economic history. *Journal of Economic History, November.* 149-159.

Stalvey, B. T., Owsley, C., Sloane, M. E., & Ball, K. (1999). The life space questionnaire: A measure of the extent of mobility of older adults. *Journal of Applied Gerontology, 18*: 460-478.

Tarde, G. (1890/2001). *Les lois de l'imitation.* Paris : Seuil. （タルド，G.／池田祥英・村澤真保呂（訳）（2016). 模倣の法則　河出書房新社）

Ville, S. P. (1990). Road systems. *Transport and the development of the European economy, 1750-1918.* (pp. 13-29). London: Palgrave Macmillan.

第 2 章

Burningham, K., Barnett, J., & Thrush, D. (2006). The limitations of the NIMBY concept for understanding public engagement with renewable energy technologies: A literature review. (Working paper)

Fleischer, T., Schippl, J., Yamasaki, Y., Taniguchi, A., Nakao, S., & Tanaka, K. (2020). Social acceptance of automated driving in Germany and Japan: Conceptual issues and empirical insights, SIP-adus (innovation of automated driving for universal service) Workshop 2020, held in Online, 9th November.

井坪慎二・玉田和也・澤井聡志・谷口綾子 (2018). 道の駅等を拠点とした自動運転サービス実証実験における社会受容性分析　土木計画学研究・講演集講演集（CD-ROM）, *57.*

梶谷真司 (2018). 考えるとはどういうことか：0 歳から 100 歳までの哲学入門　幻冬舎新書

川嶋優旗・谷口綾子・井坪慎二・玉田和也・澤井聡志 (2018). 自動運転公共交通サービスに対する社会的受容の規定因　土木計画学研究・講演集（CD-ROM）, *57.*

宮谷台香純・田中皓介・中尾聡史・谷口綾子 (2020). 自動運転システムの導入目的の変遷に関する新聞報道の質的分析, 第 62 回土木計画学研究・講演集（CD-ROM）

中尾聡史・田中皓介・谷口綾子・神崎宣次・久木田水生・宮谷台香純・南手健太郎 (2020). 自動運転システムの社会的受容の日英独比較分析：AVs を巡る論調に着目して　第 62 回土木計画学研究・講演集 (CD-ROM)

南手健太郎・谷口綾子・井坪慎二・川嶋優旗 (2020). 自動運転サービス実証実験における客観的インシデントと賛否意識に関する心理プロセスモデル　第 62 回土木計画学研究・講演集 (CD-ROM)

Noelle-Neumann, E. (1984). *The spiral of silence: Public opinion, our social skin.* Chicago: University of Chicago Press. （ノエル・ノイマン，E.／池田謙一・安野智子（訳）(2013). 沈黙の螺旋理論：世論形成過程の社会心理学 ［改定復刻版］　北大路書房）

Slovic, P. (1987). Perception of risk. *Science, 236*: 280-285.

田中皓介・中尾聡史・谷口綾子・神崎宣次・久木田水生・宮谷台香純・南手健太郎 (2020).
自動運転技術の社会的受容における NIMBY 意識の日英独比較分析　第 62 回土木計
画学研究・講演集 (CD-ROM)

Taniguchi, A., Enoch, M, Ieromonachou, P., Zilin, W., Paschek, F., & Morikawa, T. (2019).
How public opinion was changed by the world's first driverless car-caused pedes-
trian fatality, Proceedings of the 98th Transportation Research Board.

谷口綾子 (2019). 自動運転の社会的受容：その規定因と変容の可能性　自動車技術（自動
車技術会誌：特集 自動運転と社会的受容), *73*(2): 44-50.

谷口綾子 (2020). COVID-19 対応行動：日英独アンケート調査結果速報—リスク認知，不
安などに着目して日本モビリティ・マネジメント会議　緊急フォーラム「新型コロ
ナウィルスによる交通崩壊を防ぐ」　話題提供 2020 年 6 月 7 日

谷口綾子・Enoch, M.・Ieromonachou, P.・王 子霖・Paschek, F.・森川高行 (2018). 世界
初の自動運転システム歩行者死亡事故が英国市民の社会的受容に与えた影響　土木
計画学研究・講演集 (CD-ROM), *58*.

谷口綾子・冨尾祐作・川嶋優旗・Enoch, M.・Ieromonachou, P.・森川高行 (2017). 自動運
転システムの社会的受容：賛否意識とリスク認知に着目して　土木計画学研究・講
演集 (CD-ROM), *56*.

谷口綾子・王 子霖・Paschek, F. (2019). Uber 自動運転車両による歩行者死亡事故報道が
ドイツの市民に与えた影響　土木計画学研究・講演集 (CD-ROM), *60*.

Wang, Z.・谷口綾子・Enoch, M.・Ieromonachou, P.・森川高行 (2019). 自動運転システ
ムに対する賛否意識の日英比較分析：リスク認知に着目して　土木学会論文集 D3,
75(5): I_191-I_200

第 3 章

Acheampong, R. A., & Cugurullo, F. (2019). Capturing the behavioural determinants
behind the adoption of autonomous vehicles: Conceptual frameworks and measure-
ment models to predict public transport, sharing and ownership trends of self-driv-
ing cars. *Transportation Research Part F: Traffic Psychology and Behaviour, 62*:
349-375.

Adell, E. (2010). Acceptance of driver support systems. In J. Krems, T. Petzoldt & M.
Henning (eds.), *Proceedings of the European conference on human centred design
for intelligent transport systems* (pp. 475-486). Berlin: Humanist VCE.

Ajzen, I. (1991). The theory of planned behavior. *Organization Behavior and Human
Decision Processes, 50*(2): 179-211.

Ajzen, I. (2005). *Attitudes, personality and behaviour.* (2nd ed.). Berkshire: Open Univer-
sity Press.

Bagozzi, R. P. (2007). The legacy of the technology acceptance model and a proposal for
a paradigm shift. *Journal of the Association for Information Systems, 8*: 244-254.

Bansal, P., Kockelman, K. M., & Singh, A. (2016). Assessing public opinions of and interest in new vehicle technologies: An Austin perspective. *Transportation Research, Part C: Emerging Technologies, 67*: 1-14.

Bansal, P., & Roth, K., (2000). Why companies go green: a model of ecological responsiveness. *Academy of Management Journal, 43*(4): 717-736.

Batel, S., Devine-Wright, P., & Tangeland, T. (2013). Social acceptance of low carbon energy and associated infrastructures: a critical discussion. *Energy Policy, 58*: 1-5.

Bell, D., Gray, T., & Haggett, C. (2005). The 'Social Gap' in wind farm citing decisions: explanations and policy responses. *Environmental Politics, 14*: 460-477.

Bird, L., Wüstenhagen, R., & Aabakken, J. (2002). A review of international green power markets: recent experience, trends, and market drivers. *Renewable and Sustainable Energy Reviews, 6*(6): 513-536.

Börner, K., Chen, C. M., & Boyack, K. W. (2003). Visualizing knowledge domains. *Annual Review of Information Science and Technology, 37*: 179-255.

Bosley, P., & Bosley, K. (1988). Public acceptability of California's windenergy developments: three studies. *Wind Engineering, 12*(5): 311-318.

Burke, M. J., & Stephens, J. C. (2018). Political power and renewable energy futures: A critical review. *Energy Research & Social Science, 35*: 78-93.

Boyack, K. W., Klavans, R., & Börner, K. (2005). Mapping the backbone of science. *Scientometrics, 64*: 351-374.

Buckley, L., Kaye, S.-A., & Pradhan, A. K. (2018). Psychosocial factors associated with intended use of automated vehicles: A simulated driving study. *Accident Analysis & Prevention, 115*: 202-208.

Carlman, I. (1982). Wind energy potential in Sweden: the importance of non-technical factors. In: Fourth International Symposium on Wind Energy Systems. (pp. 335-348). 21-24, September, 1982, Stockholm.

Carlman, I. (1984). The views of politicians and decision-makers on planning for the use of wind power in Sweden. In: European Wind Energy Conference (pp. 339-343). 22-36, October, 1984, Hamburg.

Choi, J. K., & Ji, Y. G. (2015). Investigating the Importance of Trust on Adopting an Autonomous Vehicle. *International Journal of Human-Computer Interaction, 31*: 692-702.

Cohen, J. J., Reichl, J., & Schmidthaler, M. (2014). Re-focussing research efforts on the public acceptance of energy infrastructure: a critical review. *Energy, 76*: 4-9.

Davis, F. D. (1989). Perceived usefulness, perceived ease of use, and user acceptance of information technology. *Management Information Systems Quarterly, 13*(3): 319-340.

Davis, F. D., Bogozzi, R. P., & Warshaw, P. R. (1989). User acceptance of computer technology: A comparison of two theoretical models. *Management Science, 35*: 982-1003.

Dermont, C., Ingold, K., Kammermann, L., & Stadelmann-Steffen, I. (2017). Bringing the policy making perspective in: A political science approach to social acceptance.

Energy Policy, 108: 359-368.

Finucane, M. L., & Holup, J. L. (2005). Psychosocial and cultural factors affecting the per- ceived risk of genetically modified food: An overview of the literature. *Social Science & Medicine, 60*: 1603-12.

Fishbein, M., & Ajzen, I. (1975). *Belief, attitude, intention, and behavior: An introduction to theory and research.* Reading; Don Mills: Addison-Wesley.

Fraedrich, E., & Lenz, B. (2016). Societal and individual acceptance of autonomous driving. In M. Maurer, J. Christian Gerdes, B. Lenz, & H. Winner. (eds.), *Autonomous Driving. Technical, Legal and Social Aspects.* (1st ed.).(pp. 621-640). Berlin: Springer.

Gaede, J., & Rowlands, I. H. (2018). Visualizing social acceptance research: A bibliometric review of the social acceptance literature for energy technology and fuels. *Energy Research & Social Science, 40*: 142-158.

Garfield, E. (1955). Citation indexes for science: a new dimension in documentation through association of ideas. *Science, 122*: 108-111.

Geels, F. W. (2002). From sectoral systems of innovation to socio-technical systems: Insights about dynamics and change from sociology and institutional theory. *Research Policy, 33*: 897-920.

Goodhue, D. L., & Thompson, R. L. (1995). Task technology fit and individual performance. *Management Information Systems Quarterly, 19*: 213-236.

Gross, C. (2007). Community perspectives of wind energy in Australia: The application of a justice and community fairness framework to increase social acceptance. *Energy Policy, 35*(5): 2727-2736.

Gui, E. M., & MacGill, I. (2018). Typology of future clean energy communities: an exploratory structure, opportunities, and challenges. *Energy Research & Social Science, 35*: 94-107.

Haboucha, C. J., Ishaq, R., & Shiftan, Y. (2017). User preferences regarding autonomous vehicles. *Transportation Research Part C: Emerging Technologies, 78*: 37-49.

Hartwich, F., Witzlack, C., Beggiato, M., & Krems, J. F. (2019). The first impression counts—A combined driving simulator and test track study on the development of trust and acceptance of highly automated driving. *Transportation Research Part F: Traffic Psychology and Behaviour, 65*: 522-535.

Jing, P., Xu, G., Chen, Y., Shi, Y., & Zhan, F. (2020). The determinants behind the acceptance of autonomous vehicles: A systematic review. *Sustainability, 12*(5): 1719.

Kubli, M., Loock, M., & Wüstenhagen, R. (2018). The flexible prosumer: measuring the willingness to co-create distributed flexibility. *Energy Policy, 114*: 540-548.

Lai, P. C. (2017). The literature review of technology adoption models and theories for the novelty technology. *Journal of Information Systems and Technology Management, 14*: 21-38.

Liu, P., Zhang, Y., & He, Z. (2019). The effect of population age on the acceptable safety of self-driving vehicles. *Reliability Engineering & System Safety, 185*: 341-347.

Liu, P., Guo, Q., Ren, F., Wang, L., & Xu, Z. (2019). Willingness to pay for self-driving vehicles: Influences of demographic and psychological factors. *Transportation Research Part C: Emerging Technologies, 100*: 306-317.

Lucke, D. (1995). *Akzeptanz: Legitimität in der "Abstimmungsgesellschaft"*. Opladen: Leske + Budrich.

Marangunić, N., & Granić, A. (2015). Technology acceptance model: A literature review from 1986 to 2013. *Universal Access in the Information Society, 14*: 81-95.

Madigan, R., Louw, T., Dziennus, M., Graindorge, T., Ortega, E., Graindorge, M., & Merat, N. (2016). Acceptance of automated road transport systems (ARTS): An adaptation of the UTAUT model. *Transportation Research Procedia, 14*: 2217-2226.

Madigan, R., Louw, T., Wilbrink, M., Schieben, A., & Merat, N. (2017). What influences the decision to use automated public transport? Using UTAUT to understand public acceptance of automated road transport systems. *Transportation Research Part F: Traffic Psychology and Behaviour, 50*: 55-64.

Maruyama, Y., Nishikido, M., & Iida, T. (2007). The rise of community wind power in Japan: Enhanced acceptance through social innovation. *Energy Policy, 35*: 2761-2769.

Mendonça, M., Lacey, S., & Hvelplund, F. (2009). Stability, participation and transparency in renewable energy policy: Lessons from Denmark and the United States. *Policy and Society, 27*(4): 379-398.

Noruzoliaee, M., Zou, B., & Liu, Y. (2018). Roads in transition: Integrated modeling of a manufacturer-traveler-infrastructure system in a mixed autonomous/human driving environment. *Transportation Research Part C: Emerging Technologies, 90*: 307-333.

O'Hare, M., (1977). "Not on MY block you don't": Facility siting and the strategic importance of compensation. *Public Policy, 25*: 407-458.

Ostrom, E. (2009). A general framework for analyzing sustainability of social-ecological systems. *Science, 325*: 419-422.

Panagiotopoulos, I., & Dimitrakopoulos, G. (2018). An empirical investigation on consumers' intentions towards autonomous driving. *Transportation Research Part C: Emerging Technologies, 95*: 773-784.

Payne, J. W., Bettman, J. R., & Johnson, E. J. (1992). Behavioral decision research: A constructive processing perspective. *Annual Review of Psychology, 43*: 87-131.

Payre, W., Cestac, J., & Delhomme, P. (2014). Intention to use a fully automated car: Attitudes and a priori acceptability. *Transportation Research Part F: Traffic Psychology and Behaviour, 27*: 252-263.

Petschnig, M., Heidenreich, S., & Spieth, P. (2014). Innovative alternatives take action

-Investigating determinants of alternative fuel vehicle adoption. *Transportation Research Part A: Policy and Practice, 61*: 68-83.

Piao, J., Mcdonald, M., Hounsell, N., Graindorge, M., Graindorge, T., & Malhene, N. (2016). Public views towards implementation of automated vehicles in urban areas. *Transportation Research Procedia, 14*: 2168-2177.

Ram, S., & Sheth, J. N. (1989). Consumer resistance to innovations: The marketing problem and its solutions. *Journal of Consumer Marketing, 6*: 5-14.

Renn, O. (1998). Three decades of risk research: accomplishments and new challenge. *Journal of Risk Research, 1*: 49-71.

Rogers, E. M. (1962). *Diffusion of innovations.* New York: The Free Press. （ロジャーズ, E.／三藤利雄 (訳)(2007). イノベーションの普及 翔泳社)

Salonen, A. O. (2018). Passenger's subjective traffic safety, in-vehicle security and emergency management in the driverless shuttle bus in Finland. *Transport Policy, 61*: 106-110.

Schweizer-Ries, P., Rau, I., Zoellner, J., Nolting, K., Rupp, J., & Keppler, D. (2010). Aktivität und Teilhabe-Akzeptanz Erneuerbarer Energien durch Beteiligung steigern. Projektabschlussbericht, Magdeburg & Berlin. Report number: Projektabschlussbericht, Project: Beteiligung an der Umsetzung regionaler Erneuerbare-Energien-Leitbilder.

Shove, E., & Walker, G. (2014). What is energy for? Social practice and energy demand. *Theory, Culture & Society, 31*: 41-58.

Slovic, P., Flynn, J. H., & Layman, M. (1991). Perceived risk, trust, and the politics of nuclear waste. *Science, 254*: 1603-1607.

Solbraa Bay, A. J. T. (2016). Innovation adoption in robotics : Consumer intentions to use autonomous vehicles. Master's Thesis in Energy, Natural Resources and the Environment, Bergen: Norwegian School of Economics.

Taylor, S., & Todd, P. A. (1995). Understanding information technology usage: A test of competing models. *Information Systems Research, 6*: 144-176.

Toke, D., Breukers, S., & Wolsink, M. (2008). Wind power deployment outcomes: How can we account for the differences? *Renewable and Sustainable Energy Reviews 12*(4): 1129-1147.

Unruh, G. C. (2000). Understanding carbon lock-in. *Energy Policy, 28*: 817-830.

Upham, P., Oltra, C., & Boso, À. (2015). Towards a general crossparadigmatic analytical framework. *Energy Research & Social Science, 8*: 100-12.

Venkatesh, V., & Bala, H. (2008). Technology acceptance model 3 and a research agenda on interventions. *Decision Science, 39*(2): 273-312.

Venkatesh, V., & Davis, F. D. (1996). A model of the antecedents of perceived ease of use: Development and test. *Decision Sciences, 27*(3): 451-481.

Venkatesh, V., & Davis, F. D. (2000). A theoretical extension of the technology acceptance model: Four longitudinal field studies. *Management Science, 46*(2): 186-204.

Venkatesh, V., Morris, M. G., Davis, F. D., & Davis, G. B. (2003). User acceptance of information technology: Toward a unified view. *Management Information Systems Quarterly*, 27: 425-478.

Venkatesh, V., Thong, J. Y. L., & Xu, X. (2012). Consumer acceptance and use of information technology: Extending the unified theory of acceptance and use of technology. *Management Information Systems Quarterly, 36*(1): 157-178.

Winfield-Laird, I., Hastings, M., & Cawley, M. E. (1982). Changes in uranium plant community leaders attitudes toward nuclear nuclear power-before and after TMI. *Energy, 7*(5): 449-455.

Wolsink, M. (1987). Wind power for the electricity supply of houses. *Netherlands Journal of Housing and Environmental Research, 2*(3): 195-214.

Wolsink, M. (2006). Invalid theory impedes our understanding: a critique on the persistence of the language of NIMBY. *Transactions of the Institute of British Geographers 31*: 85-91.

Wolsink, M. (2007). Planning of renewables schemes: Deliberative and fair decision-making on landscape issues instead of reproachful accusations of non-cooperation. *Energy Policy, 35*(5): 2692-2704.

Wolsink, M. (2012). Wind power: Basic challenge concerning social acceptance. In R. A. Meyers (ed.), *Encyclopedia of Sustainability Science and Technology, 17.*(pp. 12218-12254). New York, Springer.

Wolsink, M. (2018a). Social acceptance revisited: gaps, questionable trends, and an auspicious perspective. *Energy Research & Social Science, 46:* 287-295.

Wolsink, M. (2018b). Co-production in distributed generation: Renewable energy and creating space for fitting infrastructure within landscapes. *Landscape Research, 43*(4): 542-561.

Wüstenhagen, R., Wolsink, M., & Bürer, M. (2007). Social acceptance of renewable energy innovation: An introduction to the concept. *Energy Policy, 35*(5): 2683-2691.

Xu, Z., Zhang, K., Min, H., Wang, Z., Zhao, X., & Liu, P. (2018). What drives people to accept automated vehicles? Findings from a field experiment. *Transportation Research Part C: Emerging Technologies, 95*: 320-334.

Zhang, T., Tao, D., Qu, X., Zhang, X., Lin, R., & Zhang, W. (2019). The roles of initial trust and perceived risk in public's acceptance of automated vehicles. *Transportation Research Part C: Emerging Technologies, 98*: 207-220.

第 4 章

Amado, S., Arıkan, E., Kaça, G., Koyuncu, M., & Turkan, B. N. (2014). How accurately do drivers evaluate their own driving behavior? An on-road observational study. *Accident Analysis & Prevention, 63*: 65-73.

Anable, J., & Gatersleben, B. (2005). All work and no play? The role of instrumental and affective factors in work and leisure journeys by different travel modes. *Transportation Research Part A: Policy and Practice, 39*(2-3): 163-181.

Balconi, M. (2010). The sense of agency in psychology and neuropsychology. In B. Michela (ed.), *Neuropsychology of the sense of agency.*(pp. 3-22). Milano: Springer.

Bamberg, S., Ajzen, I., & Schmidt, P. (2003). Choice of travel mode in the theory of planned behavior: The roles of past behavior, habit, and reasoned action. *Basic and Applied Social Psychology, 25*(3): 175-187.

Berliner, R. M., Hardman, S., & Tal, G. (2019). Uncovering early adopter's perceptions and purchase intentions of automated vehicles: Insights from early adopters of electric vehicles in California. *Transportation Research Part F: Traffic Psychology and Behaviour, 60*: 712-722.

Bissell, D., Birtchnell, T., Elliott, A., & Hsu, E. L. (2020). Autonomous automobilities: The social impacts of driverless vehicles. *Current Sociology, 68*(1): 116-134.

Blakemore, S.-J., Wolpert, D. M., & Frith, C. D. (1998). Central cancellation of self-produced tickle sensation. *Nature Neuroscience, 1*: 635-640.

Blakemore, S.-J., Wolpert, D. M., & Frith, C. D. (2002). Abnormalities in the awareness of action. *Trends in Cognitive Sciences, 6*: 237-242.

Brownstone, D., & Small, A. K. (2005). Valuing time and reliability: Assessing the evidence from road pricing demonstrations. *Transportation Research Part A: Policy and Practice, 39*(4): 279-293.

Carel, H., & Kidd, I. J. (2020). Expanding transformative experience. *European journal of philosophy, 28*(1): 199-213.

Collins, C. M., & Chambers, S. M. (2005). Psychological and situational influences on commuter-transport-mode choice. *Environment and behavior, 37*(5): 640-661.

Dant, T. (2004). The Driver-Car. *Theory, Culture & Society, 21*(4/5): 61-79. Reprinted in Featherstone, Thrift & Urry (2005).

Dennis, K. & Urry, J. (2009). *After the car.* Cambridge: Polity.

Duncan, J., Williams, P., & Brown, I. (1991). Components of driving skill: Experience does not mean expertise. *Ergonomics, 34*(7): 919-937.

Edensor, T. (2003). M6 – Junction 19-16: Defamiliarizing the mundane roadscape. *Space and Culture, 6*(2): 151-68.

Featherstone, M., Thrift, N., & Urry, J. (eds.). (2005). *Automobilities.* London: Sage. （マイク・フェザーストン,M.・スリフト N.・アーリ,J.（編著）／近森高明（訳)(2010). 自動車と移動の社会学：オートモビリティーズ　法政大学出版局）

Fraine, G., Smith, S. G., Zinkiewicz, L., Chapman, R., & Sheehan, M. (2007). At home on the road? Can drivers' relationships with their cars be associated with territoriality?. *Journal of Environmental Psychology, 27*(3): 204-214.

Frith, C. D., Blakemore, S.-J., & Wolpert, D. M. (2000). Explaining the symptoms of schizophrenia: abnormalities in the awareness of action. *Brain Research Reviews, 31*: 357–363.

Fraedrich, E., & Lenz, B. (2016). Taking a drive, hitching a ride: Autonomous driving and car usage. In M. Maurer, J. Gerdes, B. Lenz, & H. Winner (eds.), *Autonomous driving.* (pp. 665–685). Berlin: Springer.

Gatersleben, B. (2014). Psychological motives for car use. In T. Gärling, D. Ettema, & M. Friman (eds.), *Handbook of sustainable travel.* (pp. 85–94). Dordrecht: Springer.

Gatersleben, B. (2011). The car as a material possession: Exploring the link between materialism and car ownership and use. In K. Lucas, E. Blumenberg, & R. Weinberger (eds.), *Auto motives: Understanding car use behaviours.* (pp. 137–150). Emerald: Bingley.

Gardner, B., & Abraham, C. (2007). What drives car use? A grounded theory analysis of commuters' reasons for driving. *Transportation Research Part F: Traffic Psychology and Behaviour, 10*(3): 187–200.

Gibson, J. J., & Crooks, L. E. (1938). A theoretical field-analysis of automobile-driving. *The American Journal of Psychology, 51*(3): 453–471.

Gkartzonikas, C., & Gkritza, K. (2019). What have we learned? A review of stated preference and choice studies on autonomous vehicles. *Transportation Research, Part C: Emerging Technologies, 98*: 323–337.

Gössling, S. (2017). *The psychology of the car: Automobile admiration, attachment, and addiction.* Amsterdam: Elsevier.

Groeger, J. A. (2000). *Understanding driving: Applying cognitive psychology to a complex everyday task.* New York: Psychology Press.

Haggard, P. (2017). Sense of agency in the human brain. *Nature Reviews Neuroscience, 18*: 197–208.

Harrison, W. (1999). The role of experience in learning to drive: A theoretical discussion and an investigation of the experiences of learner drivers over a two-year period. *Report, 156.* Melbourne: Monash University Accident Research Centre.

Hartwich, F., Beggiato, M., & Krems, J. F. (2018). Driving comfort, enjoyment and acceptance of automated driving: Effects of drivers' age and driving style familiarity. *Ergonomics, 61*(8): 1017–1032.

Hiscock, R., Macintyre, S., Kearns, A., & Ellaway, A. (2002). Means of transport and ontological security: Do cars provide psycho-social benefits to their users?. *Transportation Research Part D: Transport and Environment, 7*(2): 119–135.

Hohenberger, C., Spörrle, M., & Welpe, I. M. (2016). How and why do men and women differ in their willingness to use automated cars? The influence of emotions across different age groups. *Transportation Research Part A: Policy and Practice, 94*: 374–385.

Hole, G. (2019). *Psychology of Driving.* London: Routledge.

Horswill, M. S., & Coster, M. E. (2002). The effect of vehicle characteristics on drivers' risk-taking behaviour. *Ergonomics, 45*(2): 85-104.

Jing, P., Xu, G., Chen, Y., Shi, Y., & Zhan, F. (2020). The determinants behind the acceptance of autonomous vehicles: A systematic review. *Sustainability, 12*(5): 1719.

Katz, J. (1999). *How emotions work.* Chicago: University of Chicago Press.

Kim, T. (2021). How mobility technologies change our lived experiences: A phenomeno-logical approach to the sense of agency in the autonomous vehicle1. *Kritike, 14*(3): 23-47.

Kitson, A., Prpa, M., & Riecke, B. E. (2018). Immersive interactive technologies for posi-tive change: A scoping review and design considerations. *Frontiers in psychology, 9*: 1354.

Kyriakidis, M., Happee, R., & De Winter, J. C. F. (2015). Public opinion on automated driving: Results of an international questionnaire among 5,000 respondents. *Trans-portation Research Part F: Traffic Psychology and Behavior, 32*: 127-140.

Kirillova, K., Lehto, X., & Cai, L. (2017). Tourism and existential transformation: An empirical investigation. *Journal of Travel Research, 56*(5): 638-650.

Lambert, E., & Schwenkler, J. (eds.). (2020). *Becoming someone new: Essays on transfor-mative experience, choice, and change.* Oxford: Oxford University Press.

Lois, D., & López-Sáez, M. (2009). The relationship between instrumental, symbolic and affective factors as predictors of car use: A structural equation modeling approach. *Transportation Research Part A: Policy and Practice, 43*(9-10): 790-799.

Lupton, D. (2002). Road rage: Drivers' understandings and experiences. *Journal of Sociology, 38*(3): 275-290.

Mann, E., & Abraham, C. (2006). The role of affect in UK commuters' travel mode choices: An interpretative phenomenological analysis. *British Journal of Psychology, 97*(2): 155-176.

Miller, D. (ed.). (2001). *Car Cultures.* Oxford: Berg.

Nilsson, M., & Küller, R. (2000). Travel behaviour and environmental concern. *Transpor-tation Research Part D: Transport and Environment, 5*(3): 211-234.

Nordhoff, S., Kyriakidis, M., Van Arem, B., & Happee, R. (2019). A multi-level model on automated vehicle acceptance (MAVA): A review-based study. *Theoretical Issues in Ergonomics Science, 20*(6): 682-710.

O'Regan, J. K., Myin, E., & Noë, A. (2004). Towards an analytic phenomenology: the concepts of "bodiliness" and "grabbiness". In A. Carsetti (ed.), *Seeing, thinking and knowing.* (pp. 103-114). Dordrecht: Springer.

Pacherie, E. (2011). The phenomenology of joint action: Self-agency versus joint agency. In A. Seemann (ed.), *Joint attention: New developments in psychology, philosophy of mind, and social neuroscience.* (pp. 343-389). Cambridge and London: MIT Press.

Paul, L. A. (2014). *Transformative experience*. Oxford: Oxford University Press. (ポール，
L. A.／奥田太郎・薄井尚樹（訳）(2017). 今夜ヴァンパイアになる前に：分析的実存
哲学入門 名古屋大学出版会)

Panagiotopoulos, I., & Dimitrakopoulos, G. (2018). An empirical investigation on consumers' intentions towards autonomous driving. *Transportation Research Part C: Emerging Technologies, 95*: 773-784.

Payre, W., Cestac, J., & Delhomme, P. (2014). Intention to use a fully automated car: Attitudes and a priori acceptability. *Transportation Research Part F: Traffic Psychology and Behaviour, 27*: 252-263.

Pearce, L. (2016). *Drivetime: Literary excursions in automotive consciousness*. Edinburgh: Edinburgh University Press.

Redshaw, S. (2008). *In the company of cars: Driving as a social and cultural practice*. London: CRC Press.

Rendell, R. (2016). The Microsociology of automobility: The production of the automobile self. *Mobilities, 12*(5): 663-676.

Richter, J., Zimmermann, J., Neyer, F. J., & Kandler, C. (2021). Do sojourn effects on personality trait changes last? A five-year longitudinal study. *European Journal of Personality, 35*(3): 358-382.

Rödel, C., Stadler, S., Meschtscherjakov, A., & Tscheligi, M. (2014). Towards autonomous cars: The effect of autonomy levels on acceptance and user experience. In *Automotive UI '14: Proceedings of the 6th international conference on automotive user interfaces and interactive vehicular applications* (pp. 1-8). New York: Association for Computing Machinery.

Sheller, M. (2004). Automotive emotions: Feeling the car. *Theory, Culture & Society, 21* (4/5): 221-242. Reprinted in Featherstone, Thrift & Urry (2005).

Steg, L. (2003). Can public transport compete with the private car. *IATSS Research, 27*(2): 27-35.

Steg, L. (2005). Car use: Lust and must. Instrumental, symbolic and affective motives for car use. *Transportation Research Part A: Policy and Practice, 39*(2-3): 147-162.

Steg, L., Bolderdijk, J. W., Keizer, K., & Perlaviciute, G. (2014). An integrated framework for encouraging pro-environmental behaviour: The role of values, situational factors and goals. *Journal of Environmental psychology, 38*: 104-115.

Steg, L., Vlek, C., & Slotegraaf, G. (2001). Instrumental-reasoned and symbolic-affective motives for using a motor car. *Transportation Research Part F: Traffic Psychology and Behaviour, 4*(3): 151-169.

Tertoolen, G., Van Kreveld, D., & Verstraten, B. (1998). Psychological resistance against attempts to reduce private car use. *Transportation Research Part A: Policy and Practice, 32*(3): 171-181.

Thrift, N. (2004). Driving in the city. *Theory, Culture & Society, 21*(4/5): 41-59.

Reprinted in Featherstone, Thrift & Urry (2005).

Torchinsky, J. (2019). *Robot, take the wheel: The road to autonomous cars and the lost art of driving.* London: Apollo Publishers.

Urry, J. (2000). *Sociology beyond societies: Mobilities for the twenty-first century.* London: Routledge. (アーリ, J.／吉原直樹 (監訳)(2006). 社会を越える社会学：移動・環境・シチズンシップ 法政大学出版局)

Van Lennep, D. J. (1969/1987). The psychology of driving a car. In J. Kockelmans (ed.), *Phenomenological psychology* (pp. 217–277). Dortrecht: Martinus Nijhoff Publishers.

Wen, W., Kuroki, Y., & Asama, H. (2019). The sense of agency in driving automation. *Frontiers in Psychology, 10*: 2691.

Wenzel, T. P., & Ross, M. (2005). The effects of vehicle model and driver behaviour on risk. *Accident Analysis and Prevention, 37*: 479–494.

Wollen, P., & Kerr, J. (eds.). (2002). *Autopia: Cars and culture.* London: Reaktion Books.

Wu, J., Liao, H. Wang, J. W., & Chen, T. (2019). The role of environmental concern in the public acceptance of autonomous electric vehicles: A survey from China. *Transportation Research Part F: Traffic Psychology & Behaviour, 60*: 37–46.

Zimmermann, J., & Neyer, F. J. (2013). Do we become a different person when hitting the road? Personality development of sojourners. *Journal of Personality and Social Psychology, 105*(3): 515.

Zmud, J. P., & Sener, I. N. (2017). Towards an understanding of the travel behavior impact of autonomous vehicles. *Transportation Research Procedia, 25*: 2500–2519.

第 5 章

土木計画学小委員会 (編)(2005). モビリティ・マネジメントの手引き 土木学会

Fettweis, G., & Zimmermann, E. (2008). ICT energy consumption-trends and challenges, The 11th International Symposium on Wireless Personal Multimedia Communications (WPMC 2008).

Gunawardena, C. N., & Zittle, F. J. (1997). Social presence as a predictor of satisfaction within a computer-mediated conferencing environment. *American Journal of Distance Education, 11*(3): 8–26.

Jiang, M., & Morikawa, T. (2004). Theoretical analysis on the variation of value of travel time savings. *Transportation Research Part A: Policy and Practice, 38*(8): 551–571.

Julsrud, T. E., Denstadli, J. M., & Hjorthol, R. J. (2014). Business networking, travel tiredness, and the emergent use of video conferences. *International Journal of Sustainable Transportation, 8*(4): 262–280.

金 利昭・小沼志乃武・山形耕一 (1996). 世代別に見た日常生活における移動の意味に関する基礎的研究 第 31 回日本都市計画学会学術研究論文集, 409–414.

北川夏樹・鈴木春菜・中井周作・藤井 聡 (2011). 日常的な移動が主観的幸福感に及ぼす影響に関する研究 土木学会論文集 D3, *67*(5): I_697-I_703.

国土交通省都市局まちづくり推進課（2017）. まちづくりにおける健康増進効果を把握す
　　るための歩行量（歩数）調査のガイドライン（pp. 12-15）. https://www.mlit.go.jp/
　　common/001186372.pdf［最終閲覧日：2022 年 2 月 14 日］

久保隅綾（2018）. 乳幼児を持つ共働き夫婦の ICT 利用と仕事と家庭の両立への影響　労働
　　社会学研究, *19*: 20-42.

Mokhtarian, P. L., Papon, F., Goulard, M., & Diana, M. (2015). What makes travel pleas-
　　ant and/or tiring? An investigation based on the French National Travel Survey.
　　Transportation, 42: 1103-1128.

中野 明（2020）. IT 全史 情報技術の 250 年を読む　祥伝社

森川高行（2021）. ICT 時代における実空間移動の価値とモビリティ革命　自動車技術, *75*:
　　18-22.

森本涼子・柴原尚希・後藤直紀・加藤博和（2009）. 環境効率指標を用いたテレビ会議と出
　　張会議の LCA による比較　土木計画学研究・論文集, *26*(1): 181-188.

Redmond, L. S., & Mokhtarian, P. L. (2001). The positive utility of the commute: mod-
　　eling ideal commute time and relative desired commute amount, *Transportation*,
　　28(2): 179-205.

Richardson, A. J. (2003). Some evidence of travelers with zero value of time. *Transpor-
　　tation Research Record, 1854*: 107-113.

Salomon, I. (1986). Telecommunications and travel relationships: A review. *Transporta-
　　tion Research Part A: General, 20*(3): 223-238.

Salomon, I., & Mokhtarian P. L. (1998). What happens when mobility-inclined market
　　segments face accessibility-enhancing policies? *Transportation Research Part D:
　　Transport and Environment, 3*(3): 129-140.

坂本有芳（2015）. ICT 高度化が就業者の仕事・家庭生活に及ぼす影響　日本労働研究雑誌,
　　663: 34-46.

坂本有芳・スピンクス W. A.（2012）. ICT ツール利用と仕事/家族の境界：ワーク・ファ
　　ミリー・ボーダー理論に基づく実証的検討　日本テレワーク学会, *10*(1): 24-35.

Short, J., Williams, E., & Christie, B. (1976). *The social psychology of telecommunications.*
　　London: John Wiley & Sons.

塩見康博・嶋本 寛・宇野伸宏・太田修平（2012）. 交通機関選好意識における身体疲労の影
　　響に関する基礎的研究　土木学会論文集 D3, *68*(5): 573-582.

総務省（1973）. 昭和 48 年度版情報通信白書　https://www.soumu.go.jp/johotsusintokei/
　　whitepaper/ja/s48/pdf/S48_04_C2E81C9F4_C2E81BECF.pdf［最終閲覧日：2022
　　年 2 月 14 日］

総務省（2015）. 平成 27 年度情報通信白書　https://www.soumu.go.jp/johotsusintokei/
　　whitepaper/ja/h27/index.html［最終閲覧日：2022 年 2 月 14 日］

総務省（2018）. テレワークセキュリティガイドライン第 4 版　https://www.soumu.go.jp/
　　main_content/000545372.pdf［最終閲覧日：2022 年 2 月 14 日］

総務省（2020a）. 令和 2 年版情報通信白書　https://www.soumu.go.jp/johotsusintokei/

whitepaper/ja/r02/index.html［最終閲覧日：2022 年 2 月 14 日］

総務省（2020b）. 令和元年通信利用動向調査報告書（世帯編）　https://www.soumu.go.jp/
　　johotsusintokei/statistics/pdf/HR201900_001.pdf［最終閲覧日：2022 年 2 月 14 日］

総務省情報通信政策研究所（2020）. 令和元年度情報通信メディアの利用時間と情報行動に
　　関する調査報告書

鈴木春奈・北川夏樹・藤井 聡（2012）. 移動時幸福感の規定因に関する研究　土木学会論文
　　集 D3（土木計画学）, *68*(4): 228-241.

谷口 守・松中亮治・中井翔太（2006）. 健康増進のための歩行量実態調査とその行動群別特
　　性分析への応用　土木計画学研究・論文集, *23*(2).

山田政寛・北村 智・松河秀哉・御園真史（2012）. テキスト CMC 環境での議論における社
　　会的存在感　日本教育工学会第 28 会全国大会講演論文集, 463-464.

第 6 章

中国地域創造研究センター（2021）. 中国地域における MaaS 等の新たなモビリティサー
　　ビス実現に向けた方策検討調査報告書　https://crirc.jp/jigyonaiyou/research/
　　jishu/pdf/project/2020-1.pdf［最終閲覧日：2022 年 2 月 14 日］

DfT（2020）. Future of Transport: User Study　https://assets.publishing.service.gov.
　　uk/government/uploads/system/uploads/attachment_data/file/937918/Fu-
　　ture-of-Transport-User-Study-accessible.pdf［最終閲覧日：2022 年 2 月 14 日］

Deutsche Bahn（2019）. Wir feiern: 10 Jahre DB Navigator　https://inside.bahn.de/
　　db-navigator-10-jahre/［最終閲覧日：2022 年 2 月 14 日］

藤井 聡・谷口綾子・松村暢彦（編）(2015). モビリティをマネジメントする：コミュニケー
　　ションによる交通戦略　学芸出版社

日高洋祐・牧村和彦・井上岳一・井上佳三（2020）. Beyond MaaS:日本から始まる新モビリティ
　　革命 ―移動と都市の未来―　日経 BP

北海道経済産業局（2021）. 北海道における Maas 導入状況について～調査結果（中間報告）
　　https://www.hkd.meti.go.jp/hokcm/20210118/report.pdf［最終閲覧日：2022 年 2 月
　　14 日］

経済産業省（2021）. 参考資料 1-2　先進パイロット地域における取組の横断的分析結果（概
　　要版）　https://www.meti.go.jp/press/2021/04/20210402008/20210402008-3.pdf［最終
　　閲覧日：2022 年 2 月 14 日］

Lyft（2019）. Form S-1 registration statement, United States securities and exchange com-
　　mision.　https://www.sec.gov/Archives/edgar/data/1759509/000119312519059849/
　　d633517ds1.htm［最終閲覧日：2022 年 2 月 14 日］

牧村和彦（2020）. クーポンで人の移動はどこまで変わるのか。「しずてつ MapS！」の挑
　　戦　Beyond コロナ再起動するモビリティ最前線　NewsPicks（2020 年 11 月 18 日）
　　https://newspicks.com/news/5387049/body/［最終閲覧日：2022 年 2 月 14 日］

牧村和彦（2021a）. MaaS が都市を変える：都市×移動の DX 最前線　学芸出版社

牧村和彦（2021b）. スマートシティ成功の鍵は「路肩」にあり　米国は柔軟運用で成果

日経クロストレンド（2021 年 3 月 12 日） https://xtrend.nikkei.com/atcl/contents/watch/00013/01375/［最終閲覧日：2022 年 2 月 14 日］

牧村和彦（2021c）. MaaS とコミュニケーション　運輸総合研究所　第 76 回運輸政策セミナー「モビリティ・マネジメント × MaaS：最強タッグで人々の行動が変わる」（2021 年 8 月 31 日）

MARIE SULLIVAN（2019）. Mobility on Demand hits 45,000 rides; will comply with new California law. https://thesource.metro.net/2019/12/04/mobility-on-demand-hits-45000-rides-will-comply-with-new-california-law/［最終閲覧日：2022 年 2 月 14 日］

中村文彦（2007）. マルチモーダル戦略におけるモビリティ・マネジメントの役割, *IATSS Review*, *31*(4).

Neumayer, V.（2018）. MaaS – Mobility as a service: A quick glance into the city of Vienna & Wiener Linien. https://civitas.eu/sites/default/files/vincent_neumayer_civitas_maas_webinar.pdf［最終閲覧日：2022 年 2 月 14 日］

日経 BP（2019）. トヨタ版 MaaS アプリ　最新データで見えた福岡の「移動革命」　2019 年 5 月 27 日 https://xtrend.nikkei.com/atcl/contents/18/00150/00011/［最終閲覧日：2022 年 2 月 14 日］

小田急電鉄・ヴァル研究所（主催）（2021）. モビリティピッチ第 2 回「MaaS アプリの展開」開催レポート（2021 年 4 月 27 日） https://www.val.co.jp/events/mobility-pitch/20210402/report.html［最終閲覧日：2022 年 2 月 14 日］

Tina Mörch-Pierre（2019）. DART's MaaS Efforts（August 14, 2019） https://onlinepubs.trb.org/Onlinepubs/studies/TRB-CAAS-18-01/TinaMorchPierre.pdf［最終閲覧日：2022 年 2 月 14 日］

TOYOTA（2020）. トヨタ自動車, マルチモーダルモビリティサービス「my route」のサービス提供エリアを全国へ順次拡大（2020 年 01 月 16 日） https://global.toyota/jp/newsroom/corporate/31311737.html［最終閲覧日：2022 年 2 月 14 日］

UITP（2019）. Mobility as a Service https://www.uitp.org/trainings/mobility-as-a-service-maas/［最終閲覧日：2022 年 2 月 14 日］

UITP: EARPA Autumn Meetings 2019（2019）. The user perspective in urban and regional mobility. Guido Di Pasquale, International Association of Public Transport, UITP. https://www.earpa.eu/ENGINE/FILES/EARPA/WEBSITE/UPLOAD/FILE/2019/spreakers_autumn_meeting_2019/2_guido_di_pasquale.pdf［最終閲覧日：2022 年 2 月 14 日］

Vienna（2015）. STEP 2025 Thematic concept: Urban mobility plan Vienna. *Werkstattbericht, 155.* https://www.wien.gv.at/stadtentwicklung/studien/pdf/b008443.pdf ［最終閲覧日：2022 年 2 月 14 日］

第 7 章

Agree, E. M., & Glaser, K.（2009）. Demography of informal caregiving. In P. Uhlenberg（ed.）, *International handbook of population aging.*（pp. 647-668）. Dordrecht: Springer.

Alcaniz, M., Riera-Prunera, M. C., & Sole-Auro, A. (2020). "When I retire, I'll move out of the city": Mental well-being of the elderly in rural vs. urban settings. *International Journal of Environmental Research and Public Health, 17*(7): 2442.

Anaby, D., Miller, W. C., Jarus, T., Eng, J. J., & Noreau, L. (2011). Participation and well-being among older adults living with chronic conditions. *Social Indicators Research, 100*(1): 171-183.

Arpino, B., & Sole-Auro, A. (2019). Education inequalities in health among older european men and women: The role of active aging. *Journal of Aging and Health, 31*(1): 185-208.

Baird, B. M., Lucas, R. E., & Donnellan, M. B. (2010). Life satisfaction across the lifespan: Findings from two nationally representative panel studies. *Social Indicators Research, 99*(2): 183-203.

Beard, J. R., Blaney, S., Cerda, M., Frye, V., Lovasi, G. S., Ompad, D., Rundle, A., & Vlahov, D. (2009). Neighborhood characteristics and disability in older adults. *Journals of Gerontology Series B-Psychological Sciences and Social Sciences, 64*: 252-257.

Blanchflower, D. G., & Oswald, A. J. (2008). Hypertension and happiness across nations. *Journal of Health Economics, 27*(2): 218-233.

Brown, N. J. L., & Rohrer, J. M. (2020). Easy as (Happiness) pie? A critical evaluation of a popular model of the determinants of well-being. *Journal of Happiness Studies, 21*(4): 1285-1301

Butkovic, A., Brkovic, I., & Bratko, D. (2012). Predicting well-being from personality in adolescents and older adults. *Journal of Happiness Studies, 13*(3): 455-467.

Cagney, K. A., Browning, C. R., & Wen, M. (2005). Racial disparities in self-rated health at older ages: What difference does the neighborhood make? *Journals of Gerontology Series B-Psychological Sciences and Social Sciences, 60*: S181-S90.

Caldwell, J. T., Lee, H., & Cagney, K. A. (2019). Disablement in context: Neighborhood characteristics and their association with frailty onset among older adults. *Journals of Gerontology Series B-Psychological Sciences and Social Sciences, 74*: E40-E49.

Carstensen, L. L., Turan, B., Scheibe, S., Ram, N., Ersner-Hershfield, H., Samanez-Larkin, G. R. ... et al. (2011). Emotional experience improves with age: evidence based on over 10 years of experience sampling. *Psychology and Aging, 26*(1): 21-33.

Chaurasia, H., Srivastava, S., & Debnath, P. (2021). Does socio-economic inequality exist in low subjective well-being among older adults in India? A decomposition analysis approach. *Ageing International.* DOI:10.1007/s12126-021-09453-7.

Connidis, I. A. (2010). *Family ties and aging* (2nd ed.). Los Angeles: Pine Forge Press.

Cuevas, A. G., Kawachi, I., Ortiz, K., Pena, M., Reitzel, L. R., & McNeill, L. H. (2020). Greater social cohesion is associated with lower body mass index among african american adults. *Preventive Medicine Reports, 18*: 101098.

Diener, E., Emmons, R. A., Larsem, R. J., & Griffin, S. (1985). The satisfaction with life scale. *Journal of Personality Assessment, 49*(1): 71–75.

Diener, E., Lucas, R. E., & Oishi, S. (2018). Advances and open questions in the science of subjective Well-Being. *Collabra: Psychology, 4*(1): 15.

Di Fabio, A. (2017a). Positive healthy organizations: Promoting well-being, meaningfulness, and sustainability in organizations. *Frontiers in Psychology, 8*: 1938.

Di Fabio, A. (2017b). The psychology of sustainability and sustainable development for well-being in organizations. *Frontiers in Psychology, 8*: 1534.

Di Fabio, A., & Rosen, M. A. (2018). Opening the black box of psychological processes in the science of sustainable development: A new frontier. *European Journal of Sustainable Development Research, 2*(4): 47.

Di Fabio, A., & Rosen, M. A. (2020). An exploratory study of a new psychological instrument for evaluating sustainability: The sustainable development goals psychological inventory. *Sustainability, 12*: 7617.

Easterlin, R. A., Angelescu, L., & Zweig, J. S. (2011). The impact of modern economic growth on urban-rural differences in subjective well-being. *World Development, 39*(12): 2187–2198.

Eckert, K. A., Taylor, A. W., Wilkinson, D. D., & Tucker, G. R. (2004). How does mental health status relate to accessibility and remoteness? *The Medical Journal of Australia, 181*(10): 540–543.

Engel, L., Chudyk, M. C., Ashe, H. A., McKay, D. G. T., Whitehurst, A. M., & Bryan, S. (2016). Older adults' quality of life - exploring the role of the built environment and social cohesion in community-dwelling seniors on low income. *Social Science & Medicine, 164*: 1–11.

English, T., & Carstensen, L. L. (2014). Emotional experience in the mornings and the evenings: consideration of age differences in specific emotions by time of day. *Frontiers in Psychology, 5*: 185.

Farriol-Baroni, V., González-García, L., Luque-García, A., Postigo-Zegarra, S., & Pérez-Ruiz, S. (2021). Influence of social support and subjective well-being on the perceived overall health of the elderly. *International Journal of Environmental Research and Public Health, 18*(10): 5438.

Fiske, S. T., Cuddy, A., & Gllick, P. (2007). Universal dimensions of social cognition: Warmth and competence. *Trends in Cognitive Sciences, 11*(2): 77–83.

Fiske, S. T., & Dupree, C. (2014). Gaining trust as well as respect in communicating to motivated audiences about science topics. *Proceedings of the National Academy of Sciences, 111*(Suppl. 4): 13593–13597.

Foong, H. F., Haron, S. A., Koris, R., Hamid, T. A., & Ibrahim, R. (2021). Relationship between financial well-being, life satisfaction, and cognitive function among low-income community-dwelling older adults: the moderating role of sex. *Psychogeriatrics, 21*(4): 586–595.

Gan, D. R. Y., Fung, J. C., & Cho, I. S. (2021). Neighborhood atmosphere modifies the eudaimonic impact of cohesion and friendship among older adults: A multilevel mixed-methods study. *Social Science & Medicine, 270*: 113682.

Glicksman, A., Clark, K., Kleban, M. H., Ring, L., & Hoffman, C. (2014). Building an integrated research/policy planning age-friendly agenda. *Journal of Aging & Social Policy, 26*: 131-46.

Gomez, V., Allemand, M., & Grob, A. (2012). Neuroticism, extraversion, goals, and subjective well-being: Exploring the relations in young, middle-aged, and older adults. *Journal of Research in Personality, 46*(3): 317-325.

Gopinath, B., Kifley, A., Flood, V. M., & Mitchell, P.(2018). Physical activity as a determinant of successful aging over ten years. *Scientific Reports, 8*(1): 10522.

Graham, C., & Chattopadhyay, S. (2013). Gender and well-being around the world. *International Journal of Happiness and Development, 1*(2): 212-232.

Greenfield, E. A., Black, K., Buffel, T., & Yeh, V. (2019). Community gerontology: A framework for research, policy, and practice on communities and aging. *The Gerontologist, 59*(5): 803-810.

Hamm, J. A., Smidt, C., & Mayer, R. C. (2019). Understanding the psychological nature and mechanisms of political trust. *PLoS One, 14*(5): e0215835.

Han, S. H., Tavares, J. L., Evans, M., Saczynski, J., & Burr, J. A. (2017). Social activities, incident cardiovascular disease, and mortality. *Journal of Aging and Health, 29*(2): 268-288.

Hansen, T., Slagsvold, B., & Moum, T. (2008). Financial satisfaction in old age: A satisfaction paradox or a result of accumulated wealth? *Social Indicators Research, 89*(2): 323-347.

Haringhidore, M., Stock, W. A., Okun, M. A., & Witter, R. A. (1985). Marital-status and subjective well-being: A research synthesis. *Journal of Marriage and the Family, 47*(4): 947-953.

Herdman, M., Badia, X., & Berra, S. (2001). El EuroQol-5D: una alternativa sencilla para la medición de la calidad de vida relacionada con la salud en atención primaria. *Atención Primaria, 28*(6): 425-429.

Kahneman, D., & Deaton, A. (2010). High income improves evaluation of life but not emotional well-being. *Proceedings of the National Academy of Sciences of the United States of America, 107*(38): 16489-16493.

Kandler, C., Kornadt, A. E., Hagemeyer, B., & Neyer, F. J. (2015). Patterns and sources of personality development in old age. *Journal of Personality and Social Psychology, 109*(1): 175-191.

Kawachi, I. (2000). Social cohesion, social capital, and health. In L. F. Berkman & I. Kawachi (eds.), *Social Epidemiology* (pp. 174-190). New York: Oxford University Press.

Kawachi, I., & Berkman, L. F. (2015). Social epidemiology. In *Social capital, social cohesion, and health.* Oxford: Oxford University Press.

Kawachi, I., Subramanian, S. V., & Kim, D. (2008). *Social capital and health.* New York; London: Springer.

Keeble, B. R. (1988). The brundtland report: 'Our common future'. *Medicine and War, 4:* 17–25.

Khodabakhsh, S. (2021). Factors affecting life satisfaction of older adults in Asia: A systematic review. *Journal of Happiness Studies.* DOI:10.1007/s10902-021-00433-x.

Kim, E. S., Chen, Y., Kawachi, I., & VanderWeele, T. J. (2020). Perceived neighborhood social cohesion and subsequent health and well-being in older adults: An outcome-wide longitudinal approach. *Health & Place, 66:* 102420.

Kimm, H., Sull, J. W., Gombojav, B., Yi, S. W., & Ohrr, H. (2012). Life satisfaction and mortality in elderly people: The Kangwha Cohort Study. *BMC Public Health, 12:* Article number 54.

King, D. (2008). Neighborhood and individual factors in activity in older adults: Results from the neighborhood and senior health study. *Journal of Aging and Physical Activity, 16:* 144–70.

Kulms, P., & Kopp, S. (2018). A social cognition perspective on human–computer trust: The effect of perceived warmth and competence on trust in decision-making with computers. *Frontiers in Digital Humanities, 5*(14).

Lara, R., Vazquez, M. L., Ogallar, A., & Godoy-Izquierdo, D. (2020). Psychosocial resources for hedonic balance, life satisfaction and happiness in the elderly: A path analysis. *International Journal of Environmental Research and Public Health, 17*(16):5962.

Latham, K., & Clarke, P. J. (2018). Neighborhood disorder, perceived social cohesion, and social participation among older americans: Findings from the national health & aging trends study. *Journal of Aging and Health, 30:* 3–26.

Lee, S., Kawachi, I., Berkman, L. F., & Grodstein, F. (2003). Education, other socioeconomic indicators, and cognitive function. *American Journal of Epidemiology, 157*(8): 712–720.

Li, J., & Zhou, X. C. (2021). Internet use and Chinese older adults? subjective well-being (SWB): The role of parent-child contact and relationship. *Computers in Human Behavior, 119:* 106725.

Lim, H. J., Min, D. K., Thorpe, L., & Lee, C. H. (2016). Multidimensional construct of life satisfaction in older adults in Korea: a six-year follow-up study. *BMC Geriatrics, 16:* 197.

Lyubomirsky, S., Sheldon, K. M., & Schkade, D. (2005). Pursuing happiness: The architecture of sustainable change. *Review of General Psychology, 9*(2): 111–131.

Mayer, R. C., Davis, J. H., & Schoorman, F. D. (1995). An integrative model of organizational trust. *The Academy of Management Review, 20*: 709-734.

McMaughan, D. J., Oloruntoba, O., & Smith, M. L. (2020). Socioeconomic status and access to healthcare: Interrelated drivers for healthy aging. *Frontiers in Public Health, 8*: 231.

Meisenberg, G., & Woodley, M. A. (2015). Gender differences in subjective well-being and their relationships with gender equality. *Journal of Happiness Studies, 16*(6): 1539-1555.

Melendez, J. C., Satorres, E., Cujino, M. A., & Reyes, M. F. (2019). Big Five and psychological and subjective well-being in Colombian older adults. *Archives of Gerontology and Geriatrics, 82*: 88-93.

Menec, V. H. (2017). Conceptualizing social connectivity in the context of age-friendly communities. *Journal of Housing for the Elderly, 31*: 99-116.

Miao, J., Wu, X. G., & Sun, X. L. (2019). Neighborhood, social cohesion, and the elderly's depression in shanghai. *Social Science & Medicine, 229*: 134-43.

Miceli, A., Hagen, B., Riccardi, M. P., Sotti, F., & Settembre-Blundo, D. (2021). Thriving, not just surviving in changing times: How sustainability, agility and digitalization intertwine with organizational resilience. *Sustainability, 13*: 2052.

Molinero, O., Salguero, A., & Marquez, S. (2021). Perceived health, depression and psychological well-being in older adults: Physical activity and osteoarticular disease. *Sustainability Basel, 13*(15) : 8157.

Muhammad, T., Srivastava, S., & Sekher, T. V. (2021). Association of self-perceived income status with psychological distress and subjective well-being: a cross-sectional study among older adults in India. *BMC Psychology, 9*(1): Article number 82.

Nepomuceno, B. B., Cardoso, A. A. V., Ximenes, V. M., Barros, J. P. P., & Leite, J. F. (2016). Mental health, well-being, and poverty: A study in urban and rural communities in Northeastern Brazil. *Journal of Prevention and Intervention in the Community, 44*(1): 63-75.

Ng, S. T., Tey, N. P., & Asadullah, M. N. (2017). What matters for life satisfaction among the oldest-old? Evidence from China. *PLOS ONE. 12*(2): e0171799.

Ofstedal, M. B., Reidy, E., & Knodel, J. (2004). Gender differences in economic support and well-being of older Asians. *Journal of Cross-Cultural Gerontology, 19*(3): 165-201.

岡田直人・渥美裕貴・横矢真悠・山田和範・森田純哉・上出寛子・吉川大弘・古橋 武・榎堀 優・間瀬健二 (2019a). 歩行支援ロボットを用いた高齢者の心身マルチタスクトレーニング効果の検討（イメージ・メディア・クオリティ） 電子情報通信学会技術研究報告 = IEICE technical report : 信学技報, *118*(500) : 183-188.

岡田直人・渥美裕貴・横矢真悠・山田和範・森田純哉・上出寛子・吉川大弘・古橋 武・榎堀 優・間瀬健二 (2019b). 歩行支援ロボットを用いた高齢者の心身マルチタスクトレーニン

グ効果の検討（メディアエクスペリエンス・バーチャル環境基礎）　電子情報通信学会技術研究報告 = IEICE technical report : 信学技報, *118*(502): 183-188.

岡田直人・渥美裕貴・横矢真悠・山田和範・汪 雪婷・上出寛子・森田純哉・榎堀 優・間瀬健二（2018a）. 心身マルチタスク訓練による身体能力改善効果の検討（ヒューマンインフォメーション 人工現実感，エンタテイメント，メディアエクスペリエンスおよび一般）　映像情報メディア学会技術報告 = ITE technical report, *42*(17): 61-66.

岡田直人・渥美裕貴・横矢真悠・山田和範・汪 雪婷・上出寛子・森田純哉・榎堀 優・間瀬健二（2018b）. 心身マルチタスク訓練による身体能力改善効果の検討（メディアエクスペリエンス・バーチャル環境基礎）　電子情報通信学会技術研究報告 = IEICE technical report : 信学技報, *118*(95): 61-66.

岡田直人・渥美裕貴・横矢真悠・山田和範・汪雪テイ・上出寛子・森田純哉・榎堀 優・間瀬健二（2018c）. 心身マルチタスク訓練による身体能力改善効果の検討（第155回ヒューマンインタフェース学会研究会 人工現実感，エンタテインメント，メディアエクスペリエンスおよび一般）　ヒューマンインタフェース学会研究報告集, *20*: 55-60.

岡田直人・横矢真悠・山田和範・森田純哉・上出寛子・吉田直人・榎堀 優・間瀬健二（2019c）. 高齢者における歩行支援ロボットを用いた心身マルチタスクトレーニングが精神的健康へ及ぼす効果の検討（メディアエクスペリエンス・バーチャル環境基礎）　電子情報通信学会技術研究報告 = IEICE technical report : 信学技報, *119*(190): 1-6.

Oishi, S., & Gilbert, E. A. (2016). Current and future directions in culture and happiness research. *Current Opinion in Psychology, 8*: 54-58.

Ono, T., & Asakawa, Y. (2022). Purposes of going out and subjective well-being in older adults with impairments, *Physical & Occupational Therapy In Geriatrics, 40*(1): 38-49.

Owens, J. M., Antin, J. F., Doerzaph, Z., & Willis, S. (2015). Cross-generational acceptance of and interest in advanced vehicle technologies: A nationwide survey. *Transportation Research Part F-Traffic Psychology and Behaviour, 35*: 139-151.

Padeiro, M., de Sao J. J., Amado, C., Sousa, L., Roma O. C., & Esteves, A. ... et al. (2021). Neighborhood attributes and well-being among older adults in urban areas: A mixed-methods systematic review. *Research on Aging.*　DOI:10.1177/0164027521999980.

Park, J. E., Suk, H. W., Seong, S. J., Sohn, J. H., Hahm, B. J., & Lee, D. W. ... et al. (2016). Association between personality traits and mental health outcomes in older adults with lifetime trauma exposure: a nationwide community sample. *International Psychogeriatrics, 28*(9): 1533-1543.

Patrick, J. H., Cottrell, L. E., & Barnes, K. A. (2001). Gender, emotional support, and well-being among the rural elderly. *Sex Roles, 45*(1-2): 15-29.

Poon, L. W., & Cohen-Mansfield J. (2011). *Understanding well-being in the oldest old*(p.vi, p.392). New York: Cambridge University Press.

Potter, S., Drewelies, J., Wagner, J., Duezel, S., Brose, A., & Demuth, I. ... et al. (2020). Trajectories of multiple subjective well-being facets across old age: The role of health and personality. *Psychology and Aging, 35*(6): 894–909.

Qin, W., Wang, Y. & Cho, V. (2021). Neighborhood social cohesion, physical disorder, and daily activity limitations among community-dwelling older adults. *Archives of Gerontology and Geriatrics, 93*: 104295. DOI:10.1016/j.archger.2020.104295.

Quashie, N. T., & Andrade, F. C. D. (2020). Family status and later-life depression among older adults in urban Latin America and the Caribbean. *Ageing & Society, 40*(2): 233–261.

Rantakokko, M., Portegijs, E., Viljanen, A., Iwarsson, S., Kauppinen, M., & Rantanen, T. (2016). Changes in life-space mobility and quality of life among community-dwelling older people: a 2-year follow-up study. *Quality of Life Researc, 25*(5): 1189–1197.

Rejeski, W. J., & Mihalko, S. L. (2001). Physical activity and quality of life in older adults. *The Journals of Gerontology Series A: Biological Sciences and Medical Sciences, 56*: 23–35.

Requena, F. (2016). Rural-urban living and level of economic development as factors in subjective well-being. *Social Indicators Research, 128*(2): 693–708.

Rowe, J. W., & Kahn, R. L. (1997). Successful aging. *The Gerontologist, 37*(4): 433–440.

Ruiz, M., Malyutina, S., Pajak, A., Kozela, M., Kubinova, R., & Bobak, M. (2019). Congruent relations between perceived neighbourhood social cohesion and depressive symptoms among older european adults: An east-west analysis. *Social Science & Medicine, 237*: 112454.

Ryan, R., & Deci, E. (2001). On happiness and human potentials: A review of research on hedonic and eudaimonic well-being. *Annual Review of Psychology, 52*(1): 141–166.

Sagherian, K., Rose, K., Zhu, S., & Byon, H. D. (2021). Productive activities but not paid work relate to well-being in older adults. *Research in Gerontological Nursing, 14*(1): 24–32.

Saito, M., Kondo, N., Aida, J., Kawachi, I., Koyama, S., & Ojima, T. ... et al. (2017). Development of an instrument for community-level health related social capital among Japanese older people: The JAGES project. *Journal of Epidemiology, 27*(5): 221–227.

Salvatore, M. A., & Grundy, E. (2021). Area deprivation, perceived neighbourhood cohesion and mental health at older ages: A cross lagged analysis of UK longitudinal data. *Health & Place, 67*: 102470.

Sampson, R. J. (1988). Local friendship ties and community attachment in mass society: A multilevel systemic model. *American Sociological Review, 53*: 766–779.

Scheibe, S., & Carstensen, L. L. (2010). Emotional aging: recent findings and future trends. *The journals of gerontology: Series B, Psychological sciences and social sciences, 65B*(2): 135–144.

Serrat-Graboleda, E., González-Carrasco, M., Casas, A. F., Malo, C. S., Cámara, L. D., &

Roqueta-Vall-Llosera, M. (2021). Factors favoring and hindering volunteering by older adults and their relationship with subjective well-being: A mixed-method approach. *International Journal of Environmental Research and Public Health, 18*(13): 6704.

Shahar, S., Vanoh, D., Ludin, A. F. M., Singh, D. K. A., & Hamid, T. A. (2019). Factors associated with poor socioeconomic status among Malaysian older adults: An analysis according to urban and rural settings. *BMC Public Health, 19*: Article number 549.

Sheldon, K. M., & Lyubomirsky, S. (2021). Revisiting the sustainable happiness model and pie chart: Can happiness be successfully pursued? *The Journal of Positive Psychology, 16*(2): 145–154.

Singh, A. R., & Singh, S. A. (2008). Diseases of poverty and lifestyle, well-being and human development. *Mens Sana Monographs, 6*(1): 187–225.

Stanley, D. (2003). What do we know about social cohesion: The research perspective of the federal government's social cohesion research network. *The Canadian Journal of Sociology / Cahiers Canadiens de Sociologie, 28*: 5–17.

Steel, P., Schmidt, J., & Shultz, J. (2008). Refining the relationship between personality and subjective well-being. *Psychological Bulletin, 134*(1): 138–161.

Steenhaut, P., Rossi, G., Demeyer, I., & De Raedt, R. (2019). How is personality related to well-being in older and younger adults? The role of psychological flexibility. *International Psychogeriatrics, 31*(9): 1355–1365.

Steenhaut, P., Rossi, G., Demeyer, I., & De Raedt, R. (2020). Flexibility as a mediator between personality and well-being in older and younger adults: Findings from questionnaire data and a behavioral task. *Experimental Aging Research, 46*(5): 446–468.

Stone, A. A., Schwartz, J. E., Broderick, J. E., & Deaton, A. (2010). A snapshot of the age distribution of psychological well-being in the United States. *Proceedings of the National Academy of Sciences of the United States of America, 107*(22): 9985–9990.

Su, H., Zhou, Y., Wang, H., & Xing, L. (2021). Social support, self-worth, and subjective well-being in older adults of rural China: A cross-sectional study. *Psychology, Health & Medicine*, 1–7. DOI:10.1080/13548506.2021.1905861

Swift, H. J., Vauclair, C. M., Abrams, D., Bratt, C., Marques, S., & Lima, M. L. (2014). Revisiting the paradox of well-being: The importance of national context. *The Journals of Gerontology: Series B, 69*(6): 920–929.

Tay, L., & Diener, E. (2011). Needs and subjective well-being around the world. *Journal of Personality and Social Psychology, 101*(2): 354–365.

Tay, L., Li, M., Myers, D., & Diener, E. (2014). Religiosity and subjective well-being: An international perspective. In C. Kim-Prieto (ed.), *Religion and spirituality across cultures.* (pp. 163–175). Dordrecht: Springer.

Thoits, P. A. (2011). Mechanisms linking social ties and support to physical and mental health. *Journal of Health and Social Behavior, 52*(2): 145-161.

Umberson, D., Thomeer, M. B., & Williams, K. (2013). Family status and mental health: Recent advances and future directions. In C. S. Aneshensel, J. C. Phelan & A. Bierman (eds.), *Handbook of the sociology of mental health.* (pp. 405-431) Dordrecht: Springer.

United Nations (2015). Sustainable development goals. Transforming Our World: The 2030 Agenda for Sustainable Development. https://sustainabledevelopment.un-.org/post2015/transformingourworld/publication [accessed on 24 February 2021]

United Nations (2018). About the sustainable development Goals 2018. https://www.un.org/ [accessed on 2 April 2020]

van der Bles, A. M., van der Linden, S., Freeman, A. L., & Spiegelhalter, D. J. (2020). The effects of communicating uncertainty on public trust in facts and numbers. *Proceedings of the National Academy of Sciences of the United States of America, 117*: 7672-7683.

Williams, K. N., & Kemper, S. (2010). Interventions to reduce cognitive decline in aging. *Journal of Psychosocial Nursing and Mental Health Services, 48*(5): 42-51.

Willis, J., & Todorov, A. (2006). First impressions: Making up your mind after a 100-ms exposure to a face. *Psychological Science, 17*: 592-598.

Wolsink, M. (2018). Social acceptance revisited: Gaps, questionable trends, and an auspicious perspective. *Energy Research & Social Science, 46*: 287-295.

Won, D., Bae, J. S., Byun, H., & Seo, K. B. (2019). Enhancing subjective well-being through physical activity for the elderly in Korea: A meta-analysis approach. *International Journal of Environmental Research and Public Health, 17*(1): 262.

Wood, W., Rhodes, N., & Whelan, M. (1989). Sex differences in positive well-being: A consideration of emotional style and marital status. *Psychological Bulletin Journal, 106*(2): 249-264.

Yeo, J., & Lee, Y. G. (2019). Understanding the association between perceived financial well-being and life satisfaction among older adults: Does social capital play a role? *Journal of Family and Economic Issues, 40*(4): 592-608.

Yen, I. H., Michael, Y. L., & Perdue, L. (2009). Neighborhood environment in studies of health of older adults a systematic review. *American Journal of Preventive Medicine, 37*: 455-463.

Yuan, K. S., & Wu, T. J. (2021). Environmental stressors and well-being on middle-aged and elderly people: The mediating role of outdoor leisure behaviour and place attachment. *Environmental Science and Pollution Research.* DOI:10.1007/s11356-021-13244-7.

Zhang, J. Y., Tian, Y. P., & Lu, N. (2021). Examination of the moderating role of household income in the association between cognitive social capital and subjective well-being among rural older adults in Northeast China. *Research on Aging.* DOI:10.1177/01640275211029014.

Zhang, K. Q., Wu, B., & Zhang, W. (2021). Perceived neighborhood conditions, self-management abilities, and psychological well-being among chinese older adults in Hawai'i. *Journal of Applied Gerontology.* DOI:10.1177/07334648211030072.

Zuckerman, M., Li, C., & Diener, E. F. (2017). Societal conditions and the gender difference in well-being: Testing a three-stage model. *Personality and Social Psychology Bulletin, 43*(3): 329–336.

Index

人名索引

事項索引

おわりに

　この原稿を執筆している現時点（2022 年 1 月 23 日）で，完全自動運転の車はまだ一般的ではない。ただ，2020 年には自動運転レベル 3 型式指定をHONDA が国土交通省から取得し（2021 年に Honda SENSING Elite とそれを搭載する新型 LEGEND を発表），また，2021 年の東京オリンピックでも選手村で自動化レベル 4 相当の自動運転バスが走行した。編者が行なった調査では，新型コロナウイルスによる移動の困難さが自動運転に対する期待と関連していることが示されており（2021 年の日本ロボット学会で発表），これからも自動運転の実用化に向け各方面での取り組みが行なわれるだろう。
　現実的に技術の進歩が進むなか，モビリティ技術の社会的受容を学術的に理解する重要性は，ますます高まっていると言える。しかしながら第 7 章でまとめたとおり，社会的受容には多数のレイヤーやアクターが存在しており，これらの相互作用を評価するには非常に複雑で慎重な検討が必要である。ダイナミックに変化し続ける現象のどこかのタイミングでデータを取り，何らかの方法で記述するとは言っても，どのデータをどのように取得・分析するのかなど，まさに複数の分野間での協力が必要になると思われる。したがって，最終的に「まとめ」とはしたものの，まだ出発点を模索した程度にすぎない。技術をつくる立場の方々や，実装・運用する組織の方々など，学術分野以外との連携も必須である。最新の技術の動向を理解しながら，人・社会との相互作用を丁寧に把握していくことが今後の課題である。
　第 7 章の後半でウェルビーイングの議論が始まったことに，唐突さや違和感を覚えた人も多くいるだろう。しかしながら，各章での議論を総合的に考えた場合に，社会的受容に対する長期的展望として，やはり人間の幸福の追及と，地球環境保護とのバランスについて考えることが必要であった。地球

上には貧困や病気，紛争などで苦しんでいる人々がいることを考えると，技術開発という手段でそういった人々の支援を行なうことは急務である。一方で，現時点である程度充足した毎日を送っている人々が，さらに豊かさを求めてより多くを求めることは，本当に幸福につながるのだろうか。新たな技術により環境問題が解決されるとしても，その環境問題を生み出した人間の欲を無視して，さらなる豊かさを求めることにはやはり不安を感じずにはいられない。人間の幸福を真摯に考えることは，研究者や技術者としても重要である。そしてそのうえで，地球に生かされている存在としての人間の今後の働きについても検討してきたい。

　本書の第 2 章，第 4 章，第 5 章，第 6 章を執筆してくださった先生方は，モビリティ技術や先進的な技術に関する学際的な文脈のなかで，最前線で大活躍されている先生方です。先生方には，本書に関わってくださったことに深くお礼申し上げます。予定どおり 2021 年度内に出版できたことは，先生方がお忙しいなか期限を守ってくださり，示唆に富む原稿をご執筆くださったおかげです。

　また，本書を出版するにあたり，北大路書房の大出ひすい様，若森乾也様には，大変お世話になりました。執筆，編集などの各フェーズにおいて，お二人は大変ご丁寧にご対応くださり，たくさん助けてくださいました。心よりお礼申し上げます。

上出 寛子

編者紹介

上出寛子（かみで・ひろこ）

2008 年　大阪大学大学院人間科学研究科博士後期課程修了
現　　在　名古屋大学未来社会創造機構特任准教授　博士（人間科学）

[主著・論文]

ロボット工学と仏教──ＡＩ時代の科学の限界と可能性　佼成出版会［2018 年／共著］
今日，僕の家にロボットが来た。──未来に安心をもたらすロボット幸学との出会い
　　北大路書房［2019 年／共著］
The Effect of Social Cohesion on Interest, Usefulness, and Ease of Use of a Driving Assistance System in Older Adults. *International Journal of Environmental Research and Public Health, 18*(21), 11412. doi:10.3390/ijerph182111412　［2021 年］
Caring for Things Helps Humans Grow: Effects of Courteous Interaction with Things on Pro-Environmental Behavior. *Sustainability, 13*(7), 3969.　［2021 年／ Kamide, H., & Arai, T. 共同執筆］

執筆者一覧

上出寛子	（編者）	はじめに，第 1 章，第 3 章，第 7 章，おわりに
谷口綾子	筑波大学システム情報系　社会工学域	第 2 章
笠木雅史	広島大学総合科学部・人間社会科学研究科	第 4 章（共著）
小山　虎	山口大学時間学研究所	第 4 章（共著）
佐藤仁美	名古屋大学未来社会創造機構	第 5 章（共著）
姜　美蘭	名古屋大学未来社会創造機構	第 5 章（共著）
牧村和彦	一般財団法人計量計画研究所	第 6 章

モビリティ・イノベーションの社会的受容
──技術から人へ，人から技術へ

2022 年 3 月 20 日　初版第 1 刷印刷　　定価はカバーに表示
2022 年 3 月 31 日　初版第 1 刷発行　　してあります。

編著者　　上　出　寛　子

発行所　　（株）北 大 路 書 房

〒603-8303　京都市北区紫野十二坊町 12-8
電話　（075）431-0361（代）
FAX　（075）431-9393
振替　01050-4-2083

編集・デザイン・装丁 上瀬奈緒子（綴水社）　　印刷・製本 創栄図書印刷（株）
©2022　ISBN978-4-7628-3185-0　Printed in Japan
検印省略　落丁・乱丁本はお取り替えいたします